법·정치와 현실

나남
nanam

나남신서 1107

## 법·정치와 현실

2005년 6월 20일 발행
2014년 3월 5일 4쇄

저자_ 安京煥 외
발행자_ 趙相浩
발행처_ (주) 나남
주소_ 413-120 경기도 파주시 회동길 193
전화_ (031) 955-4601 (代)
FAX_ (031) 955-4555
등록_ 제 1-71호 (1979. 5. 12)
홈페이지_ www.nanam.net
전자우편_ post@nanam.net

ISBN 978-89-300-8107-8
ISBN 978-89-300-8001-9 (세트)

나남신서 1107

# 법·정치와 현실

안 경 환 外

나남
nanam

# 머리말

## "법·정치와 현실"을 펴내며

20세기 후반에 한국사회에 일어난 엄청난 변화는 세계인의 주목을 끌기에 충분했다. 2차 대전의 종식으로 식민지 지배를 벗어날 당시 어떤 기준으로도 세계의 여러 나라 중에서 가장 밑바닥 근처에 머물러 있던 우리나라는, 적어도 경제지표상으로는 최선진국의 진입문턱에 선 가운데 21세기를 맞았다. 오랜 시일에 걸쳐 점진적 발전을 이루었던 다른 선진국들의 경우와는 확연하게 다른 경로를 밟아 오늘 이 자리에 선 것이다. 이렇듯 눈부신 성장의 이면에 정부와 각계각층 국민의 특별한 희생과 노력이 숨어 있었음은 물론이다. 무엇보다도 우리 국민 특유의 엄청난 역동성이 성장의 견인차가 되었을 것이다.

그러나 단기 고도성장이 초래한 부작용 또한 크다. 전통적 가치관의 전도와 새로운 무질서의 횡포, 세대간의 가치관 대립과 갈등, 외형과 실체의 괴리, 이 모든 것들이 우리의 장래에 짙은 그림자를 드리운다. 그 어느 때보다도 우리의 삶의 토대가 되는 법과 정치의 시스템을 챙겨야 할 때다. 무엇보다도 법과 정치가 국민의 행복한 일상적 삶을 안정적으로 보장할 수 있는 합리적인 체계의 구축이 급선무이다. 우리의 선조와 선배들이 피땀을 흘려 쟁취한 자유민주주의 헌정체제는 오랜 기간 정치권력의 강권통치에 억눌렸던 대한국민에게 전혀 현실감을 주지 못했다. 권위주의적 지배의 역사만큼 오랜 민주화운동의 결과 탄생한 1987년의 헌정은 이제 민주화 이후의 민주주의, 자유화 이후의 자유주의의 과제를 우리에게 부여하고 있다.

무엇보다도 가장 심각한 문제는 세계가 우리의 여유로운 숙고와 대응을 기다려주지 않는다는 점이다. 급격히 진행되는 세계화는 우리들 삶의 기본양식을 바꾸도록 요구하고 있으며, 국민국가적 공동체의 독립성을 끊임없이 위협하고 있다. 이러한 변화에 대응하고 우리와 우리 자손들의 영원한 안녕과 행복을 담보할 우리의 비전, 그리고 그것을 실천할 의지는 존재하는가? 다양한 개혁담론과 이를 둘러싼 공방 속에서 진정으로 우리 공동체의 안정적 발전과 개인의 자유로운 삶에 대한 공감대가 형성되고 있는가? 오히려 정치적·경제적·사회적·문화적 부분이익의 극대화를 위해 끊임없이 공동체의 안정을 훼손하는 집단이기주의와 개인적 자유에 둔감한 전체주의적 공상이 사회적 갈등을 증폭시키고 있지는 않은가?

이런 현실은 다시 한 번 호흡을 가다듬고 법과 정치의 기본에 대한 인식으로 무장할 것을 우리에게 요구하고 있다. 특히 장차 우리 사회의 주역이 될 청소년에게 자유공동체주의에 대한 확신과 이의 실현에 매진할 사명감을 갖도록 하는 일은 시급한 과제이다.

인간의 삶은 정치적 삶이며, 정치적 삶은 법이라는 나침반을 필요로 한다. 특히 우리나라와 같이 국내외적 변화에 감각적으로, 그것도 극단적으로 대응하는 경향이 강한 사회에서 법과 정치의 본질과 현실, 그리고 그 상관관계를 이해하는 것이 합리적이고도 안정된 삶의 추구에 필수적인 과제이다. 2004년 한 해 동안 안민정책포럼에서 한국 청소년들의 의식화를 위해 제시한 '한국사회 바로알기 운동'의 주요 과제로 '법 · 정치와 현실'을 선택한 것은 바로 이러한 사명감 때문이었다.

그러나 이처럼 중요한 문제를 어떤 세부주제를 선별하여 우리 청소년들과의 대화의 창으로 끌어들일 것인가의 문제는 간단하지 않다. 그래서 법학과 정치학을 업(業)으로 하는 연구자들이 모여 머리를 맞댄 결과 다음과 같은 지극히 평범한 결론에 도달했다.

첫째, 우리의 일상생활 속에 스며 있는 정치와 법의 측면을 청소년들이 일상적으로 인식하고 반응할 수 있도록 기본적 개념과 원리를 소개할 필요가 있다는 것이다. 둘째, 그러한 추상적 개념과 원리들을 청소년의 눈높이에 맞추어 알기 쉽게 예시하자는 것이다. 셋째, 현재 우리 사회에서 문제되거나 역사적으로 의미있는 사항들을 유념하면서 현실감을 살릴 필요성에 대해서도 공감대가 이뤄졌다.

그러나 여러 사람이 나누어 맡아 집필한 이 책이 당초의 공감을 충실히 반영했는지에 대해서는 자신이 서지 않는다. 다만 집필자들의 사명감과 고민한 흔적이나마 독자들이 느낄 수 있다면 하는 바람이다. 부디 나라의 장래를 짊어질 우리 청소년들의 자의식과 사회의식이 여물어 역사의 장대한 끝을 맺고 우리 사회가 한 단계 진보해 나가는 데 조금이라도 도움이 된다면 필자들에게는 큰 위안이 될 것이다.

2005년 5월
글쓴이들을 대표하여
안 경 환

나남신서·1107

# 법·정치와 현실

## 차 례

# 1 정치의 조건과 이데올로기

서 병 훈

## 1. 인간과 사회: 왜 인간을 정치적 동물이라 부르는가

관악산 밑자락에 좋은 약수터가 하나 있다. 이 약수터를 개발하고 보존하느라 인근 노인회 회원들의 노고가 매우 컸다. 노인들뿐만 아니라 약수터를 아끼는 적지 않은 시민들이 주위에 나무를 심고 청소를 한다. 이러한 약수터에는 주인이 따로 없다. 말하자면 약수터는 공동의 소유물인 셈이다.

그러나 아침에 약수터에서 만나는 사람 중에는 약수터가 바로 자신의 소유가 될 수도 있다는 점을 잘 깨닫지 못하는 사람이 적지 않다.

---

서병훈(徐炳勳)은 연세대학교 정치외교학과 및 동 대학원을 졸업한 뒤 미국 라이스(Rice) 대학교에서 정치학 박사학위를 받았다. 현재 숭실대학교 정치외교학과에서 정치사상을 가르치고 있다. 《민주주의의 이론과 실제》(공저), 《라틴아메리카의 도전과 좌절》(공저), 《버마식 사회주의》(공저), 《다시 시작하는 혁명: 아옌데와 칠레식 사회주의》, 《사회주의 실험: 쿠바와 니카라과》(공저), 《세계정치의 쟁점과 이해》(공저), 《자유의 본질과 유토피아: 존 스튜어트 밀의 정치사상》, 《한국정치 동태론》(공저), 《자유의 미학》, 《세계화과정에서 공동체주의: 이념과 국가》(공저), 《포퓰리즘》 등의 저서와 편서로 《시원으로의 회귀: 고전과의 대화》, 역서로 존 스튜어트 밀의 《자유론》, 《대의정부론》 등이 있다. 숭실대학교 사회과학대학장, 한국정치사상학회 회장을 지냈다.

마치 남의 것을 정당하지 못한 방법으로 향유하기라도 하는 듯이 허겁
지겁 물을 퍼담는 사람, 도대체 저 크고 많은 물통을 어떻게 운반하려
고 저러는가 걱정을 자아낼 정도로 욕심을 부리는 사람, 뒤에서 기다
리고 있는 사람에 대한 고려가 전혀 없는 사람, 약수터 바로 앞까지
오토바이를 몰고 와서는 맑은 공기를 즐기려 온 사람들 얼굴에다 매캐
한 연기를 내뿜는 일에 대해 미안한 감을 별로 못 가지는 사람들이 있
으니 말이다. 이럴 때마다 인간과 사회의 관계에 대해 생각해 보고,
인간을 '정치적 동물'이라고 지칭한 오랜 금언(金言)을 곱씹게 된다.

사람은 사회를 떠나 제대로 살아갈 수 없다. 의식주에 필요한 거의
모든 요소들은 다른 사람이 만들거나 제공해 주는 것이다. 우리는 타
인의 것을 빌려쓰는 셈이다. 그래서 인간이 사회 속에서 살아가야 한
다는 말은 일단 이와 같은 기능적 의미에서 이해할 수 있을 것이다.
그러나 이 말의 참된 의미는 이러한 기능적 차원의 필요성을 넘어간
다. 사회 속에서, 남과 더불어 살을 맞대며 살아갈 때 비로소 인간다
운 삶을 영위할 수 있다는 의미에서 인간의 사회성을 파악해야 하기
때문이다.

### 1) 아리스토텔레스

고대 그리스의 철학자 아리스토텔레스가 인간을 '정치적 동물'이라고
부른 것은 잘 알려진 사실이다. 물론 그가 오늘날 한국사회에서처럼
각종 물의를 일으키며 부도덕한 인물의 전형으로 지탄받는 '정치꾼'들
을 염두에 두고 한 말은 아니다. 그것보다는 인간이 인간답게 살려면
정치적 공동체 안에서 정치적 참여를 하지 않으면 안 된다는 생각에서
한 말이다.

아리스토텔레스는 몇 가지 이유에서 인간이 정치적 공동체 안에서
살아야 한다고 생각했다. 첫째, 사회적 분업의 필요성이다. 인간은 더

이상 로빈슨 크루소처럼 혼자서는 살 수 없다. 시장이라는 사회를 통해 각자의 생산물을 교환하며 살지 않으면 안 된다. 둘째, 사회는 인간에게 언어와 지혜와 윤리의 학습장이 된다. 인간이 원숭이와 다른 것은 이런 사회적 기능을 오래 전부터 발전시켜 나왔기 때문이다. 셋째, 사회는 인간의 사회적 본능을 충족시켜 준다. 인간은 누구나 남에게 도움을 주고 친절을 베풀고 싶어한다. 사회가 없으면 우정과 사랑을 실현시킬 도리가 없다. 그래서 사회 속에서 사는 것이 중요한 것이다. 넷째, 아리스토텔레스는 정치에 대한 참여와 공동체에 대한 관심을 그러한 우정과 사랑을 최고도로 실현할 수 있는 첩경이라고 생각한다. 나라를 잘 이끌 능력이 있는 사람이라면 마땅히 국정에 참여해서 그런 능력을 발휘해야 한다. 아리스토텔레스는 이런 본능이 모든 인간에게 들어 있으며, 그런 본능을 잘 발휘할 능력과 의지가 많을수록 행복한 사람이 된다고 생각하였다. 따라서 아리스토텔레스 철학의 핵심이 되는 행복론의 한가운데에 정치에 대한 참여가 자리잡고 있는 것이다.

아리스토텔레스가 사회와 정치를 바라보는 관점에 대해 비판적인 사람도 없지 않다. 그러나 적어도 그의 생각 속에 사회에 대해 우리가 해석할 수 있는 중요한 골격은 거의 다 들어 있다고 해도 틀린 말은 아니다. 그래서 인간을 '정치적 동물'로 규정한 그의 명제가 지니는 철학적 의미가 남다른 것이다.

그러나 아리스토텔레스의 사회관이 특정한 인간관 위에 서 있다는 사실을 잊어서는 안 된다. 그는 무엇보다 인간이 어떻게 하면 참된 행복을 누리며 살 수 있을 것인가 하는 문제를 풀기 위해 애쓴 사람이다. 그가 찾아낸 결론은 이렇다.

모든 존재는, 그것이 식물이든 동물이든 간에, 나름대로 존재이유 또는 목적(telos)을 지니고 태어난다. 따라서 그 존재이유를 최대한 실현시키는 것이 행복한 또는 가치 있는 삶의 조건이 된다.

인간도 예외가 아니다. 인간은 모든 동물 중에서도 특별히 이성적인 존재이다. 그러므로 이 타고난 능력, 즉 이성을 잘 발휘하는 것이 인간에게 주어진 과제요, 또한 특권이다. 행복하게 살자면 영혼을 살찌우는 일에 1차적인 관심을 기울여야 마땅하다. 나아가 인간은 남과 더불어 살며 도움을 주는 일에 만족을 느끼게 되어 있는 존재이다. 따라서 지적인 작업에 몰두하며 남을 돕고 친절을 베푸는 일, 특히 정치에 관심을 가지고 적극적으로 참여하는 것이 행복의 지름길이다. 이런 인간관을 가지고 있었기 때문에 인간을 '정치적 동물'로 간주하는 독특한 시각을 발전시킬 수 있었던 것이다.

## 2) 맑스

인간과 사회의 관계에 대해 생각할 때 칼 맑스(Karl Marx)를 뺄 수 없다. 맑스는 인간이 사회 속에서 타인과 더불어 사는 것을 인간의 자연적 본성이라고 규정했다. 그는 다음과 같이 자연계의 현상에 비추어 인간의 사회적 성격을 설명한다. 태양은 그 따뜻한 햇빛을 통해 모든 생물에게 생명을 선사한다. 태양이 없으면 우리 인간도 살아갈 수가 없다. 따라서 모든 생명체는 태양에게 본질적인 빚을 지고 살아가는 셈이다. 그렇다면 생명체는 태양에게 과연 일방적으로 신세만 지는 존재일까? 맑스의 생각은 다르다.

만일 태양에게 우리처럼 도움받는 존재가 없다고 한다면, 그 햇빛은 무용지물이 되고 만다. 태양은 자신의 햇빛이 지니고 있는 본질을 발현할 길이 없다. 햇빛을 받는 존재가 있기 때문에 태양은 태양으로 존재할 수 있는 것이다. 말하자면 모든 생명체는 태양으로부터 도움을 받는 사실을 통해 태양에게 생명을 불어넣어 주는 셈이다. 자연계의 모든 생명체는 이처럼 도움을 주고받는 관계를 통해 비로소 자신을 온전하게 구현하게 되는 것이다. 나에게 타인이 없다면, 나는 진정한 인간으로서 살아갈 수가 없다. 타인이 나에게 소중할 수밖에 없는 이유가 여기에 있다.

맑스는 인간의 자기실현을 이상으로 삼았다. 즉, 개인의 능력과 소질을 최대한 자유롭게 구현(actualization)하고 객관화(externalization)시키는 것이 인간의 목표라는 것이다. 이런 의미에서 노동이란 인간의 삶 그 자체이다. 자신이 선택한 노동활동을 통해서 자신의 능력과 소질을 유감없이 발휘할 수 있을 때 인간의 개체성은 만발하고 따라서 진정한 자유를 만끽할 수 있다는 것이다.

맑스가 파악한 인간은 본질적으로 사회적 존재이다. 언어생활만 해도 사회 속에서 가능한 것이다. 더 중요한 것은 노동 역시 사회적 관계의 반영이라는 점이다. 자본주의 아래에서는 인간이 이기심의 충족을 위해 일한다. 그러므로 타인이란 불가피하게 자신의 이익을 만족시키기 위한 수단적 존재에 불과하다. 상호 무관심(mutual indifference)이 팽배할 수밖에 없는 관계이다.

그러나 인간은 공통의 필요와 공통의 목적에 의해 규정받는 유적(類的) 존재(species-being)이다. 개인의 노동이란 필연적으로 외부, 즉 타인의 평가와 도움에 의해 본래의 의미를 되찾을 수 있기 때문이다. 노동의 결과는 타인에 의해 관찰되고 평가되며 음미될 때, 다시 말해 사회(public domain)에 의해 매개될 때 객관화되는 것이다. 이를테면, 시를 쓰되, 다른 사람 앞에서 발표될 때 시작(詩作)이라는 노동이 구현되고 객관화되는 것이다.

이것은 맑스가 능력(power)과 필요(need)란 서로 의존적인, 변증법적인 통일체라고 본 데서 뚜렷이 나타난다. 능력이란 어떤 결과나 현상을 낳게 만드는 소질과 힘, 그리고 이를 발휘하고자 하는 본능적 충동의 총체이다. 반면 필요란 그 능력이 표현·실천되기 위한 조건이다. 그리고 이 필요는 본질적으로 능력과 상응하는 관계에 놓여 있다. 이를테면 태양은 꽃이 자라나게 해주는 능력이 있다. 태양은 이 능력을 발휘하고 싶은 본능에 사로잡혀 있다. 반면 꽃은 태양의 도움 없이는 생육할 수가 없다. 꽃을 피우고자 하는 욕구와 능력을 발휘할 수가 없는 것이다. 마찬가지로 태양은 자신을 필요로 하는 꽃의 존재 때문에 스스로의 능력을 발휘할 수 있게 된다. 그러므로 능력과 필요는 하나가 될 수밖에 없다.

맑스는 예술작품의 창작활동을 예로 들며 이 관계를 다시 설명한다. 내가 창작을 한다는 것은 나의 개체성을 객관화하는 일이다. 이것은 동시에 타인에 의해 즐거움의 대상이 된다. 타인은 나의 작품을 통해서 자신의 능력을 증진시킬 기회를 갖는다. 이번에는 그 타인의 향상된 능력이 나에게 되돌아온다. 왜냐하면 타인의 향상된 안목은 더 높은 수준의 창작활동을 하도록 나를 자극·촉진하기 때문이다. 결국 인간은 서로 같이 자라는 것이다.

맑스는 노동이 인간의 자아(self-hood)와 사회성(sociality)을 동시에 발육케 하는 요체라고 생각했다. 그가 자본주의를 거부할 수밖에 없었던 것은 이런 의미의 노동이 원천적으로 봉쇄되고 있기 때문이다. 그는 자본주의적 개인주의가 인간의 독립된 주체성(self-identity)을 최소한 법적으로는 인정하였다는 점에서 어느 정도 진보적 요소를 안고 있다고 생각했다. 그러나 그 개인주의는 인간과 사회의 분리를 전제로 하고 있으며 개인 사이의 본질적 통일을 상정하지 않고 있다. 이에 반해 맑스가 꿈꾸었던 공산사회는 개체성의 독립을 주장하면서도 개인과 개인 사이에 조화와 상호존중(mutuality)이 가능한 '분화된 통일'(differentiated unity)을 지향한다.

맑스는 노동이 일차적으로는 각 개인의 개체성을 발현해 줄 기제라고 보았다. 그 자신 노동을 통한 인간의 개인적 자기실현을 강조했다. 그러나 개체(self)에 대해 정확한 규정을 내리지 않았다. '분화'와 '통일'이 어떻게 동시에 달성될 수 있는지에 대해서도 자세한 언급이 없다. 그래서 맑스에게는 인간에 대한 이론이 없다는 지적이 나온다. 그가 파악한 인간이란 사회적 관계에 의해 규정될 뿐이다. 개인이라는 범주는 사회적 관계의 총화를 이론화하는 과정 속에 완전히 종속되어 있는 것이다. "사회는 개인으로 구성되어 있는 것이 아니다"라든가, "… 이런 관계는 개인과 개인 사이의 관계가 아니라 노동자와 자본가, 농부와 지주의 관계이다"라는 표현은 상실된 인간 개개인의 입지를 명료하게 전달해 준다.

### 3) 밀

맑스뿐만이 아니다. 동서양의 뛰어난 사상가들은 모두 이와 같은 인간의 본성에 초점을 맞추어 자신의 논리를 전개시킨다. 존 스튜어트 밀(John Stuart Mill)은 자유주의 사상가지만, 그의 인간관은 맑스의 그것과 크게 다르지 않다. 밀은 인간이 왜 타인의 존재에 대해 관심을 기울이는가 하는 점을 설명하면서 역시 인간의 본능적 사회성을 주목한다.

그는 남에게 신세를 졌기 때문에, 또는 나중에 이익이 돌아올 것이기 때문에 선한 일을 하게 된다고 하는 기능적 설명에 만족하지 못한다. '네 이웃을 사랑하라'고 하는 성경의 가르침은 어디에서 나오는 것일까? 밀은 인간의 본성이 그렇게 하도록 만든다고 생각한다. 자연은 인간에게 그 생명의 출발점에서부터 남의 입장과 이익을 염두에 두게 만든다. 남과 협력하고자 하고, 더불어 살고 싶어하게 하며, 타인의 이익과 상충될 때 자신의 욕심을 누그러뜨리게 만든다. 이것이 인간의 타고난 본성이기 때문에 인간은 남에게 양보하는 행동을 통해 참된 행복을 느끼게 된다고 하는 것이 19세기의 위대한 자유주의 사상가인 밀의 한결같은 주장이다. 그의 주장을 자세히 살펴보자.

밀은 사람이 사회적 감정(social feeling)을 타고난다고 생각한다. 사람이면 누구나 다 자연적으로 품게 되는 생각이나 느낌이 바로 사회적 감정이라는 것이다. 밀의 사회성(sociality) 개념은 바로 이 사회적 감정을 토대로 하여 형성된 것이다. 그는 개인의 자유, 특히 개별성 (*individuality*) 을 무엇보다 강조한 사상가로 잘 알려져 있다. 그러나 밀이 사회성을 무시하고 개별성만 앞세웠다고 생각하면 큰 오해다. 그는 사회성은 인간사회 속에서 어느 정도 튼튼하게 자리잡고 있는데, 개별성은 너무 취약하다고 걱정했다. 그래서 그의 대표작인 《자유론》(*On Liberty*) 에서 개별성을 유독 강조한 것이다. 그러나 그가 생각하는 참된 행복은 사회성과 개별성이 조화를 이룰 때 가능하다. 이 점을 명심해야 한다.

따라서 사회성은 물론, 밀의 행복론, 나아가 인간관의 뿌리도 파고들어가 보면 모두 사회적 감정과 직접 연결된다. 밀이 왜 인간이 사회적 존재이고, 왜 남을 고려할 때 행복을 느끼게 된다고 생각했는가, 현대 사회에서 왜 개체성의 존립이 위태로운 상황에 처하게 되었다고 주장하는가를 이해하기 위해서는 그가 상정한 사회적 감정을 엄밀히 분석하는 것이 필수적이다. 밀은 사회적 감정이 세 요소를 포함하고 있다고 설명한다.

(1) 이웃과 하나가 되고자 하는 욕구

인간은 이웃이나 동료와 일체감(*unity*) 을 느낀다. 서로가 하나가 되고자 하는 욕구를 지니고 있는 것이다. 이익의 다툼이 생기더라도 이웃을 적대적인 경쟁자로 생각하지 않는다. 왜냐하면 생각과 감정까지도 서로 닮아가려는 성향이 사람들 사이에 넓게 퍼져 있기 때문이다. 주위 사람과 하나가 되고자 하는 바람은 이미 인간의 본성 속에 굳건히 자리를 잡고 있거니와, 다행스럽게도 특별히 그 심성을 고양시키려는 노력이 없어도 점점 강해지고 있다.

밀은 이러한 성향이 개체성의 발양에 부정적인 영향을 끼칠 수 있다면서 염려했다. 다른 사람을 닮아가려는 욕구가 정도 이상으로 강해지면 개인의 독특한 개성이 자리잡기 어려워지기 때문이다.

## (2) 도움을 주고받는 존재

인간은 서로 협력(cooperation)하며 살아가는 존재이다. 그래서 사람은 다른 사람과 협력하며 사는 것에 익숙해지고 있다. 밀은 사회성의 개념을 바탕으로 하여 인간 문명의 발달을 측정할 수 있는 기준으로 사회적 협력을 꼽는 것을 주저하지 않는다. 그는 1836년 그의 나이 30세 때 썼던 "Civilization"이라는 글에서 문명 이전, 즉 미개상태에서는 협력이 일어날 수 없지만 문명사회에서는 인간들 사이에서 유대(combination)를 통해 상호타협이 가능해진다고 보았다. 이 타협(compromise)이란 공동의 목적을 위해 개인의 의사를 부분적으로 희생시킬 때 비로소 이루어지는 것이다.

이것은 두 가지 의미를 지닌다. 우선 사람은 자신이 유한한 존재임을 깨닫는다. 사회적 삶을 영위하기 위해 타인의 도움에 의존하지 않을 수 없는 것이다. 당장 경제생활만 봐도 그렇다. 무인도에 갇힌 로빈슨 크루소 같은 신세가 아니라면, 이웃으로부터 셀 수 없는 도움을 받지 않고서는 살아갈 수가 없다. 밀은 특히 정신적 도움을 강조한다. 지식은 어디에서 오는가? 선대(先代)의 경험이나 노력, 통찰력, 동시대 사람들의 협력이 없다면 사람은 미망(迷妄)의 굴레 속에서 살아가야 한다. 문화나 도덕도 마찬가지다.

사람이 사회 속에서 타인의 도움을 받아 살아간다는 것은 인간의 '보편적 유한성'을 나타내 준다. 부족하고 한계를 지니고 있다는 점에서 사람은 누구나 평등하다. 그래서 밀은 사회를 '대등한 사람들이 모여 사는 곳'으로 인식하면서, 이 사회가 유지되기 위해서는 모든 사람의 이익이 평등하게 고려되지 않으면 안 된다는 점을 강조한다. 이제 어느 누구도 다른 사람의 이익을 철저하게 무시하는 것이 불가능해졌다. 사람들은 이 사실을 익히며 자란다.

한편 사람은 남의 도움을 받으며 살지만, 동시에 남에게 도움을 주기도 한다. 사회적 협력이라는 것은 호혜적인 것이다. 물론 그것은 비대칭적 협력관계이다. 주는 것보다는 받는 것이 월등하게 많을 수밖에 없는 것이 사회적 삶이기 때문이다. 밀이 '사회적 빚'을 갚지 않으면 안 된다고 강조하는 이유가 바로 여기에 있다.

그런데 사람은 남에게 도움을 주면서 행복을 느끼게 된다. 엄밀히 말하면 사회로부터 진 신세의 일부를 갚는 것에 불과하지만, 사람은 남에게 도움을 주면서 자기 자신의 이기심을 억누르고, 그 결과 마음이 성숙해지는 가외의 소득까지 얻게 된다. 밀은 사람의 마음이 폭넓어지고, 도량이 깊어지는 것을 '정신의 발전'으로 치부한다. 결국 사람은 사회적 협력을 통해 정신이 풍요로워지면서 발전을 일으키게 되고, 따라서 행복을 느낄 수 있게 된다.

(3) 공공의 이익에 대한 헌신

사람은 사회적 감정 때문에 이웃을 자기와 철저하게 다투어야 할 경쟁상대로 여길 수 없다. 자신을 사회적 존재(social being)라고 간주하는 사람은 자신의 감정과 목표가 타인의 그것과 조화를 이루어야 한다고 자연스럽게 인식하기 때문이다. 혹시 감정이나 의견의 차이 때문에 타인과 서로 다른 감정을 가진다 하더라도, 양자 사이의 진짜 목표는 충돌하지 않는다는 생각을 가지는 것이 필요하다. 물론 대다수의 사람들에게서는 이런 감정보다 이기심이 훨씬 강력하다. 경우에 따라서는 그런 감정이 전혀 없을 수도 있다. 그러나 그런 감정을 지니고 있는 사람에게는 그것이 매우 자연스럽다.

사람이 같이 협력하고 사는 한, 자신의 목표와 다른 사람의 목표는 일치(identified)하게 된다. 적어도 일시적으로는 다른 사람의 이익을 자기 자신의 이익이라고 생각하는 감정이 생긴다. 사회적 감정 때문에 사람들이 공동의 이익을 무시하고 자기 자신의 욕심만 채우는 일이 줄어들었다. 그래서 인간은 사적 이익을 추구하나 동시에 공동의 이익(collective interest)에 대해서도 헌신한다. 밀은 이 점을 매우 강조한다.

그리고 각 개인의 이익도 공동선(*good of the whole*)에 의해 최대한 증진된다. 밀은 이기심에 어두운 사람들이 이와 같은 자명한 진리를 깨닫지 못하고 있음을 안타까워했다.

이것이 바로 사회적 감정이다. 다른 사람과 하나가 되고 싶어하는 욕구이다. 사회가 발전하면서 이웃과의 일체감도 증대된다. 다른 사람의 이익을 자신의 것으로 간주하는, 이른바 공공의 이익에 대한 헌신도 커진다. 이 공공이익이 집단적 감정을 키워 준다. 다른 사람의 이익을 늘리는 데 큰 관심을 가질 뿐만 아니라 다른 사람의 감정을 자기 자신의 것으로 일체화하게 된다. "본능적으로 사람은 타인에 대해서 당연하게 관심을 가지게 되는 존재로 스스로를 인식한다. 타인의 문제에 대해 마치 우리가 살아가는 데 물리적 조건이 필요한 것처럼 자연스럽게 또 필수불가결하게 신경을 쓰게 된다." 문명이 발전하면서 공동의 이익, 사회적 감정, 동정심에 대한 고려도 함께 커진다. 사람이 자연스러워지는 것과 비례하여 이익의 대립은 사라지고 일체감이 자리잡게 된다.

밀이 볼 때 사람은 천성적으로(*necessarily*) 이기적 존재가 아니다. 또 설령 그렇다 하더라도 그런 성질을 고칠 수 있다. 따라서 각자가 이웃과 이해문제 때문에 다툼을 벌이지 않고 오히려 타인의 복리를 자기 것인 양 염려하게 될 때, 사람은 더 큰 행복을 느끼게 된다. 나아가 남을 도와주고 자신의 이기심을 억제하는 행동이 습관화되면, 각자의 마음이 성숙해진다. 즉, 이타심을 발휘하면 자신의 내면세계가 윤택해진다. 사람은 이러한 사실을 잘 알기 때문에 좋은 일을 하려 한다. 결국 사람이 좋은 일을 한 번이고 두 번이고 하게 되면, 나중에는 특별한 이익을 기대하지 않으면서도 선한 일을 하게 되는 것이다.

사람은 타인의 복리가 나의 기쁨이 된다는 것을 배워야 한다. 그러므로 다른 사람이 잘 되는 일에 자신이 즐거움을 느끼도록 가르치는 것이야말로 바로 도덕적 발전이 지향하는 목표이다. 다른 사람의 이익에 대해 동일한 감정을 못 느낀다면, 우리의 삶은 크게 불만족스러울 것이다. 다행스럽게도 인간이 그러한 도덕적 감정을 못 느낀 채 오직 이기적 존재로 살아가야 할 이유가 없다. 인간은 도덕발달의 굳건한 기초가 되기에 충분히 강력한 자연적 감정, 즉 사회적 감정을 지니고 있다. 또한 법, 기타 사회적 관계가 사람으로 하여금 도덕적 삶을 살아가도록 한다. 이런 이유에서 밀은 사람의 사회성에 대해 매우 낙관적이다.

### (4) 한국사회

우리 사회에서는 개인주의와 이기주의가 고약하게 얽혀 팽배하고 있다. 참된 의미의 개인주의는 이기심과는 거리가 멀다. 내 것이 소중한 만큼 남의 입장도 존중해 줄 것이라고 하는 전제가 성립되지 않으면 본래적 의미의 개인주의는 작동하기 어렵다. 남을 고려하는 심성을 계발해 나가는 과정에서 우리는 마음의 키가 자라나는 것을 확인할 수 있다. 마음의 키가 자라는 것, 달리 말해 정신적 발전이야말로 사회적 존재로서의 인간에게 본래부터 틀지어져 있는 행복률의 핵심이다.

영국의 어느 여왕이 '우연한' 기회에 시녀의 손을 바라보고서는 "네 손가락도 다섯 개구나!"하면서 놀랐다고 하는 '일화'는 우리에게 많은 것을 생각하게 해준다. 타인이 바로 자신의 한 부분이라고 하는 엄연한 진실을 모르는 상태에서 어떻게 행복을 꿈꾼다는 말인가.

그런 점에서 《모리와 함께 한 화요일》이라는 책은 많은 것을 생각하게 해준다. 미국의 대학에서 교수를 지낸 주인공 모리는 어느 순간 근육위축병에 걸리고 만다. 위로하려 모여든 사람들에게 그는 죽음을 앞두고 '마지막 강의'를 한다. "내가 줄 수 있는 것을 타인에게 주는 것이 진정한 만족을 준다. 다른 사람에게 무엇인가를 준다는 것은 내가 살아 있다는 기분을 느끼게 해준다. 그들에게 베풀 때 내게 돌아오는 것이 너무 많아 압도당할 정도이다."

인간이 정치적 동물이라는 사실은 우리에게 더할 수 없는 축복인 것
이다.

## 2. 민주주의의 발전과 그 딜레마*

### 1) 민주주의를 둘러싼 고민

이 지구상에는 참으로 다양한 사람들이 살고 있다. 말과 피부 색깔
만 다른 것이 아니다. 철학이나 종교, 신념도 각양각색이다. 취미도
다르고 좋아하는 음악도 천차만별이다. 도저히 하나로 묶을 수 없을
정도로 이질적인 사람들이 사회와 국가를 만들고 있다.

그러나 이렇게 서로 다른 사람들이지만 적어도 한 가지, 민주주의에
대해서만은 한마음 한뜻이다. 이 세상의 모든 사람들이 거의 한목소리
로, 한마음 한뜻으로 민주주의를 칭송하고 떠받들고 그리워한다. 세세
무궁토록 '올해의 가수왕'이나 '최우수 연기자'상을 독식하다시피하니
민주주의처럼 행복한 존재가 또 있을까.

그러나 자세히 따져보면 반드시 그런 것만은 아니다. 민주주의처럼
허황되고 '속 빈 강정' 같은 것도 다시없기 때문이다. 모두 다 민주주
의를 추구하기는 한다. 그러나 민주주의가 무엇이고 어떤 목표를 지향
하는가에 대해서는 생각이 다 다르다. 정반대되는 방향으로 치달으면
서도 제각기 민주주의를 찾기 위해 그런다고 주장한다. 그러니 민주주
의에 대한 정답을 찾기가 어렵다.

한때는 영국이, 그리고 얼마 전까지만 해도 미국이 민주주의의 모범
을 보여주는 것처럼 생각된 적이 있었다. 그러나 민주주의에 대한 생
각이 다 다르다면 반드시 영국이나 미국식 정치체제가 최선의 것이라
고 주장할 근거도 없어진다. 남한만 민주주의를 추구하는 것은 아니

* 이 부분은 서병훈 외 (2001), 《인간과 사회》, pp. 23~35를 재수록한 것임.

다. 북한도 북한식의 인민민주주의를 실천하고 있다고 주장한다. 한국의 여야(與野) 정치세력들은 차마 눈뜨고 보기 민망할 정도로 서로 싸운다. 그러면서 입으로는 각기 민주주의를 위해 노력하는 중이라고 강변한다.

이론적으로 따져 보아도 복잡하기는 마찬가지다. 다들 자유와 평등이 민주주의의 핵심내용이라고 하는데, 정작 무엇이 자유이고 평등인가에 대해서는 생각이 다 다르다. 최근 미국 대법원은 청소년을 보호한다는 명분 아래 인터넷의 음란물 방영을 제한하려는 시도는 위헌이라고 판시(判示)했다. 자칫하면 언론 자유를 침해할 가능성이 있기 때문이다.

그러나 자유에 대해 전혀 다른 각도에서 접근하는 사람들도 있다. 영국의 한 장관급 인사는 '모델협회'에 너무 '깡마른' 모델들을 등장시키지 말라고 압력을 행사했다. 대다수의 보통여성들이 모델 흉내를 내다가 건강에 이상이 생길 상황이라는 판단에서였다.

왜 이렇게 생각이 다른가? 인간과 세상을 보는 관점, 즉 철학이 다르기 때문이다. 사람은 어떻게 사는 것이 좋은가, 사회와 국가는 어떻게 조직, 운영되는 것이 좋은가? 이런 중요한 문제에 대해 서로 의견을 달리하다 보니 자유와 평등, 나아가 민주주의에 대한 해석이 각각일 수밖에 없다.

고대 아테네의 소피스트들과 이들을 비판했던 플라톤의 사상을 눈여겨보아야 할 이유가 여기에 있다. 오늘날 민주주의를 둘러싸고 벌어지는 논쟁의 뿌리도 크게 보면 소피스트와 플라톤의 철학적 대립을 빼놓은 듯이 닮았기 때문이다. 소피스트들은 인간이 어떻게 사는 것이 좋은가 하는 문제에 대해 객관적인 정답을 찾을 수 없다고 생각했다. '인간이 만물의 척도'라는 것이다. 평등과 자유를 기치로 내세우는 민주주의는 이러한 소피스트식의 주관주의, 또는 상대주의로부터 크게 영향받았다.

그러나 플라톤은 생각이 달랐다. 인간이 아니라 신(神), 다시 말하면 일정한 객관적 가치가 '만물의 척도'가 되어야 한다고 주장했다. 그래야 인간이 진정 행복하게 살 수 있다고 설파했다. 플라톤이 아테네에서 번창했던 민주주의를 신랄하게 비판했던 것은 사실이다. 그러나 그가 민주주의 자체를 전면 거부한 것은 아니다. 인간이 인간답게 살고 사회와 국가가 정의롭게 운영될 수 있는 새로운 형태의 민주주의를 그렸기 때문이다.

민주주의를 둘러싼 소피스트와 플라톤의 설전(舌戰)은 현대에 들어서도 고스란히 재현되고 있다. 따라서 민주주의의 원리와 그 지향점을 이해하기 위해서는 이러한 철학적 배경을 찬찬히 살펴보지 않으면 안 된다.

아무리 시대가 바뀌었다고 해도 민주주의가 전제되지 않은 정치나 사회는 상상도 할 수가 없다. 한국은 그 동안 민주주의를 정착시키기 위해 많은 노력을 기울여왔다. 그러나 아직 갈 길이 멀다. 민주주의를 심화·발전시키자면 더 많은 노력이 요구되는 시점이다. 사회과학을 공부하는 사람이라면, 아니 이 시대가 직면한 여러 문제에 대해 진지하게 고민하는 지성인이라면 민주주의가 무엇이고 무엇을 지향하며 그 논리와 철학 속에 어떤 문제점을 안고 있는가에 대한 논의를 외면해서는 결코 안 될 것이다. 몇 가지 쟁점을 중심으로 민주주의를 둘러싼 고민의 일단을 열어보기로 하자.

## 2) 평등?

고려 신종 때 최충헌의 사노(私奴)인 만적(萬積)은 "왕후장상(王侯將相)의 씨가 따로 있느냐"고 절규했다. 그렇다. 주연이 따로 있고 조연, 엑스트라가 따로 있는 것은 아니다. 능력이 있든 없든 누구에게나 삶은 소중하다. 각자가 주인공이 될 수 있어야 한다. 밤잠 안 자고 노력하는 사람에게 기회가 주어져야 한다. 그것이 좋은 사회이다.

　민주주의가 위대하다는 것은 바로 이런 평등이라는 이념을 가장 적극적으로 실천에 옮기고 있다고 여겨지기 때문이다. 페리클레스가 적절히 표현했듯이, 아테네 민주주의는 다수에게 이익이 돌아가도록 짜인 정치체제이다. 만일 출생신분이나 계급, 재산 또는 학력을 기준으로 하여 사람을 나눈다면 다수는 늘 피해를 보기 마련이다. 돈만 해도 그렇지 않은가. 어느 사회를 보나 돈 많은 사람은 '한줌'의 소수에 불과하다. 이에 반해 절대 다수는 언제나 돈 때문에 고통을 겪지 않으면 안 된다.

　민주주의는 소수의 권력자나 부자가 나라를 좌지우지하는 왕정이나 귀족정을 해체시키며 등장한다. 돈 없고 힘 약한 다수의 입장에서 본다면 '꿈만 같은' 정치체제가 바로 민주주의이다.

　평등이란 '사람의 값'을 똑같이 계산하는 이념체계이다. 잘난 사람이나 못난 사람이나 모두 똑같이 대우를 받아야 한다는 것이다. 돈이 많다고 또는 가정환경이 좋다고 해서 남보다 유리한 위치를 차지해서는 안 된다는 것이 평등론의 핵심이다.

　자유도 따지고 보면 평등에서 나오는 것이다. 자유와 평등이 일란성 (一卵性) 쌍생아(雙生兒)와 같다고 하는 사실은 쉽게 이해될 수 있을 것이다. 노예라고 하는 불평등한 신분을 지닌 채 주인처럼 '자기 마음대로' 살 수는 없기 때문이다. 다른 사람의 지시를 받아 또는 어떤 사람이 제시하는 방향에 따라 살아야 하는 불평등 상황 속에서는 그러한 자유를 향유할 길이 없는 것이다. 그러므로 평등이 전제되지 않고서는 자유를 생각할 수가 없다. 1)

---

1) 이 점에 대해서는 아리스토텔레스가 분명히 밝힌 바 있다. 아리스토텔레스는 민주주의 아래에서는 비례적 평등(proportionate equality)이 아니라 산술적 평등(numerical equality)을 따르는 것이 정의에 부합된다고 말한다. 따라서 민주적 정의는 다수가 결정권을 가지고 무엇이든지 다수가 원하는 대로 이루어지는 것을

그러나 평등이라는 가치를 구현하는 것처럼 보이는 민주주의이지만 몇 가지 측면에서 심각하게 검토해 보아야 할 문제를 안고 있는 것도 사실이다.

우선 다수라고 해서 소수를 함부로 무시해서는 안 된다. 다수와 생각을 달리하거나 이해관계가 상충된다는 이유에서 소수를 억압하게 되면 민주주의의 본뜻을 저해하는 결과를 낳게 된다. 이른바 '다수의 횡포'(tyranny of the majority)가 민주주의의 가장 큰 병폐라고 지목되는 이유가 여기에 있다. 과거에는 소수가 다수를 착취하는 것이 큰 문제였다. 그러나 민주주의 시대에 와서는 거꾸로 다수가 소수를 박해하지 않도록 경계하지 않으면 안 된다. 다수이든, 소수이든 사람값은 모두 똑같기 때문이다.

그런가 하면 평등이라고 하는 가치에 대해 본질적인 의문을 던지는 사람도 적지 않다. 예를 들어 선거에 대해 생각해 보자. 현대 민주주의 사회에서는 일정한 나이 이상이 되는 사람은 누구나 한 표씩 투표권을 행사할 수 있다. 모든 사람이 평등하게 정치적 영향력을 행사할 수 있는 보통선거 제도 속에는 대단한 역사적 의미가 담겨 있다.

과거에는 아예 선거라는 정치절차 자체가 없었다. 그러다가 근대 이후 유럽사회에서 신흥 중산계층에게 투표권이 부여되기 시작했다. 왕과 귀족 중심으로 움직여지던 정치가 근본적으로 변화하게 된 것이다. 그러나 이때는 일정한 액수의 세금을 내거나 교육을 받은 사람들만 정치에 참여할 수 있었다. 가난하거나 교육을 받지 못한 사람은 여전히 정치에서 배제되었다. 여성들은 아예 고려의 대상도 되지 못했다.

19세기 중반 들면서 영국을 중심으로 이런 제한을 철폐하자는 움직임이 일어났다. 성인 남자면 누구든, 계급이나 재산상태 또는 교육수준에 관계없이 똑같이 한 표씩 투표권을 주자는 것이었다. 오늘날

인정한다고 본다. 그는 이러한 이유에서 '평등에 기초한 자유'(freedom based upon equality)를 민주주의의 기본성격으로 규정하고 있다.

와서 생각해 보면 지극히 당연한 요구였지만 불과 1백여 년 전만 하더라도 가히 '혁명적'인 발상이 아닐 수 없었다. 이런 '보통선거권' 운동을 펼치는 사람을 '급진 민주주의자'(Radical Democrats) 라고 불렀던 것만 보아도 당시의 충격이 얼마나 컸던가를 짐작할 수 있을 것이다. 2)

그러나 보통선거 제도에 대해 본질적인 의문을 던지는 사람들이 있다. 평등이 소중하기는 하나 정치 '전문가'인 정치학 교수나 정치에 대해서는 전혀 아는 바도, 또 관심도 없는 사람이나 모두 똑같이 한 표씩 투표권을 던지는 것이 과연 합당한 일인가? 나라의 민주화를 위해 희생을 마다 않으며 심각하게 고민하는 사람이나, 갈비탕 한 그릇에 또는 비합리적인 연고(緣故)에 눈이 멀어 무책임하게 한 표를 행사하는 사람이나 모두 똑같이 대우하는 것이 정말 옳은 일인가?

이 문제에 대해 19세기 최고의 자유주의 정치사상가인 존 스튜어트 밀(John Stuart Mill)은 깊이 고민했다. 그러면서 사람의 지적인 판단 능력에 비례하는 '차등투표제'의 도입을 주장했다. 이를테면 일자 무식꾼에게 한 표를 던지게 한다면 정치학 교수에게는 10표를 주는 것이 더 타당하다는 것이다. 물론 밀 같은 사상가가 평등의 중요성을 모를 리 없었다. 그러나 그는 사람마다 생각하고 판단하는 능력이 다 다른데 이를 무시한 채 기계적인 평등을 적용한다는 것은 사회의 발전을 위해 바람직하지 않다고 생각했다. 아리스토텔레스가 걱정했던 대로

---

2) 그러나 여성들에게는 이러한 정치적 권리가 훨씬 나중에야 주어졌다. 선진 민주국이라고 불리는 서구 일부 국가에서 20세기 중반에 들어서야 여성의 참정권이 허용된 경우도 있다. 보통선거권은 사회주의 운동사에서도 커다란 충격을 안겨주었다. 사회주의 혁명이 눈앞에 다가온 것처럼 여겨졌기 때문이다. 유권자의 절대다수를 차지하는 노동자를 포함한 가난한 사람들이 부자들과 똑같이 대등한 투표권을 행사할 수 있게 된다면 굳이 유혈 폭력혁명을 시도해야 할 이유가 없다. 이른바 '종이 돌'(paper stones) 만 잘 던지면 혁명은 손 안에 들어온 것이나 마찬가지로 여겨졌다. 그래서 엥겔스 같은 사람은 19세기가 다 가기 전에 유럽에서 사회주의 혁명이 성사될 것이라고 장담하기를 주저하지 않았다. 물론 역사는 그런 방향으로 흘러가지 않았다.

민주주의가 어리석은 다수에 의해 휘둘리는 '중우정치'(衆愚政治)로 전
락해서는 안 된다는 것이다.

이런 차등투표제는 많은 문제점을 안고 있는 것이 사실이다. 사람의
능력을 무슨 방법으로 평가할 것인가? 똑똑한 사람이라고 해서 더 양
심적이거나 애국심이 더 높다고 볼 근거가 과연 있는가? 사람이 어떤
처지에 있건 상관없이 모두를 똑같이 평등하게 존중하자는 것이 민주
주의의 취지라면, 차등투표제에 담겨 있는 발상은 민주주의의 근본을
부정하는 것 아닌가?

현대 민주주의 국가에서는 한결같이 보통선거제를 도입하고 있다.
차등투표제는 웃음거리에 불과할 정도이다. 그러나 보통선거가 반드시
최상의 해결책만은 아닌 원인에 대해서도 관심을 기울일 필요가 있다.
평등이 중요한 가치이기는 하지만 완전무결한 이념은 아니기 때문이
다. 평등 없이는 민주주의가 존재할 수가 없다. 따라서 민주주의에 대
해서도 더 깊이 생각해 보아야 할 것이다.

## 3) 자유?

자유란 무엇인가? 기원전 5세기를 풍미했던 희랍의 정치가 페리클레
스는 '각자가 자기 하고 싶은 대로 하는' 것을 자유라고 이해했다. 그
러나 플라톤은 페리클레스를 '사이비 정치인'으로 평가절하하면서 '마
음대로 하는 것이 어떻게 자유일 수 있느냐'고 일갈(一喝)하고 나섰다.
각자 하고 싶은 대로 하는 것이 아니라 '인간으로서 마땅히 해야 할 일
을 하는 것'이, 설령 그것이 '복종'의 형태를 띤다 할지라도 진정한 의
미의 자유라는 게 플라톤의 생각이다.

여기에서 《자유론》(On Liberty)의 저자 존 스튜어트 밀의 생각을 정
밀하게 검토할 필요가 있다. 밀 또한 '자기 마음대로 하는 것이 자유'
라고 생각하지 않는다. 엄밀하게 말하자면, 밀은 플라톤의 문제의식을

따르고 있다. 중요한 것은 밀이 그 방향 위에서 개체성(*individuality*)의 만개(滿開)를 꿈꾼다는 사실이다.

밀은 《자유론》에서 자유의 소중함을 서로 상반되는 듯한 두 차원에서 강조하고 있다. 첫째, 자유가 주어져야 각 개인이 자신의 이익을 최대한 달성할 수 있다. 둘째, 설령 결과가 좋지 못하다 하더라도 자유는 그 자체로 소중하다. 결과와 관계없이, 각 개인이 자기가 원하는 삶의 방식대로(*his own mode*) 살아갈 때 비로소 인간이 인간다울 수 있다는 것이 밀의 《자유론》을 관통하는 기본입장이다. 이런 생각 위에서 밀은 '자유의 기본원칙'을 제시하고 있다. 즉, "다른 사람에게 해(*harm*)를 끼치지 않는 한 개인의 자유는 절대적으로 보장되어야 한다"는 것이다.

그러므로 밀은 '남을 위해 그 사람의 자유를 구속하려 드는 것'을 철저하게 배격한다. 그는 다음과 같이 말한다.

> 어떤 사람이 타인의 충고나 경고를 따르지 않음으로써 실수를 범할 수 있을 것이다. 그러나 설령 그러한 실수로 인해 그 어떤 좋지 못한 결과가 나온다 하더라도, 타인이 그 사람에게 좋은 일을 해준다고 하는 생각에서 자유를 박탈할 때 야기되는 손해와는 비교가 되지 않을 것이다.

자유의 아름다움을 이 이상 더 절묘하게 역설할 사람이 또 있을까? 밀은 어떤 사람을 좋은 방향으로 유도하고 싶은 마음이 있다 하더라도, "오직 따끔하게 지적해 주고 이치를 따져 설득하든지, 그것도 안 되면 간절한 심정으로 호소하는 방법을 써야지, 그 어떤 경우에도 그 사람의 의사에 반해서 강제를 동원해서는 안된다"는 점을 되풀이해 강조한다.

문제는 그가 설정한 자유의 본질적 성격이다. '결과 여부에 관계없이 자기 방식대로 사는 것'의 소중함을 강조한 밀이지만, 그는 또한 자유가 일정한 방향 안에서 향유되어야 할 당위성도 강조하고 있기 때문이다. 밀은 나무 뿌리가 땅 속에서 아무런 구애도 받지 않고 자유스럽게 뻗어나가는 모습에 큰 감동을 받는다. "인간은 모델에 따라 똑같은 것을 찍어내는 기계가 아니다. 인간의 본성은 오히려 나무를 닮았다. 나무는 생명의 내재적인 힘이 지시하는 바에 따라 온 사방으로 자유로이 그 뿌리를 뻗어나가야 한다."

나무는 땅 밑에서 거칠 것 없이 자기가 원하는 대로 뿌리를 뻗어가는데, 다만 그 자유가 '나무를 나무답게 만드는 생명의 원리'에 부합하도록 행사된다는 것이다. 이것이 중요하다. '자유란 자신이 원하는 바를 하는 것'이다. '원한다'(desire)는 것은 아무런 방향 없이 '마음대로 하는 것'을 의미하지 않는다. 각자가 원하는 것은 '진정' 자신의 발전을 추구하는 것이다. 플라톤이 '멋대로 하는 자유'가 아니라 '참된 자기'가 규정하는 방향대로 사는 것을 자유라고 재정의했던 것과 그 맥을 같이 한다고 하지 않을 수 없다.

《자유론》에서 눈여겨보아야 할 대목이 또 하나 있다. '누가 자유를 누릴 자격이 있는가?' 밀은 '미성년자 또는 미개인'에 대해서는 '선의의 독재'가 불가피하다고 말한다. 그러면서 '웬만한 정도의 상식과 경험'을 지닌 사람은 주권자와 같은 자유를 누려야 한다고 강조한다. 자유와 가치 사이의 길항(拮抗) 관계가 여기에서도 다시 발견되는 셈이다.

가치를 강조하다 보면 자유가 설자리가 좁아질 수밖에 없다. 이 둘을 함께 만족시킬 요술 방망이는 아직 보이지 않는다. 《자유론》이 증폭시키고 있는 이러한 고민의 실체를 직시하는 것만으로도 우리의 삶은 좀더 윤택해질 것이다.

## 4) 참여?

영국 속담에 '초면에, 그리고 식사할 때 정치 이야기는 하지 않는 것이 좋다'는 말이 있다. 정치에 대한 불신을 압축적으로 표현한 것으로 보인다. 현대사회의 삶이 복잡해지고 정치인의 부정적 행태가 자주 부각되면서 정치에 대한 무관심이 날이 갈수록 증폭되고 있다. 그러다 보니 흔히 정치에 대해 무관심하거나 나아가 냉소적 자세를 취하는 것이 지식인의 '트레이드 마크'인 것처럼 입에 오르내리게 되었다.

그러나 사회에 대해 누구보다 책임의식이 강해야 마땅할 지식인들이 정치를 외면할 뿐 아니라 정치적 무관심을 미화하기까지 한다는 것은 보통 일이 아니다. 생각해 보라. 지식인이 정치에 무관심해지면 누가 제일 반길 것 같은가? 경찰이 손을 놓고 있으면 누가 제일 덕을 볼 것인가? '정치적 무관심은 부작위적(不作爲的) 죄악'이나 다를 바 없다는 이유가 여기에 있다. 페리클레스가 나라 일에 관심이 없는 사람을 '쓸모없는 바보'로 규정했던 것은 백 번 타당한 일이 아닐 수 없다.

민주주의가 자유와 평등에 그 뿌리를 둔다면 국민들의 적극적 정치 참여를 장려·보장하는 것은 당연한 논리적 귀결이다. 내 운명을 스스로 자유롭게, 남의 간섭을 받지 않고 개척해 나가는 것이 소중하다면, 나의 삶을 확대해 놓은 것이나 다름없는 나라살림, 즉 정치에 대해서도 주도적으로 참여하는 것이 마땅하다. 왜 '나의 일'을 남의 손에 맡긴단 말인가.

이런 이유에서 존 스튜어트 밀은 '참여민주주의' 원리를 강력하게 주장했다. 사람은 참여를 통해 사회문제에 대한 실무적 능력과 지적 능력을 배양시킬 수 있다. 다소 모자라는 듯한 사람도 참여의 폭을 늘려 나가다 보면 그런 능력을 키울 수 있게 되는 것이다.

참여가 중요한 또 하나의 이유는 공공문제에 대해 관심을 가지게 되면 사람의 생각, 즉 인식의 지평(地平)이 넓어지기 때문이다. 사적 영역에만 몰두하면 이기적인 사람이 되기 쉽다. 반대로 공공문제에 대해 적극적으로 참여할 때 사람의 마음이 넓어지며 도량이 커진다. 이웃에 대한 '연민의 정'이 커지면서 자연상태의 깨끗하고 순수한 마음을 회복 하게 되는 것이다.

밀은 이처럼 이기심과 편협한 마음에 찌든 사람들을 순화시키는 교 육적 효과 때문에 참여를 소중히 여겼다. 단순히 다른 사람이 내 몫을 빼앗아가지 못하도록 견제하기 위해 참여를 강조하는 차원이 아닌 것 이다. 참여는 수단이 아니고 목적이라는 것이다.

그러나 이런 생각에 대해 정면으로 비판을 가하는 사람들이 많다. 특히 현대 민주주의자들이 그렇다. 아테네는 조그만 도시국가였다. 시 민들의 수도 몇만 명에 불과했다. 그리고 그들 상호간에 긴밀한 유대 관계를 누릴 수 있었다. 교육이나 재산의 측면에서도 대단히 동질적이 었다. 그러니 직접참여 민주주의가 가능했다. 그러나 지금은 상황이 다르지 않은가? 한국만 해도 인구가 5천만에 가까운데 어떻게 직접참 여가 가능할 수 있겠는가?

슘페터(Joseph Schumpeter)는 보다 본질적인 의문을 제기한다. 일 반시민이 국사를 직접 관장하자면 두 가지 조건이 충족되어야 한다. 첫째, 이성적인 판단능력과 전문적인 지식을 갖추어야 한다. 둘째, 자 기희생을 감수하더라도 나라 일에 헌신할 수 있어야 한다. 그런데 오 늘날 대중들이 이런 조건을 갖출 수 있는가?

슘페터는 비관적이다. 능력도, 의지도 없는 사람들이 정치를 좌우하 면 어떤 일이 벌어지겠는가? 그래서 그는 엘리트들이 나라살림을 책임 지는 것이 모든 사람에게 이득이 된다고 주장한다. 그렇다고 대다수의 보통 사람들을 참여에서 제외하자는 것은 아니다. 그런 엘리트를 선출 하는 일은 대중의 몫이다. 다시 말하면 정치는 엘리트에게 맡기고 대 중은 그들을 움직임으로써 간접적으로 정치에 참여하게 하자는 것이다 (Schumpeter, 256~264).

오늘날의 민주주의는 모두 이런 원리 아래 작동되고 있다고 해도 과 언이 아니다. 정치는 누가 하는가? 대통령과 국회의원이 한다. 일반 국민은 어떤 식으로 정치에 참여하는가? 선거에서 한 표씩 투표권을 행사함으로써 간접적으로 참여하는 것이다. 물론 이런 간접민주주의를 도입하는 나라들은 모두 다 인구의 수라든가 땅 덩어리의 크기 등 현 실적 이유 때문에 아테네식 민주주의를 실천에 옮기기는 불가능하다고 주장한다. 그러나 그 이면에는 대중의 능력에 대한 불신이 자리를 잡 고 있다.

페이트먼(Carole Pateman)은 이 점을 비판하고 나선다. 슘페터와 같 은 엘리트주의자들의 주장은 틀리지 않을 수 있다. 실제로 보통사람들 의 지적 능력이나 공공문제에 대한 참여의식은 대단히 낮다. 그러나 이들이 왜 그런 상태에 있는지 그 원인을 알아야 한다.

이를테면 교육을 제대로 받지 못해 그럴 가능성이 크다. 그러면 왜 양질의 교육을 받지 못했는가? 모르기는 해도 가난 때문에 그럴 개연 성이 크다. 왜 가난한가? 본인이 게을러서 그런가? 그럴지도 모른다. 그러나 대개의 경우 가난은 개인 탓이라기보다 사회 전체의 구조적 결 함 때문에 초래된 경우가 더 많다. 그렇다면 다시 처음으로 되돌아와 서, 정치참여에 부적절하다고 지적되는 원인의 큰 줄기는 개인의 잘못 보다는 사회의 책임으로 귀착되어야 마땅하다. 이런 상황에서 참여의 가치를 과소평가한다는 것은 현재의 불평등 구조를 정당화하고 지속시 키겠다는 의도가 아니고 무엇이란 말인가?

그러면서 페이트먼은 참여에 대한 밀의 생각을 이어받는다. 참여를 단지 수단 차원에서 바라보지 말고 그 자체가 중요한 목적이라고 간주 해야 한다는 것이다. 나의 이익을 지키기 위해 참여가 필요하다고 여 긴다면, 다시 말해 참여를 하나의 수단이자 도구로 취급한다면 굳이 모든 사람이 직접 정치에 참여할 이유는 없어진다. 내가 아니더라도 다른 사람이, 특히 능력이 뛰어난 엘리트가 대신 해주는 것이 훨씬 더

능률적일 것이기 때문이다.

그러나 밀이나 페이트먼 같은 참여민주주의자들은 다른 각도에서 참여를 바라본다. 참여가 왜 소중한가? 공공문제에 관심을 가지고 적극적으로 참여하게 되면 다른 사람에 대해 배려할 줄 아는 심성이 발현된다. 편협한 이기심의 굴레에서 벗어나게 되는 것이다. 밀은 이러한 사회성(sociality)을 행복한 삶의 필수조건으로 간주하였다. 뿐만 아니라 참여를 되풀이하는 과정에서 지적 판단능력도 신장한다.

엘리트주의자들은 여건이 안 되므로 참여를 확대하는 것은 불가능하다고 주장하지만, 실제로는 참여의 가치, 나아가서는 인간 삶의 의미에 대한 도구적 세계관 때문에 참여의 소중함을 등한시한다.

페이트먼은 현대사회가 너무 복잡하므로 아테네식의 민주주의를 꿈꾸는 것은 부질없는 일이라고 단정하는 엘리트주의자들을 겨냥, 참여의 수준을 낮추어 찾아볼 것을 권유한다. 예를 들면 가정생활에서도 여성이나 자녀가 바람직한 민주시민으로서 참여를 늘려갈 가능성은 많다. 마을공동체에서도 마찬가지다. 지방자치단체도 훌륭한 참여무대가 될 수 있다. 밀이나 페이트먼은 특히 직장에서의 참여확대에 관심을 기울인다. 보통 사람은 활동시간의 대부분을 직장에서 보낸다. 따라서 직장에서 참여민주주의가 실현되는 것이 무엇보다 중요하다.

이런 예를 들면서 참여민주주의자들은 엘리트주의자들의 인생관과 세계관 자체를 비판한다. 대체로 볼 때, 참여민주주의자들의 주장이 더 설득력을 지니는 것이 사실이다. 엘리트주의자들은 현실에 안주하는 나머지 세상을 바꿔 보아야 할 필요성에 공감하지 못하고 있기 때문이다.

그러나 다른 한편으로는 참여민주주의자들의 생각이 너무 이상론에 가까운 것 또한 부인할 수 없는 사실이다. 무엇보다 참여를 거듭한다 하더라도 그로써 사람이 정말 보다 성숙한 민주시민으로 바뀔 것이라는 보장이 없다. 실제로 미국과 유럽의 몇몇 공동체를 조사해 보면 참

38

여민주주의자들이 기대했던 결과는 나오지 않았다. 직장에서 참여가 늘어나면 노동자의 작업능률이 향상되리라는 가설도 입증되지 않았다.

여러 가지 변수가 원인이 됐을 것이다. 사회는 이기적·경쟁적 체제로 움직이는데 좁은 공동체 안에서의 한정된 경험만으로 사람이 본질적으로 달라지리라 기대하기는 어려울 것이다. 더 큰 문제는 사유재산에 바탕을 둔 자본주의 체제 안에서는 참여민주주의의 이상이 꽃 피우기 어렵다는 데 있다.

이런저런 이유 때문에 참여민주주의자들의 주장이 그 규범적 호소력에도 불구하고 현실적으로 확산되는 데 어려움을 겪고 있다. 참여를 민주주의의 요체(要諦)로 규정했던 페리클레스의 신념은 사회과학도들의 더 많은 지적·도덕적 도전을 기다리고 있는 셈이다.

### 5) 한국 민주주의의 과제: 자유와 가치의 조화

한국에서는 민주주의가 아직 제대로 뿌리내리지 못하고 있다. 물론 불과 10여 년을 사이에 두고 한국 정치는 놀라울 정도로 급격하게 발전하고 있다. 단적인 예로, 이제 군부의 정치개입은 까마득한 옛일이 되었다. 주기적으로 실시되는 각종 선거는 한국 자유민주주의의 체질 강화를 웅변으로 증명하고 있다. 권력에 대한 비판이 각종 미디어에 넘쳐날 정도로 언론의 자유가 힘을 얻고 있다. 따라서 착실히 기초를 닦아나가면 한국도 머지않아 '선진' 민주국가가 될 수 있을지 모른다.

그러나 이런 낙관적 전망에 빠져 앞에서 논의한 민주주의를 둘러싼 본질적 고민들을 잊어서는 안 된다. 민주주의는 여전히 미완(未完)의 예술품이다. 더구나 그 민주주의가 자본주의와 자유주의, 그리고 서구 문명의 여러 특징 위에 바탕을 둔다면, 그 미완의 정도는 더욱 심각해진다. 자유민주주의가 이 시대를 그야말로 '평정'(平定)하다시피 하기에 이르렀고, 따라서 '경쟁자가 없는 이데올로기는 이미 이데올로기가 아니다'라는 희한한 논법이 한국 사회에서도 그다지 큰 거부감 없이 회자(膾炙)되고 있지만, 그것은 사태의 심각함을 모르는 무지의 소치다.

플라톤이 소피스트들을 향해 일갈했듯이, 민주주의, 특히 서구 민주주의가 불가지론(不可知論)과 가치회의주의를 근간으로 하는 '철학의 빈곤'에서 벗어나지 못하는 한, '역사의 완성'은 꿈같은 일임을 직시해야 한다. 그래서 플라톤을 비롯하여 밀이나 맥퍼슨(C. B. Macpherson) 등의 사상가들이 주장했던 것처럼, 인간이 추구해야 할 객관적 가치의 바탕 위에서 민주주의를 새로이 구축해야 한다는 당위가 제출되는 것이다.

그러나 문제는 여전히 남아 있다. 가치의 무게가 자유를 압도할 경우 개인의 자율성이 문제가 된다. 목적이 앞서면 자유는 뒤로 밀릴 수밖에 없다. 자유는 목적의 조건일 뿐 아니라 그 본질적 구성요소이기도 하다. 아무리 목적이 선한 것이라 하더라도 과정이 도외시되면 목적까지도 변질되기 쉽다. 현대 자유주의자들이 과정에 집착하는 이유가 여기에 있다.

그러면 어찌할 것인가? 가치를 소중히 하면서 자유도 존중해 주고, 공동체의식도 심어주면서 개인의 자율성도 보장해 줄 '환상적'인 정치 체제를 어디서, 어떻게 찾을 것인가?

이런 논의는 민주주의를 지향하는 한국 정치가 그 이데올로기에 담긴 요소들에 대해 총체적으로 재검토해야 한다는 점을 환기한다. 다행히도 한국의 전통적 의식 속에는 보다 인간적이고, 보다 참된 의미에서 자유와 평등을 추구하고자 했던 일련의 사고들과 접맥하는 부분이 적지 않다. 이왕 늦은 것이라면, 지금부터라도 올바른 방향을 찾는 데 주력하는 게 더 나을 것이다.

## 3. 한국사회와 이데올로기

### 1) 이데올로기의 종말과 재출현

이데올로기니, 거대담론이니, 좌우간 심각한 것은 일절 외면하는 시대에 우리는 살고 있다. 1960년대 서구사회 한편에서 제기되었던 '이데올로기의 종말'(End of Ideology) 론은 자본주의는 내버려두고 사회주의의 종말만 거론했다는 점에서(아니 그 종말을 획책했다는 점에서) '또 하나의 새로운 이데올로기'라는 비판을 받았다. 이어 1980년대를 지나면서 현실사회주의가 붕괴하는 과정에서 이번에는 '역사의 종말, 또는 완성'(End of History)이 사람들 입에 오르내리게 되었다.

자유주의를 통해 역사가 최고 발전단계에 이르게 되었다는 주장에 서구의 많은 사람들이 환호했다. 자유주의가 세상을 완전 지배하게 되면서 그야말로 '이데올로기의 천하통일'이 이뤄졌다는 것이다. 이제 세상을 바라보는 안경은 자유주의로 통일됐기 때문에 어떤 종류의 이데올로기적 다툼도 '부질없는 일'로 치부됐다. 포스트모더니즘은 이성의 단차원성(單次元性)이라는 세기말적 현상을 더욱 부추겼다. 불에다 기름을 끼얹는 격이었다고나 할까? 진리찾기를 포기하고, 그런 행위의 '의미없음'을 애써 강조하면서 그저 일상적이고 즉물적인 자유에다 모든 것을 걸고자 했다.

그러나 '역사의 완성'과 포스트모더니즘의 결합은 곧 그 한계를 드러내고 말았다. 사람들이 세상을 살아가는 데 없어서는 안될 소금과 같은 것이 바로 이데올로기임을 깨닫게 되었기 때문이다. '역사의 완성'을 앞장서 주장했던 후쿠야마(F. Fykuyama) 스스로 사태의 심각성을 인정하고 있다. '가치나 명예, 또는 타인의 인정을 받기 위해 분투하는 것, 추상적인 목표에다 온몸을 던지는 일'이 모두 사라지면서 그 대신 '이해관계의 계산, 소비적 욕구에 대한 끝없는 관심 등이 사람의 마음을 휘어잡게 된 현실'은 과연 어떤 모습인가? '미래에 대한 권태와 과거에 대한 향수'만 남았다는 것이다. '역사의 완성' 운운하더니 얼마 못가서 이 '우울한 세상'을 걱정하기에 이른 것이다.

이러다 우리 사회가 대체 어떻게 될지 걱정하던 차에, '진보-보수'라는 해묵은 대립구도가 새삼스럽게 부상하고 있다. 이 현상을 어떻게 봐야 할까? 삶에 대한 진지한 고민이 부활하는 것이니 반가운 일이라고 해야 할까?

그렇지 않다. 우선 순수하지가 않다. 이 논쟁의 배경에 정치적 이해타산이 깔려 있기 때문이다. 이성적인 토론이나 정책대결보다는 덮어씌우기식 색깔론으로 흘러가고 있는 것이 그 증거이다. 보다 중요한 것은, 진보니 보수니 하는 말의 개념 자체가 불확실하다는 점이다. 내로라 하는 전문가들이 모여 장시간 토론을 벌여보아도 쉽사리 결론이 나지 않는다. '진보'와 '보수'라는 개념이 무엇이고, 서로 어떻게 다른지 합의점을 찾기가 도무지 쉽지 않다.

## 2) 이데올로기란 무엇인가

이데올로기라는 말이 처음 사용된 것은 프랑스혁명 시대였다. 드 트라시(de Tracy)는 이데올로기를 'science of ideas'라는 의미로 사용하였다. 그러나 그 이후 나폴레옹(Napoleon)이 '현실과 유리된 공상'이라는 의미로 평가절하하면서 이데올로기에 대한 부정적 인식이 확산되기 시작했다. 이 말을 부정적으로 이해한 대표적 인물이 바로 맑스였다. 맑스는 지배계급의 이익을 옹호하기 위해 조작된 허위의식으로 이데올로기를 정의하면서, 자신이 주창하는 '과학'과 대비하려 했다.

현대에 들면서 벨(Daniel Bell)은 이데올로기를 '아이디어를 행동으로 전화하기 위한 세속적 종교의 특수형태'라고 규정했다. 같은 맥락에서 아롱(Raymond Aron)은 '역사에 대한 총체적이고 체계적인 해석'(total, *systematic interpretation of world history)*이라고 해석했다. 결국 현대에서 사용되는 이데올로기는 '목적지향적이고 실천적인 총체적 신념체계'*(action-oriented total systematic belief system)*라는 의미를 지닌다.

실천적이라는 점에서 이데올로기는 특정가치를 전제하고 있다. 이를테면 평등이라는 가치를 추구하는 이데올로기일 경우, 그 평등을 가로막는 것은 그 어떤 것이라도, 설령 그것이 진리라 하더라도 용납하지 못한다. 흔히 이데올로기적 신념이 강한 집단에서 선전·선동을 중요하게 여기는 이유가 여기에 있다. 설득이나 토론은 객관적 진리를 전파하기 위한 것이기 때문에 내가 진리와 벗어나 있으면 나의 주장을 포기해야 한다. 그러나 이데올로그*(ideologue)*들은 생각이 다르다. 어떤 방법을 동원하든지 자신의 주장을 관철시켜야 한다. 이데올로기적 선전이나 선동은 이처럼 목적이 우선이기 때문에 그 수단의 정당성에 대해 신경쓰지 않는다. 이데올로기가 횡행하면 이성적 토론이 어려운 이유가 바로 여기에 있다.

우리는 위에서 이데올로기가 없는 사회의 가공할 현상에 대해 언급했다. 그러나 이데올로기가 너무 넘쳐나서 이성적 의사소통이 되지 않는 사회 역시 그에 못지 않게 인간의 삶을 황폐화한다. '무엇이든 적당한 것이 좋다'는 고대 그리스의 격언은 만고의 진리인 것이다.

### 3) 진보와 보수, 그 단순논리를 넘어서

#### (1) 부르주아지 = 진보

서구 사회에서 진보와 보수의 문제가 본격적으로 제기된 것은 1789년 프랑스혁명이 계기가 됐다. 급진주의자들은 자유와 평등을 기치로 내걸며 기존질서의 전면적 해체를 요구하였다. 이에 대해 보수주의자들은 경험에 바탕을 두지 않은 추상적 이론에 입각하여 세상을 급격하게 바꾸려 드는 것은 설익은 모험주의에 불과하다며 거세게 비판했다.

그 대신 전통의 계승, 점진적 변화, 엘리트의 역할 등을 강조했다.

진보와 보수의 대결은 이렇게 시작되었다. 구체제(앙시앙 레짐)의 변화, 또는 유지를 놓고 인간관·역사관 등 총체적 국면에서 대립이 펼쳐지다 보니 그 전선(戰線)은 무척 광범위할 수밖에 없었다.

그러나 17~18세기를 거쳐 19세기 후반에 이르는 두 번째 단계에서 그 구도는 비교적 단순해진다. 사회주의의 등장 때문이다. 기존의 자본주의 사회질서를 고수하려는 측은 보수로, 사회주의 노선을 걷는 사람들은 진보진영으로 손쉽게 범주화할 수 있었다. 핵심은 국가가 개인의 생활에 어느 정도까지 개입하도록 할 것인가에 달려 있었다. 자유주의자(liberal)들은 국가간섭의 배제를 추구했다. 서구의 중세 봉건제(feudalism)는 폐쇄적·자급자족형 경제체제를 유지했기 때문에 일반 백성은 세습적 직업체제 아래에서 경제활동 및 이동의 자유를 제한받았다. 신흥 중산계급, 즉 장사꾼·대금업자(貸金業者)·영세 제조업자 등 부르주아지들은 이에 맞서 'laissez-faire'(직업선택의 자유)와 'laissezpasser'(경제활동의 자유)를 부르짖었다.

결국 경제체제의 변화를 위해 정치체제의 변화를 추구한 것이다. 부르주아지들은 지주계급에 저항하는 농민들과 자유와 평등의 약속에 솔깃한 노동자들의 지지를 확보한 뒤 왕족·귀족·교회에 대항했다. 이것이 자유민주주의의 출발점이다. 부르주아지가 체제변혁의 선도자 역할을 한 것이다. 이때는 자유주의가 진보의 핵심이었던 것이다. 이에 비해 보수주의자들은 국가의 간섭을 정당화했다. 옛 체제를 지키려는 사람들이 보수였던 것이다.

(2) 사회주의자 = 진보

그러나 자본주의체제가 공고화하고 나면 부르주아지가 체제옹호적 보수주의자로 변신하게 된다. 반대로 국가의 간섭을 늘리려는 사람들이 진보라고 평가를 받게 된다. 20세기에 들어 자본주의가 이런저런

문제를 드러내자 자본주의에다 사회주의적 요소를 가미하려는 움직임
이 일어났다. 미국의 뉴딜 정책이 그 대표적 예인데, 국가의 역할을
늘려 복지정책을 강화하는 쪽이 대세를 이루었다. 20세기 중반에는 이
런 쪽이 진보로 불렸다. 어제의 보수가 오늘에는 진보로 바뀐 것이다.

### (3) 신자유주의자 = 진보

그러나 20세기 후반이 되면서 또 한 번 세상이 바뀐다. 사회주의의
실패가 명명백백하게 입증되자, 국가의 간섭을 최소화하면서 시장에다
모든 것을 맡기려는 신자유주의(New Liberalism)가 시대의 대세가 되었
다. 진보와 보수가 다시 역전되면서 19세기 이전의 자유주의자들이 새
로운 진보주의자로 불리게 되었다.

### (4) 진보와 보수, 그 복합적 현상

1970년대 이후 미국 사회에서는 진보-보수 문제가 복잡한 양상을 띠
게 된다. 정치와 경제는 물론, 철학, 사회, 문화 등 우리 삶의 거의
모든 영역이 논쟁의 구도 안으로 들어오기 때문이다. 진보와 보수를
각기 대변하는 미국의 민주당과 공화당은 정치·경제의 큰 틀에서 보
면 그리 다를 바가 없다. 그 대신 사형제, 낙태, 동성애, 종교 등 '미
시적'인 문제에 대해서 치열하게 다투고 있다. 대체적으로 진보주의자
들이 개인, 특히 여성이나 유색인종 등 이른바 '소수인'(minority)의 권
리와 자유에 대해 1차적 관심을 기울이는 데 비해, 보수주의자들은 종
교와 전통, 공동체적 삶의 미덕을 강조한다.

이런 개관을 통해 분명하게 알 수 있는 것은, 진보와 보수라는 용어
자체가 특정내용을 담고 있지 않은 형식적 개념이라는 사실이다. 시점
(時點)과 지점(地點), 즉 구체적 상황을 전제하지 않은 채 논의한다는
것은 아무 의미가 없을 정도이다. 이를테면 20세기 초반 러시아 혁명
을 일으킨 공산주의자들은 누가 보아도 급진 진보주의자였다. 그러나

1989년 이후 러시아에 체제개방의 바람이 불 무렵이면 그들은 구제불능의 보수주의자로 전락하고 만다. 무엇을 지키고 바꿀 것인가 하는 시대적 과제에 따라 어지럽게 반전될 수 있는 것이 바로 진보와 보수인 것이다.

더구나 오늘날에 와서는 사람들의 관심사가 복잡하게 다양화·다층화하고 있다. 사람에 따라서는 국가개입의 축소 또는 확대라는 전통적 관심사보다는 인간복제나 안락사의 허용여부가 더 중요한 문제가 된다. 이런 다양한 이슈를 관통하는 단일기준을 끄집어내기란 사실상 불가능하다. 낙태를 반대하고 사형제 폐지를 주장하는 사회주의자를 어떻게 규정하는 것이 좋을까? 진보 쪽인가, 아니면 보수주의인가?

다차원적 이슈들을 관통하는 하나의 기준이 존재하지 않는다면 진보니 보수니 하는 단색적·평면적 기준으로 사람의 생각을 범주화하는 것은 위험천만이다. 좌파를 진보로, 우파를 보수로 규정하면 문제는 비교적 간단해진다. 그렇지 않다면 복잡하고 수고스럽기는 하나, 각 이슈영역에 따라 사람의 생각을 구분하고 평가하는 것이 옳다. 구체적 사안별로 따져볼 수밖에 없는 것이다. 그래야 우리 사회를 뒤엎고 있는 논리적 착시나 불순한 정치적 음모를 극복할 수 있을 것이다. 단순명쾌한 것이 반드시 바람직하지만은 않다.

더 중요한 것은 어떤 이데올로기든지 인간보다 더 위에 서고자 할 경우 비극적 종말을 피할 수 없다는 사실이다. '인민을 위하여'라는 구호 아래 인민을 착취한 옛 사회주의의 과오를 되풀이할 수는 없다. 아울러 진리를 가볍게 여기고, 목적이 수단을 정당화한다는 문제의식을 강변하는 이데올로기 또한 과거의 유물 그 이상도, 이하도 아니다. 한계가 분명히 있기는 하지만, 우리는 일단 자유민주주의를 바탕으로 하는 '열린 사회'에서 출발할 수밖에 없다. 이를 부인하거나, 가볍게 여기는 이데올로기는 생명이 없는 이데올로기다. 우리가 한국사회에서 진행되는 진보-보수 논쟁에 대해 우려하는 이유도 여기에 있다.

# 2 민주주의는 완벽한 정치제도인가

김 주 성

## 1. 민주주의에 대한 기대감은 커지고 있다

요즈음 민주주의에 대한 기대감이 역사상 어느 때보다도 드높다. 우리나라만 보더라고 생활전반에서 모든 문제를 민주적으로 해결하자는 심리가 널리 퍼지고 있다. 우리나라만의 현상은 아니다. 국제사회를 보면 과거의 군부권위주의 국가들이 속속 민주주의 국가로 바뀌고 있다. 과거 어느 때보다도 국제사회에서 민주주의 국가들이 많아지고 있다.

전반적으로 민주주의에 대한 기대감이 높아진 계기는 크게 두 가지로 볼 수 있다. 우선 하나는 1989년에 동구권 사회주의 국가들이 몰락함으로써 자유민주주의에 대한 신뢰가 높아졌다는 것을 들 수 있다. 다른 하나는 1990년대로부터 생활전반에 불어닥치기 시작한 디지털혁명이 직접민주주의에 대한 향수를 자극하고 있다는 것을 들 수 있다.

김주성(金周晟)은 한국외국어대학교 프랑스어과 및 서울대학교 행정대학원을 졸업(석사)하고, 미국 텍사스대학교(오스틴)에서 정치학 박사학위를 받았다. 현재 한국교원대학교 총장으로 재직하고 있다. 《한국 민주주의의 기원과 미래》(공저), 《페어소사이어티》(공저), 《현대사회와 정의》(공저), 《한국의 자유민주주의》(공저), 《세계화과정에서 공동체주의 이념과 국가》(공저) 등의 저서와 대표 번역서로 《직관과 구성》(*Intuition and Construction*)이 있다.

두 계기를 좀더 자세히 살펴보자.

먼저 10여 년 전의 감동적인 드라마를 되새겨보자. 1989년 11월에 동서냉전의 상징물이었던 베를린 장벽이 시민들의 성난 물결에 힘없이 무너져 내렸다. 이를 계기로 인민을 위한다던 동구권의 사회주의 정권들이 줄줄이 무릎을 꿇었다. 동구권에서 일어난 이와 같은 시민혁명은 지도자도 혁명가도 없이 이루어진 것이다. 혁명주도 세력도 없이 거리로 마구 쏟아져 나온 시민들 앞에 엄청나게 무서웠던 정권이 힘없이 무릎을 꿇은 사건은 세계역사상 처음 있는 일이다. 동구권의 사회주의 국가는 곧바로 자유민주주의 국가로 새 출발을 하였고, 분단독일은 이듬해 10월 3일에 감격적 통일을 이루었다.

이 사건은 사회주의의 종주국이던 옛 소련의 몰락을 가져왔다. 1985년에 고르바초프가 소련공산당의 서기장으로 선출되면서 페레스트로이카(개혁정책)와 글라스노스트(개방정책)를 추진했다. 1990년 3월에는 서구식 대통령제를 도입하고, 1917년의 볼셰비키 혁명으로 70여 년을 집권해 왔던 공산당독재를 폐기했다. 이에 반발한 공산당의 강경보수파들이 1991년 8월에 쿠데타를 일으키자 고르바초프는 이를 진압하고 공산당을 해체해 버렸다. 이 과정에서 러시아공화국의 옐친 대통령이 최고권력자로 부상하자 그 해 12월에 고르바초프는 소련연방대통령직을 사임했다. 이로써 20세기에 전세계의 진보세력을 대표했던 소련이 장렬하게 숨을 거두고 만 것이다.

1980년대의 민주화물결은 이미 남아메리카에서 일렁이고 있었다. 페루는 20년 이상의 군부정치를 끝내고 1980년에 문민정부로 복귀했다. 아르헨티나는 1983년에 민정이양을 위한 대통령선거를 치르고 8년 동안의 군부독재를 청산했다. 브라질은 1985년에 대통령직선제를 도입함으로써 21년 동안의 군부정치를 끝냈으며, 칠레는 26년 동안의 피노체트 군부정치를 마감하고 1989년에 민선대통령을 선출하였다.

아시아에서는 1980년대와 1990년대를 걸쳐서 민주화를 이루어냈다.

필리핀에서는 1986년에 미망인 아키노 여사를 대통령으로 선출함으로
써 21년 동안의 마르코스 독재정치를 마감했다. 인도네시아에서는
1998년에 수하르토가 사임함으로써 23년 동안의 독재정치를 끝냈다.
대만은 1989년에 복수정당제를 허용함으로써 국민당의 40년 권력독점
에 종지부를 찍었고, 2000년에 들어와 야당후보가 총통에 선출됨으로
써 정권교체를 이룩했다. 우리나라도 1987년 6월에 시민들의 민주항
쟁으로 대통령직선제로 회귀했고, 1992년에 문민정부를 출범시켰다.

이처럼 1980년대에 집중적으로 제3세계의 군부독재국가와 동구권의
사회주의 국가들이 민주화되고, 옛 소련이 해체됨으로써 전세계적으로
자유민주주의에 대한 기대감이 한없이 부풀었다. 사실상 자유민주주의
정치체제는 독일의 나치즘과 같은 국가사회주의의 정치제제와 경쟁했
던 2차 세계대전에서 승리하였고, 소련의 볼셰비즘과 같은 공산주의정
치체제와 경쟁했던 50년 가까운 냉전에서 마침내 승리하였던 것이다.
자유민주주의 정치체제의 역사적인 승리를 프랜시스 후쿠야마라는 일
본계 미국학자는 "역사의 종말"로 선언하기도 하였다. 자유민주주의
정치체제를 인류가 추구해야 할 가장 바람직한 정치제도로 보았던 것
이다.

과연 자유민주주의가 가장 바람직한 정치이념인가는 좀더 검토해 보
아야 할 것이다. 이 문제는 뒤에서 검토하기로 하고, 디지털혁명으로
부풀기 시작한 직접민주주의에 대한 기대감부터 살펴보자. 2003년에
출범한 우리 정부는 참여정부라고 불리고 있는데, 참여정부는 시민참
여를 극대화시키겠다는 취지를 가지고 있었다. 시민참여를 극대화한다
면 현대사회에서도 직접민주주의를 실현할 수 있을 것이다. 그러나 현
대사회는 너무나 복잡하고 거대하기 때문에 모든 정치사항에 대해서
직접민주주의를 실현할 수는 없다. 따라서 참여민주주의의 이상은 가
능한 범위 내에서 최대한 직접민주주의를 실현하려는 것이다.

최근 디지털혁명으로 쌍방향의 의사소통이 광속도로 이루어지게 되

었다. 의사소통을 가로막는 거리와 시간의 문제가 해결된 것이다. 이에 따라 최근 전자민주주의가 발전하고 있다. 초고속 인터넷으로 정치사항에 대한 정보가 모든 국민에게 제공될 수 있고, 이에 대한 국민의 의사는 곧바로 집계될 수 있다. 우리나라는 2002년 현재 초고속 인터넷 가입자들이 인구 100명당 21명이나 되고, 이 가운데 94%가 초고속 서비스를 이용하고 있다. 이는 세계 최고 수준이었다. 우리나라는 이미 1999년에 세계 평균치를 돌파했었다고 한다. 이러한 급격한 추세로 발전되어 2014년 현재 우리나라 국민의 대부분이 네티즌이 되었다. 모든 국민이 네티즌이 된다면 굳이 국민대표를 뽑을 필요가 없을지도 모른다. 왜냐하면 네티즌들이 인터넷을 통해서 의사를 결집하고 이에 따라 정치운영을 하면 되니까 말이다. 이런 정치운영방식은 아테네의 직접민주주의를 방불케 한다.

종래 직접민주주의를 불가능하게 했던 거리와 시간의 문제를 초고속 인터넷이 해결함으로써 직접민주주의의 새로운 형태인 전자민주주의에 대한 기대감이 커지고 있다. 아직 전자민주주의의 여건이 완전히 성숙되지는 않았지만, 다양한 형태의 전자민주주의가 우리나라에서도 실험되고 있다. 인기있는 드라마일수록 시청자의 의사에 따라 스토리 전개 양상이 바뀌는 경우가 많다. 시청자의 의사는 초고속 인터넷으로 단숨에 집계되고 있다. 이는 문화사항에 대한 전자민주주의의 실험형태라고 볼 수 있다. 만일 이러한 실험이 정치사항에도 적용된다면 전자민주주의는 완성될 것이다. 최근 주요 신문들도 정치사항에 대해서 네티즌의 여론을 조사하고 있고, 이러한 여론조사 결과는 국회의 분위기나 정당의 정치입장에 변화를 몰고 오기도 한다. 이에 따라 직접민주주의에 대한 향수와 기대감이 커지고 있다.

직접민주주의에 대한 향수와 기대감이 커지는 것은 이해할 만하다. 민주주의란 본래 아테네의 정치형태였고, 인류역사상 유례가 없는 아주 특이하고 놀라운 것이었다. 직접민주주의 정치형태는 인류의 장구한 역사 가운데 채 100년 남짓의 짧은 기간 동안 실험되었다. 그것도 아테네와 소수의 아테네 식민도시에서 실험된 것이 전부였다. 아테네는 에게 해에 있던 자그마한 도시국가였고, 아테네에서도 직접민주주의 정치형태는 아주 짧은 기간 동안만 존재했었다.

고대 아테네의 직접민주주의 정치형태는 BC 510년에 클레이스테네스의 정치개혁으로 자리를 잡은 뒤, BC 462년부터 BC 429년까지 페리클레스 시대에 전성기를 맞았다. 그러다가 BC 404년에 펠로폰네소스전쟁에서 스파르타에 패전함으로써 내리막길을 걷기 시작하였다. 그 뒤 데마고그들의 선동으로 수많은 전쟁을 치르다가 알렉산더라는 불세출의 전쟁영웅에게 무릎을 꿇고 BC 338년에 마케도니아에 흡수되었다. 이로써 아테네의 정치형태는 역사 속으로 영원히 사라졌다.

인류역사를 통해서 세계의 다른 지역에서 민주주의 정치형태가 실험된 곳은 없다. 대부분 군주정이 유일한 정치형태였으며, 일부지역에서 귀족정이 실천되고 있었을 뿐이다. 잘 알고 있듯이 우리 동양에서는 19세기까지도 군주정이 유일한 정치형태로 자리잡고 있었다. 고려나 일본에 간간이 존재했던 귀족정도 군주정과 복합된 형태였다. 그러나 서구에서는 17세기부터 자유민주주의가 나타나기 시작했다. 현대의 주된 정치형태인 자유민주주의는 아테네의 정치형태를 대규모사회에 맞도록 개편한 것이다. 이렇게 본다면 현대 정치생활의 원형은 고대 아테네라고 할 수 있다. 이렇듯 고대 아테네가 현대 정치생활의 모태인 만큼, 우리는 언제나 아테네를 그리워하고 있다. 디지털혁명으로 전자민주주의의 가능성이 커지자 직접민주주의에 대한 향수와 기대감 역시 커지는 것은 당연한지도 모른다.

살펴본 바와 같이 현대에 들면서 자유민주주의는 가장 지배적 정치형태로 자리매김했고, 민주사회에서는 디지털혁명으로 직접민주주의에 대한 기대가 커지고 있다. 그렇다면 먼저 직접민주주의는 바람직한 정치제도인가부터 살펴보자. 만일 직접민주주의가 완벽한 정치제도가 아니라면, 우리는 민주주의를 어떻게 통제해야 하는가를 살펴야 할 것이다. 이에 따라 현대의 지배적 정치제도인 자유민주주의를 재검토해보아야 한다. 자유민주주의 정치형태를 정치제도의 골격으로 삼는다고하더라도, 디지털혁명으로 달아오르는 전자민주주의에 대한 열망을 소화해내야 할 것이다. 과연 자유민주주의에 어떤 형태의 직접민주주의가 가미되어야 바람직한 정치제도로 발전할 수 있을까?

## 2. 민주주의의 본질은 무엇이며 한계는 무엇인가

민주주의는 아테네에서 시작했다. 아테네의 민주주의는 페리클레스시대에 활짝 꽃을 피웠다. 유명한 파르테논 신전도 이때 건립됐다. 파르테논 신전의 아테나 여신상은 황금과 상아로 장식되었다. 파르테논신전은 아테네의 국력을 상징했다. 아테네는 델로스 동맹의 맹주였다. 당시에 세계의 지성인과 예술가들은 아테네로 몰려들었다. 아네테는정치·문화·예술·철학의 중심지가 되었다. 그러나 스파르타와 전쟁을 하고 민중선동가들이 정권을 잡으면서 아테네의 정치는 혼란에 빠졌다. 아테네는 끝내 전쟁에서 패하고 말았다.

아테네의 혼란상에 실망했던 플라톤이나 아리스토텔레스는 민주주의에 회의를 품게 되었다. 민중이 지배하는 민주주의는 쉽게 민중선동가에게 휩쓸렸기 때문이다. 민중들은 감정에 휩쓸리기 쉽기 때문에 민주주의에서는 정치결정이 비합리적으로 이루어질 가능성이 크다는 것이다. 사실상 아테네의 민주주의는 인류의 위대한 스승인 소크라테스를 신성모독죄로 사형시켰다. 플라톤은 만년에 민주주의와 군주정이결합한 혼합정치체제를, 아리스토텔레스는 민주주의와 귀족정이 결합한 혼합정치체제를 이상적으로 여겼다.

이렇게 고대 아테네의 민주주의 정치체제는 벌써 이상적인 정치체제로서 빛을 잃고 있었다. 그럼에도 불구하고 17세기부터 민주주의는 부활하기 시작했고, 현대의 우리에게도 끊임없이 정치적인 영감을 주고 있다. 왜 민주주의는 군주정이나 귀족정을 제치고 현대의 정치제도로서 굳건히 자리 잡았을까?

민주주의가 현대의 정치제도로 자리 잡은 까닭은 군주정이나 귀족정과 달리 인본주의에 기초를 두고 있기 때문이다. 인본주의의 최대명제는 인간은 자유롭고 평등하다는 명제이다. 모든 인간이 자유롭고 평등하다면, 이들이 모여 모든 정치사항을 결정하고 이에 따라 정치를 운영해야 마땅할 것이다. 군주정이나 귀족정은 인본주의에 기초한 정치제도가 아니다. 군주정이나 귀족정은 인간은 불평등하므로 우월한 사람이 저급한 사람을 지배해야 한다는 명제를 가지고 있다. 우리나라 조선시대의 왕정도 계급사회에 기초하고 있었다. 양반·중인·상민·천민이라는 네 계급으로 구성된 사회가 조선사회였다. 이때에는 양반만이 정치에 참여할 수 있었던 것이다.

현대의 우리는 모든 사람이 자유롭고 평등하다고 믿고 있다. 그렇기 때문에 민주주의만이 우리에게 맞는 정치제도일 것이다. 그런데 사실 민주주의를 창안하고 최초로 실험했던 고대 아테네도 계급사회였다. 아테네는 시민계급과 노예계급으로 양분된 사회였던 것이다. 당시에 정치참여를 할 수 있었던 사람들은 자유시민들뿐이었다. 아테네 인구는 30만 정도였던 것으로 추정하는데, 자유시민은 대체로 5만 명 정도였다고 한다. 5만 명이 한자리에 모이기란 쉽지 않았으므로, 대개 6천 명 정도가 모여 정치사항을 결정했다고 한다. 아테네의 자유시민이 모이는 장소는 파르테논 신전이 위치한 아크로폴리스의 남서쪽에 있는 프닉스라는 언덕이었다. 그곳에는 6천 명 정도밖에는 수용할 수 없었다고 한다.

아테네가 이처럼 계급사회였음에도 불구하고 아테네의 민주주의는 다른 지역의 정치제도와 완전히 달랐다. 5만의 자유시민은 누구나 자유롭고 평등하게 정치에 참여할 수 있었다. 이렇게 대규모의 사람들이 누구나 자유롭고 평등하게 정치에 참여할 수 있었던 곳은 당시의 역사상 세계 어느 곳에도 없었다. 현대의 우리는 아테네를 본받아 누구나 자유롭고 평등하게 정치에 참여할 수 있는 민주주의를 회복하고 있다. 현대사회는 아테네와 달리 누구나 아테네의 자유시민과 같은 지위를 확보하고 있다. 현대 민주주의는 인본주의에 기초해 모든 사람이 자유롭고 평등하게 정치에 참여하도록 구성되었다.

누구나 자유롭고 평등하다면, 누구나 자유시민이 되어야 마땅하다. 그렇다면 이러한 자유시민이 정치에 참여하는 정치체제가 가장 이상적일 것이다. 모든 시민이 자유롭고 평등하게 참여하여 정치사항을 결정짓는 것이 민주주의이다. 그렇다면 과연 민주주의는 완벽한 정치제도일까? 우선 모든 사람이 참여하여 자유롭고 평등하게 의사결정을 하는 모습을 검토해 보자. 모든 사람이 자유롭고 평등하게 참여하여 의사결정을 한다면 만장일치로 의사결정을 해야 할까, 아니면 다수결로 의사결정을 해야 할까?

언뜻 보면, 만장일치로 의사결정을 하는 것이 가장 민주적으로 보인다. 왜냐하면 만장일치로 의사결정을 한다면 그 과정에서 어느 한 사람의 의사도 무시되지 않기 때문이다. 모든 사람의 뜻이 일치되었으므로 의사결정 사항에 대해서는 어느 누구도 불만이 없을 것이다. 이렇게 모두가 만족하는 의사결정을 하고 그 결정사항에 따라 정치를 운영하는 것이 민주주의의 본질이 아닐까?

그런데 현실적으로 모든 정치사항에 대해서 만장일치제로 운영할 수는 없을 것이다. 사람들은 의견이 서로 다른 경우가 많다. 그렇기 때문에 서로 다른 의견을 일치시키려면 우리는 끊임없이 토론하고 협상을 해야 한다. 의견일치가 이루어질 때까지 무한정 토론하고 협상해야 한다면 우리는 시기를 놓치고 말 것이다. 예를 들어, 눈사태로 말미암아 이재민이 발생했다면 우리는 이들을 도와야 한다. 그런데 이재민을 돕는 데 이견이 없다고 하더라도, 도울 때 돈을 보내주느냐 아니면 식량을 보내주느냐로 의견이 갈릴 수 있다. 의견일치가 이루어지지 않아 몇 개월을 소비한다면 아마도 이재민은 굶어죽을지도 모른다. 몇 개월이 지나서 의사결정이 났다 하더라도 이미 이재민이 굶어죽었다면 그러한 의사결정이 무슨 소용이 있겠는가?

이렇게 만장일치제는 현실적으로 운영하기 어렵고 시의적절한 의사결정을 하기 어려운 점이 있다. 개성이 강한 수많은 사람들이 모여서 의사결정을 한다면 만장일치제는 현실적인 정치운영원리가 될 수 없다. 더욱이 만장일치제는 누구에게나 비토권을 주는 것이나 다름없다. 그렇기 때문에 오히려 개인독재가 가능하다. 앞선 예를 다시 보자. 대부분의 사람이 식량을 보내자고 하는데, 유독 한 사람만이 돈을 보내자고 고집하는 상황을 예상해 보자. 이재민이 다급하게 도움을 바라고 있는데 한 사람 때문에 결정이 나지 않는다면, 많은 사람들이 답답해할 것이다. 고집피우는 사람이 끝까지 양보하지 않는다면 많은 사람들은 어떻게 하겠는가? 만장일치제인 만큼 그 사람의 의사를 무시하거나 탄압할 수 없다. 이런 경우 많은 사람들은 이재민을 어서 돕고자 자신들의 의사를 접고 고집부리는 사람의 뜻에 동조하지 않을 수 없을 것이다. 그래야 그나마 제때 이재민이 도움을 받을 수 있기 때문이다. 이러한 경우는 한 사람이 많은 사람의 뜻을 꺾어버리는 양상이다. 이런 경우를 부작위의 독재(tyranny of omission)라고 부른다.

이처럼 만장일치제는 정치를 불가능하게 하거나 개인독재를 불러올 수 있다. 민주주의에 어긋나는 결과를 낼 수 있는 것이다. 그렇기 때문에 고대 아테네에서도 민주주의는 다수결로 운영되었다. 그렇다면 다수결제도는 민주주의의 본뜻을 실현하는 제도인가? 다수의 뜻에 따라 정치를 운영하는 것이 과연 민주적일까?

본래 민주주의는 두 가지 뜻으로 이해되고 있었다. 민주주의는 그리스어로 데모크라티아(demokratia)인데, 민중(demos)의 지배(kratia)라는 뜻이다. 그런데 민중이란 아테네의 자유시민 가운데 가난한 사람들이었다. 어느 사회에서나 가난한 사람들은 부유한 사람보다 많다. 따라서 민주주의는 가난한 사람들이 지배하는 정치제도라는 뜻과 다수의 사람들이 지배하는 정치제도라는 뜻을 갖고 있었다. 민주주의를 가난한 사람들이 지배하는 정치제도로 이해한 사람들이 공산주의자들이다. 그래서 그들은 부유한 사람들을 사회에서 추방하였다. 모든 사람들을 가난한 인민으로 만들었던 것이다. 그들은 그들의 정치제도를 인민민주주의라고 불렀었다. 그러나 서유럽에서는 민주주의를 다수의 사람들이 지배하는 정치제도로 이해하였다. 그렇기 때문에 서유럽의 민주주의는 부유한 사람들이나 가난한 사람들이나 똑같이 한 표를 행사할 수 있는 정치제도로 발전했던 것이다.

우리는 데모크라시를 민주주의로 번역하였다. 민이 주인이 되는 정치제도란 뜻이다. 민(民)은 원래 전쟁에 포로로 잡혀서 노예가 된 사람을 뜻했다. 전쟁포로로 잡혔기 때문에 언제나 위험이 뒤따랐다. 그래서 중국의 고대세계에서는 전쟁포로의 한 쪽 눈을 빼서 외눈박이로 만들었다. 외눈박이가 되면 눈의 초점이 맞지 않기 때문에 거리감각이 떨어진다. 거리감각이 떨어지므로 싸움을 힘껏 할 수 없다. 당시에는 전쟁포로를 외눈박이로 만들어서 일만 시켰다. 외눈박이라도 시키는 일은 잘 할 수 있기 때문이다. 그런 노예를 의미했던 민은 뒤에 농경사회의 농민이 되었고, 그 뒤 민은 선비·농민·공인·상인을 의미했다. 이제 귀족이 아닌 평민을 의미하게 되었던 것이다. 이로써 본다면, 민주주의의 번역어는 평민이 주인되는 정치제도를 의미한다고 볼 수 있다. 평민은 귀족보다 훨씬 많다. 따라서 19세기 말에 일본에서 번역할 때, 민주주의는 평민 다수가 주인이 되는 정치제도를 뜻하고 있었다.

이렇게 민주주의는 다수가 지배하는 정치제도로 이해되고 있다. 이러한 민주주의는 다수결로 정치사항이 결정된다. 민주주의를 대표하는 의회는 다수결로 의사결정을 하고 있다. 다수결은 민주사회 어느 곳에서도 의사결정제도로 사용되고 있다. 그러나 다수결제도도 여러 가지 난점이 있다. 그 가운데 대표적인 것을 두 가지만 들어보자. 우선 다수결은 다수의 독재가능성이 있다. 나아가 다수결은 의사결정의 민주주의를 불가능하게 할 수 있다. 차근차근 살펴보자.

다수결은 다수의 의사대로 정치운영을 함으로써 소수의 의사는 무시된다. 소수의 의사는 발표될 수는 있지만, 의사결정을 할 때는 소외되는 것이다. 이럴 때에 소수의 의견이 옳고 다수의 의견이 그르다면 어떻게 해야 할까? 다수결은 옳은 의견을 버리고 그른 의견을 채택하게 될 것이다. 만일 그른 의견이 채택된다면, 모든 사람들에게 해로움을 끼칠 것이다. 정치운영이 만일 이렇게 모든 사람들에게 해로운 결과를 낳는다면, 우리는 과연 다수결만으로 정치운영을 해야 할까? 모든 사람에게 해로움을 끼치는 정치운영이 과연 민주적 정치운영인가?

이러한 문제 때문에 민주주의에서는 토론이 중요시된다. 옳은 의견을 가진 사람들이 토론을 통해서 다수의 사람들을 올바로 설득한다면, 다수의 사람들이 동조할 것이기 때문이다. 그렇지만 극단적인 경우에 다수의 사람들이 올바른 의견에 귀를 기울이지 않고 감정에 휩쓸려 다수결로 정치결정을 한다면 정치는 혼란스러워질 것이다. 대체로 토론과정은 힘들고 결론이 잘 나지 않기 때문에 많은 사람들은 감정에 휩쓸려 의사결정을 빨리 끝내고 싶어한다. 그렇기 때문에 합리적인 설득보다는 감정적인 설득에 더 쉽게 말려든다. 이성에 호소하는 소크라테스와 같은 현명한 사람들의 말보다는 감정에 호소하는 민중선동가들의 말에 더 귀기울이기 쉽다. 이렇게 되면, 감정적인 다수의 사람들이 이성적인 소수의 사람들을 지배하게 된다. 이를 '다수의 독재'(*tyranny of majority*)라고 부른다.

다수의 독재는 소수의 독재(*tyranny of minority*)보다 무섭다. 군주정이나 귀족정을 소수의 독재라고 본다면, 다수의 독재가 가능한 민주주

의가 군주정이나 귀족정보다 무섭다는 것이다. 병영훈련을 예로 들어
보자. 훈련교관이나 훈련조교가 아주 독재적이어서 많은 훈련병들을
괴롭히고 있다고 가정해 보자. 이 훈련과정에서는 소수의 독재가 이루
어지고 있다. 그러나 훈련교관이나 훈련조교가 아무리 몽둥이를 가지
고 설쳐도 수많은 훈련병들의 일거수일투족을 모두 감시할 수는 없다.
그렇기 때문에 아무리 무서운 훈련교관이나 훈련조교가 설쳐도 그들의
눈을 피할 기회는 많다. 군대를 제대하고 나와서 하는 재미있는 이야
기의 대부분은 이렇게 훈련교관이나 조교의 눈을 피했던 통쾌한 경험
들이다.

　그러나 거꾸로 수많은 훈련병들이 소수의 훈련교관이나 훈련조교들
을 벌주고 있다고 가정해보자. 아마도 훈련교관이나 훈련조교들은 수
많은 훈련병의 눈길을 피할 도리가 없을 것이다. 수많은 눈들이 살피
고 있으므로 훈련교관이나 훈련조교들의 일거수일투족은 하나도 빠짐
없이 감시될 것이다. 이렇게 다수의 독재에서 소수는 눈을 피할 길이
없다. 다수의 독재가 소수의 독재보다 더 무서운 것이다. 이렇게 다수
의 독재를 무서워한 대표적인 철학자가 영국의 존 스튜어트 밀이다.

　좀더 논리를 펴자면, 다수결만으로 정치를 운영하면 소수의 권리를
박탈할 수도 있다. 민주주의란 미명을 앞세우고 소수자들의 권리를 제
한하거나 박탈할 수도 있는 것이다. 실제로 공산주의에서는 인민민주
주의를 앞세우고 부유한 사람들을 인민재판에 회부하여 사형시키거나
또는 재산압류를 무자비하게 했었다. 소수자의 권리가 박탈되었던 것
이다. 민주적인 의사결정제도인 다수결은 이렇게 소수의 사람들이 가
지고 있는 자유권과 평등권을 박탈할 수도 있다.

　이러한 문제 때문에 근대 서구에서는 입헌주의를 앞세우고 다수결제
도를 통제하고자 했다. 말하자면, 다수결로도 박탈할 수 없는 기본권
을 헌법에 명시했던 것이다. 우리나라 헌법에도 명시되어 있는 기본권
은 어떠한 경우에도 제한되거나 박탈될 수 없다. 국회의결이나 국민투

표로도 제한하거나 박탈할 수 없다. 기본권을 제한하거나 박탈하는 헌법개정도 불가능하다. 만일 기본권을 제한하거나 박탈한다면 국민은 저항할 권리가 있다. 기본권은 초헌법사항인 것이다.

이제 두 번째 문제로 가보자. 다수결은 의사결정을 불가능하게 할 수 있다. 다수결로 결정하려는 의안이 세 가지(x, y, z)가 있고 세 사람(A, B, C)이 의사결정에 참여하고 있다고 가정해보자. 이러한 경우를 다음처럼 표시해 보자.

| 투표자순위 | A | B | C |
|---|---|---|---|
| 1 | x | y | z |
| 2 | y | z | x |
| 3 | z | x | y |

세 의안 가운데 A가 좋아하는 순서는 x, y, z이다. 투표자 B가 좋아하는 순서는 y, z, x이다. 투표자 C가 좋아하는 순서는 z, x, y라고 하자. 이 경우에 세 의안을 모두 놓고 투표하면 의안마다 한 표씩 얻으므로 다수결로 결정이 안 난다.

만일 x와 y를 먼저 놓고 투표하고, 여기서 이긴 의안과 z를 놓고 투표한다면 어떨까? x와 y를 놓고 투표하면 A는 x에, B는 y에 투표할 것이고, C는 x에 투표할 것이다. 왜냐하면 C는 z를 제일 좋아하지만, z가 상정되지 않았으므로 z다음으로 좋아하는 x에 투표하지 않을 수 없기 때문이다. 이런 경우에는 x가 다수결로 결정될 것이다. 그러면 이제 x와 z를 놓고 투표해보자. A는 x에 투표를 할 것이고, C는 z에 투표할 것이다. 이제 B는 제일 좋아하는 y가 부결되었으므로, 그 다음으로 좋아하는 z에 투표할 것이다. 이렇게 되면 최종적으로 z가 채택된다.

그런데 x와 y를 먼저 놓고 투표하지 말고, x와 z를 먼저 놓고 투표한 다음 이긴 것과 y를 놓고 최종투표해 보면 어떨까? x와 z를 놓고 투표하면, A는 x를 찍고 C는 z를 찍을 것을 당연하다. 이때 B는 z를 찍을 수밖에 없다. 그러면 1차 투표에서는 z가 이길 것이다. 이제 2차 투표로 들어가 보자. y와 z를 놓고 투표하면, A가 y를 찍을 것이므로 y가 최종적으로 채택된다.

그러면 마지막으로 y와 z를 먼저 놓고 투표해 보자. 그러면 똑같은 과정을 거쳐서 x가 최종적으로 선택된다. 이렇게 다수결은 1차 투표에 어떤 의안을 먼저 올려놓느냐에 따라서 결과가 달라진다. 그러면 위의 세 가지 의결순서 가운데 어느 것이 옳은가? 어느 것이 더 민주적인가? 우리는 대답할 수 없다. 민주적인 의사결정으로서 다수결제도는 이렇게 민주적인 의사결정을 불가능하게 만들고 있다. 이러한 다수결제도의 특성을 '투표의 패러독스'라고 부른다. 이러한 문제는 이미 200여 년 전에 콩도르세(Condorcet)라는 프랑스학자가 발견했다.

만일 이런 경우에 우리가 의장에게 의안상정 권한을 준다면, 의장은 자기가 좋아하는 의안을 1차 투표에 올려놓지 않을 것이다. 왜냐하면 1차 투표에 상정하면 부결될 것이기 때문이다. 그런 경우에 의장이 자기가 좋아하는 의안을 2차 투표에 상정한다면 그 의안은 자동적으로 채택될 것이다. 그렇다면 의장은 자기 마음대로 의사결정을 해낼 수 있을 것이다. 그렇다면 비록 다수결의 민주적인 의사결정제도로 의안을 결정했다 하더라도 결국은 의장 뜻대로 독재하는 것과 다름이 없다. 민주주의는 1인독재로 빠져버리고 마는 것이다. 이런 현상에 주목하면서 애로라는 미국학자는 민주주의는 불가능하다는 '불가능성 정리'를 내놓아 유명해졌다.

이렇게 다수결민주주의는 치명적인 결함을 안고 있다. 이런 결함을 치유하고자 자유민주주의가 구상되었다. 다수결로도 박탈할 수 없는 기본권을 헌법에 명시해놓고 민주주의를 통제하고자 했던 것이다. 그러나 그렇다 하더라도 민주주의의 불가능성을 극복하기는 어렵다. 이 문제들을 살펴보자.

## 3. 민주주의의 성공요건은 무엇인가

　자유민주주의는 민주주의가 다수의 독재로 빠질 위험성 때문에 창안
된 것이다. 프랑스혁명이 로베스피에르 공포정치로 발전하자 당시 영
국지성인들은 무척 두려워하였다. 그래서 그들은 인간에게는 어떠한
경우에도 박탈할 수 없는 자연권이 있다고 주장하였다. 인간은 자유롭
고 평등하게 태어났다는 인본주의 명제가 인간은 모두 자연권을 가지
고 있다는 자유주의 명제로 발전했던 것이다.

　자연권은 자연이 사람들에게 준 권리라는 뜻이다. 자연권은 자연이
사람들에게 준 것이니만큼 사람들이 마음대로 박탈할 수 없다는 의미
를 갖고 있다. 그러나 사실 무엇이 권리인가는 사람들이 결정하는 것
이다. 자연은 아무 말이 없다. 더욱이 자연에는 권리가 없다. 우리가
동물세계를 살펴보아도 권리를 가지고 있거나 권리를 주장하는 동물은
없다. 권리란 인간세계에만 있는 것이다. 그것은 근대 지성인들이 창
안한 것이다. 본래 자연권이 있었다면 옛날에도 있었어야 하지 않는
가? 결국 자연권은 자연이 준 권리는 아닐 것이다. 자연권이란 말은
형용모순을 안고 있다.

　이러한 언어모순을 감수하면서도 당시의 지식인들은 자연권을 주장
하였다. 자연권(natural rights)을 동양에서는 처음에 천부인권이라고
번역해서 썼다. 하늘이 준 인간의 권리라는 뜻이다. 당시에 동양에는
서양인들이 말하는 자연(nature)을 하늘(天)로 이해했다. 그래서 자연
권을 천부인권이라고 번역했던 것이다. 그러다가 뒤에 이 말을 '자연'
으로 번역하면서 요즈음에는 자연권이라고 부르고 있다.

　여하튼 자연권은 사람들이 민주적으로도 박탈할 수 없는 권리라는
뜻을 강조하기 위해 만든 개념이다. 영국의 자유주의 지성인들이 다수
의 독재에 빠지기 쉬운 민주주의를 보완하기 위해서 창조한 개념이 자

연권이다. 당시에 자연권은 생명, 자유, 건강, 재산에 대한 권리를 의미했고, 지금도 우리는 이러한 전통을 따르고 있다. 이렇게 자유주의와 통합된 민주주의가 자유민주주의이다.

자유주의자들은 아무리 민주권력이라 하더라도 자연권을 침해할 가능성이 있다고 보았다. 그래서 헌법에 기본권을 명시하고 초헌법사항으로 규정해 놓았다. 그래도 안심이 안 되자 삼권을 분립시켜서 서로 견제하도록 하고, 중앙정부와 지방정부로 분할해서 서로 견제하도록 하였다. 이렇게 분립된 권력들이 견제하면서 서로 균형을 이루도록 만들었다. 자유민주주의 정부는 플라톤과 아리스토텔레스의 정신을 이어받아 혼합정부로 만들었다. 행정부는 군주정모델로, 입법부는 민주정모델로, 사법부는 귀족정을 모델로 하여 구성하였다. 이 가운데 입법부가 가장 우월하도록 입법부우월주의를 자유민주주의의 기본정신으로 삼았던 것이다. 이에 따라 입법 및 전쟁선포권과 국가예산결정권은 입법부의 고유권한으로 삼았던 것이다.

이러한 자유민주주의의 정치제도는 앞에서 살펴본 바와 같이 현대정치제도의 지배적인 형태로 자리잡아가고 있다. 자유민주주의의 역사적인 경험을 살펴본다면, 소수의 독재뿐만 아니라 다수의 독재 문제를 해결해 왔다고 보인다. 자유민주주의가 어느 정치제도보다 기본권보장에 심혈을 기울여왔고, 이 부분에는 대체로 성공하고 있다고 보인다. 최근에는 자유민주주의 선진국에서는 인권을 앞세워 국제사회를 이끌고 있기도 하다. 인본주의의 시각에서 본다면, 인권보다 중요한 정치기준이 없을 것이다. 인권이 꽃핀다면, 인간사회는 보다 살기 좋을 것이다.

그러나 자유민주주의는 반드시 성공하고 있다고 볼 수 없다. 정치사항에는 인권뿐만이 아니라 다른 것도 많기 때문이다. 국제정치의 위상이나 국가경제의 건실성, 국민통합문제나 건전한 문화발전 등 수많은 문제들이 현대의 정치문제이다. 이러한 문제들을 해결하는 데 자유민주주의가 반드시 성공적인 것으로 보이지는 않는다. 이는 자유민주주의에 고유한 '대표의 실패'에서 기인한다. 자유민주주의는 직접민주주의를 거부하고 여러 가지 정치기제를 함께 갖춘 대의제민주주의로 구상되었다. 다시 말하면, 국민이 직접 모든 정치사항을 결정하기보다는 대부분의 정치사항을 국민의 대표가 결정하도록 한 것이다. 대표의 실패는 자유민주주의에 고유한 대의제의 실패를 뜻한다.

우리나라의 예를 들어보자. 국민의 대표들은 국민전체의 이익보다는 지역이익이나 이익집단의 이익을 대표하고 있다. 이에 따라 정치권에는 신물나는 부정부패가 독버섯처럼 퍼져 있다. 국민의 대표들이 국가운영을 제대로 하려 하기보다는 권력만을 움켜쥐려고 혈안이 되어 국민을 선동하고 있다. 복잡한 국가정책 문제를 해결하려고 힘을 쏟지 않고, 오히려 선거전략에만 목을 매달고 있는 형국인 셈이다. 요즈음 대다수 국민들이 국가장래에 대해 불안해하는 것은 이와 같은 대표의 실패 때문이다.

선진국에서는 현대 민주주의에서 나타나는 대표의 실패문제를 해결하고자 아예 국민대표를 추첨으로 뽑자는 제안도 나온다. 고대 아테네에서는 대부분 추첨으로 대표를 뽑았다. 국민의 대표를 추첨으로 뽑아도 현재의 선량들보다 못하지는 않을지도 모른다. 만일 추첨으로 국민대표를 뽑는다면 막대한 선거비용도 절약될 것이고 부정부패도 없어질 것이다. 그러나 이러한 제안은 아직 비현실적으로 들린다.

최근 대표의 실패를 해결할 수 있는 실마리가 생기고 있다. 그것은 디지털혁명으로 전자민주주의가 가능해졌기 때문이다. 디지털혁명으로 모든 시민들이 정보에 쉽게 접근할 수 있다. 시민들은 정보를 더욱 빠르고 값싸게, 더욱 다양하게 얻을 수 있게 되었다. 이에 따라 시민들은 정치공동체의 업무에 대한 더욱 많은 정보를 가지게 됨으로써 합리적 선택을 할 수 있다. 정치인에 대한 정보가 사이버광장에 쉽게 공개됨으로써 정치가 투명해지고 있다. 이에 따라 대표선택을 합리적으로 할 수 있을 것이다. 대표의 실패를 해결할 기반이 구축된 것이다.

정치비용이 많이 들던 과거와 비교해 볼 때, 사이버공간은 정치비용을 저렴하게 만들고 있다. 정치인들은 이제 인터넷으로 값싸게 유권자들에게 자신을 홍보할 수 있고, 정책을 소개하는 인터넷유세를 할 수 있으며, 유권자와 의사교환을 할 수 있게 됐다. 이렇게 정치비용이 낮아진다면 한국정치의 고질병인 과다한 선거비 지출에 따른 부정부패를 줄일 수 있을 것이다.

더욱이 초고속 인터넷으로 쌍방향 의사소통이 가능해졌다. 따라서 정치인은 유권자의 의사를 손쉽게 파악할 수 있고, 유권자는 정치인의 행동을 손쉽게 감시할 수 있다. 이렇게 될수록 정치인들은 시민의 의사를 정치에 정확하게 반영하지 않으면 안 된다. 이에 따라 그 동안 정치인들이 시민을 대표하지 않고 자신의 이익을 추구하는 대표의 실패 문제들이 훨씬 줄어들게 되었다.

그러나 근본적으로 대표의 실패는 시민의 실패에 뿌리가 있다. 시민들이 합리적으로 행동하지 않고 감정이나 이익에 따라 행동하면, 시민의 의사를 대표하는 것이 오히려 민주주의의 실패를 자초할 수도 있다. 시민이 합리적인 의사를 가지고 있지 않고 자신의 선호에만 집착한다면, 앞서 살폈듯 선호투표의 다수결제도는 민주주의를 불가능하게 만든다. 선호가 다른 사람들이 서로 의견교환을 하고 진지하게 숙고하면서 의견을 조율하지 않는다면, 투표의 패러독스처럼 투표의 결과는 순환하게 된다.

투표의 패러독스는 선호투표의 민주주의는 실패한다는 뜻을 함축하고 있다. 현재처럼 선거가 선호투표로 이루어진다면, 아무리 전자민주주의를 해도 대표의 실패를 극복할 수 없다. 현대의 민주주의가 선호투표에 머무른다면, 아무리 전자민주주의가 발전해도 역시 시민의 실패를 해결할 수 없기 때문이다. 최근 우리나라에서도 전자민주주의가 발전하고 있다. 네티즌들의 의견들은 수시로 집계되어 보도되고 있으며, 이러한 네티즌들의 의사는 정치에 막대한 영향을 끼치고 있다.

그러나 시민의 실패를 극복하지 못하는 한, 전자민주주의는 오히려 민주주의의 실패를 자초할 수 있다. 현재 사이버 공간에서는 진정한 정치식견들이 진지하게 교환되기보다는 인기영합적이고 무책임한 견해들이 마구잡이로 토론되고 있다. 이러한 감정적이고 충동적인 견해들이 상호모순을 안고 순식간에 결집되기도 한다. 그런 과정에서 건전한 견해들이 무시되고 조롱받게 되는 것이다. 이렇게 되면 아리스토텔레스가 우려했던 우민정치화될 수 있고, 나아가 존 스튜어트 밀이 우려한 다수의 독재가 이루어질 수 있다. 시민의 실패를 해결하지 않고 발전하는 전자민주주의는 결국 민주주의를 실패로 끌고 간다.

이제 민주주의를 성공시키는 조건이 무엇인지 명백해졌다. 그것은 시민의 실패를 극복하는 길이다. 시민의 실패를 극복하지 않으면 대의제민주주의도 전자민주주의도 성공할 수 없다. 현대 사회는 급변하고 있다. 과거와 달리 직접민주주의를 가로막는 시간과 거리의 문제는 사라졌다. 이제 직접민주주의의 정치기제를 자유민주주의에 복합해 나가야 한다. 민주주의가 안고 있는 본질적인 문제들을 해소하려면 자유민주주의의 틀을 벗어날 수는 없기 때문이다. 그러나 전자민주주의를 통해 직접민주주의의 기제를 복합해 간다고 하더라도 시민의 실패를 극복하지 않고는 민주주의의 미래는 불투명하다.

시민의 실패를 극복하려면 시민들이 교양을 갖추고 진지해지지 않으면 안 된다. 진지하게 의사를 교환하면서 훌륭한 견해를 존중해야 한다. 스스로 책임지려는 책임의식과 적극성을 갖추지 않으면 안 될 것이다. 문제가 생기면 스스로 해결하려고 하지는 않고 정부에게만 책임을 전가하려고 해서는 안 된다. 쓰레기장 건설문제나 핵폐기장 설립문제가 있으면 목숨을 걸고 결사반대를 해서는 안 된다. 이러한 문제는 정부만이 해결주체가 아니다. 시민들도 심사숙고하여 서로 타협하면서 문제를 해결해 나가야 한다. 선거가 있으면 선심을 쓰는 사람이나 지역감정에 호소하는 사람, 또는 인상이 좋은 사람에게 투표를 해서는 안 된다. 훌륭한 정책이나 정치견해를 가진 정치인을 선출해야 한다.

시민의 실패를 극복하려면, 독일의 유명한 철학자 하버마스가 말하는 것처럼 진정한 공론장(the public sphere)을 활성화시켜야 한다. 자기주장만 계속하여 토론의 실익을 얻을 수 없는 TV의 시사토론은 진정한 공론장이 아니다. 상대방의 의견을 존중하고 진지하게 의견을 교환하면서 합의점을 찾아내는 토론을 해야 한다. 사사건건 반대하는 토론장은 공론장이 될 수 없다. 상이한 견해가 서로 적대적으로 대립해서는 안 된다. 적대적 견해는 이성적 견해가 아니다. 이성은 서로 적대하지 않기 때문이다. 감정만이 서로 적대한다. 상이한 견해는 적대적 견해가 아니다. 서로 다를 뿐이다. 서로 다르다면 오히려 진지하게 대화를 나눌 가치가 있다.

미국의 유명한 철학자인 롤즈는 공공이성(the public reason)을 강조한다. 시민들이 누구나 나라의 정책을 다루는 대통령이나, 헌법을 다루는 재판관의 입장에서 생각해 보는 정신이 공공이성이다. 우리들이 이러한 국가운영자의 위치에서 생각해 보면서 자신의 의사를 검토한다면, 아마도 우리는 감정적 판단을 버리고 이성적 판단을 해나갈 것이다. 나아가 탁월한 견해를 갖기 위해 심사숙고할 것이다. 결국 공공이성을 갖추게 되면 사이버공간은 좀더 진지해질 것이다.

시민사회에 토론문화가 성숙하고 시민들의 공공이성이 성숙한다면, 앞으로 민주주의는 크게 발전할 것이다. 민주주의의 성공조건은 궁극적으로 깊이 있는 토론문화와 공공이성의 성숙이라는 것을 명심해야 한다.

# 3 우리나라의 민주주의는 성공할 수 있는가

김 주 성

## 1. 국가경제와 민주주의는 함께 발전하는가

우리나라는 지난 50년 동안 발전을 거듭해왔다. 이렇게 평가하는 것에 반대할 사람들은 없을 것이다. 일본제국의 식민지에서 독립하여 1948년에 건국한 우리나라는 1950년 한국전쟁으로 폐허가 되었다. 그 뒤 가난에 허덕이며 전쟁복구에 전념해 오다가, 1960년대에 산업화를 시작하면서 경제성장을 지속해 왔다. 당시 초고속 경제성장률은 세계 최고의 기록으로 남아 있다. 초고속 경제성장으로 풍요로워진 모습을 우리는 1988년 서울올림픽을 통해서 전 세계에 알렸다. TV 화면을 통해서 실시간대로 전 세계에 보여준 우리의 모습에 가장 충격을 받은 곳이 바로 동구권의 사회주의 국가들이었다.

동구권의 국가들이 충격을 받은 것은 이해할 만하다. 그들이 기억하는 것은 한국전쟁의 참상이었을 것이다. 적어도 중립국 감시단으로 한국에 파견되었던 체코슬로바키아만 해도 한국의 참상을 눈으로 직접 확인했을 것이다. 동구의 다른 나라들도 신문사진을 통해서 우리나라가 얼마나 가난했고 우리나라 사람들이 얼마나 불쌍했는가를 짐작하고도 남았을 것이다. 그들의 눈에는 그럴싸한 돌다리 하나 없고 그럴싸한 건축물도 없었던 한국의 모습은 정말로 처참하였을 것이다. 그들은 로마시대에 건설된 아치형 돌다리와 중세에 건축한 웅장한 석축성당을 가지고 있었으니까 말이다.

한국전쟁 당시 초라한 초가집과 불타버린 구조물만 사진으로 기억하던 그들이 88올림픽의 배경화면을 보고 놀란 것은 당연하다. 배경화면에 보이는 서울의 거대한 현대건물과 넘치는 자동차행렬은 상상을 초월했을 것이다. 그들은 문명이 추월되었다는 사실을 눈으로 직접 목격하고 충격을 삭이지 못했다. 문명이 추월당했다는 동구권 시민들의 분노는 1989년에 시민혁명으로 나타났다. 이심전심으로 거리로 쏟아져 나와 무소불위의 공산정권을 무력화시키고 공산정치인들을 단죄하였던 것이다.

이러한 사실은 공산정권이 무너지고 최초로 체코슬로바키아의 민선 대통령이 된 하벨이 증언하고 있다. 한 신문의 인터뷰에서 하벨은 질문을 받았다. "어떻게 갑자기 시민들이 거리로 뛰쳐나왔습니까?" 하벨은 간단하게 대답했다. "우리는 서울을 보았으니까요." 이 말을 들으면 우리는 눈물이 핑 돈다. '와! 우리가 이렇게 세상을 놀라게 했는가?' 동구인들이 우리나라의 성공을 보고 분을 삭이다 못해서 거리로 뛰쳐나오기까지 1년이 걸렸다. 얼마나 분노했으면, 1년 동안이나 삭이다 분통이 터져버렸겠는가?

우리는 서구제국주의가 아니라 일본제국주의의 식민지화를 경험한 나라다. 더욱이 신생국 가운데 우리나라만이 한국전쟁과 같은 거대한 전쟁으로 폐허가 다 되었다. 이러한 나라가 현재 세계무역 13대 강국으로 우뚝 솟았다. 우리의 성공은 세계의 여러 나라에 깊은 인상을 심어주었다. 식민지를 경험했던 제3세계 국가들에 우리는 꿈의 나라가 되었다. 그런데 우리는 어떤 정치체제로 국가경제의 성공을 거둘 수 있었는가?

우리나라가 어려운 처지에서 어떻게 성공할 수 있었는가에 대해서는

많은 설명방식들이 있다. 여기서는 정치체제를 중심으로 살펴보려고
한다. 우리의 산업화 및 근대화는 1960년대와 70년대를 지배한 박정희
군부정권이 이루어냈다는 데에는 아무도 이의를 달지 않는다. 나아가
1980년대 전두환 군부정권도 우리의 성장된 경제를 안정화했다는 데에
는 아무도 이의를 달지 않는다. 군부정권의 성격이 시대에 따라 바뀌
기는 하지만 군부정권은 모두 권위주의정권이었다.

　1960년대 박정희 정권은 준경쟁적 권위주의를 유지하면서 수출지향
의 산업화를 이룩했다. 준경쟁적이라는 말은 당시 자유민주주의의 틀
속에서 선거제도가 불완전하나마 운용되었다는 의미이다. 물밑의 관권
선거가 이루어졌으므로 정치적 경쟁집단이 불리하기는 했지만, 그래도
군부세력과 선거에서 경쟁을 할 수 있었던 것이다. 준경쟁적인 정치상
황에서 박정희 군부정권은 권위주의적인 권력을 무기로 삼아 수출지향
의 산업화를 추진했다.

　당시 군부정권이 산업화를 추진할 수 있었던 계기는 세계가 신국제
분업질서로 개편되고 있었기 때문이다. 예전에는 세계경제체제의 주변
부에서 중심부로 원료를 공급하고, 중심부에서는 주변부로 제품을 팔
았다. 그러나 1960년대에 이르면, 선진자본주의 국가에서 노동임금이
높아짐에 따라 노동집약적 산업이윤은 떨어지게 됐다. 그에 따라 국제
자본은 노동임금이 싼 주변부로 생산기지를 이전하게 됐는데, 이로써
중심부에서는 오히려 주변부로 원료와 중간재를 공급하고 주변부에서
생산·조립된 제품을 다시 수입하는 신국제분업질서로의 개편이 일어
났다.

　신국제분업질서를 확립하고자 세계중심부에서는 원료와 중간재를
제품으로 조립하거나 생산할 수 있는 곳을 찾고 있었다. 좀더 싼 제품
을 만들어서 선진국가의 국내수요를 감당해야 했기 때문이다. 이러한
선진자본주의국가들의 초청에 가장 잘 응답했던 곳이 한국이었다. 다
시 말하면, 박정희 군부정권은 '초청에 의한 상승전략'(promotion by

*invitation*)을 효율적으로 수행했던 것이다. 왜 한국이 선진자본주의 국가들의 초청에 가장 잘 응답할 수 있었을까?

여러 가지 설명방식이 있지만, 여기서는 외재적 요인으로 세계정치의 구조적 변수를 살펴보고, 내재적 요인으로 권위주의적 권력의 효율성을 살펴보자. 1960년대에 세계체제에서 세계정치의 구조상 선진자본주의 국가의 초청에 효율적으로 응답할 수 있는 지역은 동북아밖에 없었던 것으로 보인다. 사실상 초청 1순위의 지역은 남아메리카였을 것이다. 남아메리카는 유럽문화가 전해진 곳이며, 산업생산력이 상당 수준에 있었기 때문이다. 그러나 1960년에 카스트로가 공산혁명으로 집권하자 남미지역은 상당히 좌경화했다. 남미 노동자들이 과격해지고, 남미 대부분의 국가가 수입대체산업 중심으로 경제쇄국주의를 추구했던 것이다. 이런 현상은 종속이론으로 정당화됐다. 수입대체산업 중심으로 경제쇄국주의를 추구하게 되자 남미는 선진자본주의 국가들의 초청에 효율적으로 응답할 수 없었던 것이다.

아프리카, 이슬람권 및 인도 등이 아직도 전근대적 문화에 발목이 잡혀 있었다고 본다면, 남아메리카를 빼놓고는 아마도 동북아가 초청에 응답할 수 있는 유일한 곳이었을 것이다. 동북아 사람들은 세속적인 유교문화를 가지고 있었고, 부지런하면서도 손재주가 좋았고, 무엇보다도 일을 열심히 하려는 강력한 동기를 가지고 있었다. 이렇게 본다면, 아마도 동북아에서도 가장 좋은 지역은 중국대륙이었을 것이다. 인구가 제일 많고, 노동임금이 가장 싸고, 가장 순종적인 노동문화를 갖고 있었기 때문이다. 그런데 중국대륙은 초청에 응할 수 없었다. 이유는 간단하다. 냉전으로 죽의 장막이 쳐져 있었기 때문이다.

죽의 장막에 가려진 거대한 중국이 제외되자 한국을 비롯한 아시아의 네 마리 용은 마침내 용틀임할 수 있었다. 그 가운데 한국은 가장 가난한 국가였다. 이렇게 가난한 국가에서 권위주의 군부정권은 처음에 수입대체산업적인 제1차 경제계획을 추진했다. 그러나 투자재원을 확보하는 데 실패하자 1963년에는 수출지향산업화 전략으로 계획을 수정하고, 투자재원을 확보하고자 외국인의 직접투자보다는 차관을 선호했다. 이 과정에서 권위주의 군부정권은 투자재원과 산업화를 위해 권위주의 권력을 유감없이 사용했다.

군부정권은 1965년에 한일회담을 성사시킴으로써 6억 달러에 가까운 재원을 확보했다. 대다수 국민들이 반대하는 한일협정을 1965년 6월 22일에 맺고 8월 14일에 여당 단독으로 한일조약을 비준하였다. 연일 1만 명 규모의 학생데모가 일어나자, 8월 26일에는 비상계엄령을 내렸다. 그럼에도 불구하고 8월 26일에 데모 규모가 4만 명에 육박하자 마침내 위수령을 발표하였다. 반대운동을 원천봉쇄했던 것이다.

이와 더불어 월남파병을 단행하여 경제활동, 전투수당, 경제원조, 차관도입 등으로 외화를 획득하여 투자재원을 확충하였다. 1964년 9월 제1이동외과병원 병력 130명과 태권도 교관 10명의 파견을 시작으로, 1965년 2월에는 후방군사원조지원단인 2천여 명의 비둘기부대를 파병했다. 같은 해 10월 9일에는 해병 청룡부대를 파병했고, 10월 22일에는 육군 맹호부대를 파병했다. 그 뒤 백마부대를 파병함으로써 한국은 미국 다음으로 많은 병력을 파병, 파병한 군규모는 4만 8천 명에 이르렀다. 월남참전으로 인한 경제적 이익은 미국의 경제 및 군사원조, 차관도입, 대미수출 등을 제외하더라도 무역과 무역외 부문을 포함하여 9억 달러에 달했다.

경제개발은 이렇게 벌어들인 외화를 투자재원으로 하여 추진됐다. 점차 국가경제가 좋아지자 1970년대에는 마산 수출자유지역을 조성했다. 1970년 5월에 착공하여 1973년 초에 완공된 이른바 마산 보세지역은 외국인 기업가의 투자유치 시범지역으로 발전하여 세계적으로 성공한 수출자유지역으로 성장했다. 이곳에서는 아리따운 여공들이 땀을 흘리면서 산업화를 일구고 있던 곳이다.

돌이켜 보면, 한일회담은 민족자존심을 짓밟는 것이기도 하였다. 일본의 진심어린 사과를 받아내지 못하고 민족자존심과 투자재원을 맞바꾼 것이기 때문이다. 그렇기 때문에 전국민의 반대운동에 직면했던 것이다. 월남파병은 일종의 용병수출이었다는 분석이 있기도 했듯이, 이는 외화를 획득하기 위해 젊은이의 피를 머나먼 이국에서 흘리게 한 것이기도 하다. 마산 보세지역에서는 아리따운 처녀들이 경제발전을 위해 비지땀을 흘렸다. 생각해보면 눈물나는 일이다. 우리는 민족자존심을 억누르고 사과하지 않는 일본과 협정을 맺었으며, 아름다운 젊은이들의 피를 이국땅에서 흘리게 했으며, 아리따운 처녀들이 비지땀을 흘리게 했던 것이다. 이 모든 일은 국민동의를 확보하지 못한 채 권위주의 권력이 밀어붙여 추진되었던 것이다.

1970년대에 들어선, 중동 산유국들의 석유자원 국유화조치와 산유량 및 산유가 통제로 오일쇼크가 일어났다. 선진국가들은 오일쇼크를 해소하고자 경제구조를 조정해 나갔다. 이때 군부정권은 초헌법적 조치로 1972년 10월 17일 유신헌법을 선포하고 곧바로 국민투표를 거쳐서 관료적 권위주의 정권을 출범시킨다. 관료적 권위주의란 정치적 경쟁자를 구조적으로 묶어두고 관료중심으로 국가를 이끄는 것이다. 관료적 권위주의 정권은 중화학공업 중심으로 수출지향의 산업화를 추진했다. 1973년의 제1차 오일쇼크가 일어나자 국내경제는 큰 충격을 받았으나, 곧바로 중동에서 건설붐이 일어남으로써 활력을 되찾았다. 우리나라는 1973년부터 사우디에 진출하여 매년 100%가 훨씬 넘는 성장세로 건설수출 실적을 쌓았다.

1970년대부터 산업화가 심화하자 노동임금은 상승하고, 전태일의 분신자살 사건 이후 노동운동은 극화하기 시작한다. 이에 유신체제의 관료권위주의 정권은 노동임금을 생산성 이하로 잡아두기 위해서 권위주의 권력을 무소불위로 사용하였다. 이로써 세계경제의 구조조정기에 유신정권은 오히려 중화학공업의 투자를 확대해 나갔던 것이다. 1979년 제2차 오일쇼크로 세계경제는 또다시 침체국면을 맞았으나, 중동

붐과 같은 호기는 도래하지 않았다. 이에 경제불황을 견디지 못하고
유신정권은 무너지고 만다.

1980년 전두환 군부정권은 세계경제가 회복세를 보이면서 유가와
물가, 그리고 달러가격이 낮아진 이른바 3저 현상에 힘입어 경제안정
화에 성공한다. 1980년대에 들어오면 한국은 벌써 시민사회가 형성되
고 국내시장이 활발하게 돌아가게 된다. 이때 군부정권은 경제자율화
와 금융자율화를 실시함으로써 그 동안 특혜를 받아온 기업들을 세계
시장에 적응하도록 강요했다. 이를 위해 시민사회가 조직되는 것을 막
고 경제환경을 안정화시켰던 것이다. 이렇게 권위주의 정권은 우리나
라의 확대된 경제규모를 안정화시켰다.

우리나라의 권위주의 정권은 세계경제환경의 변화에 따라 초청에 의
한 상승전략을 효율적으로 성공시켰다. 물론 국가경제의 성공에는 수
많은 민주투사의 피가 스며 있다. 들끓던 민의를 억압하면서 민족자존
심을 억눌렀으며, 아름다운 젊은이의 피와 아리따운 처녀들의 땀을 강
요했고, 노동자의 희생을 강요했다. 나아가 성장하고 있던 시민사회를
억압함으로써 국가경제를 성장시켰던 것이다.

우리나라의 성공은 이렇게 권위주의 정치체제가 일구어 낸 것이다.
서울올림픽은 권위주의 정치체가 이룩한 우리나라의 성공을 세계에 알
리는 것이었다. 우리의 성공이 바로 동구권의 몰락을 재촉했다. 그런
데 우리는 여기서 한 가지 질문을 해볼 수 있다. 과연 이러한 성공은
권위주의 정권만이 해낼 수 있었던 것일까? 민주주의 정권은 해낼 수
없는 것일까?

민주주의로 국가경제의 성공을 일구어 낸 대표적인 나라는 영국, 프
랑스 및 미국이다. 이들은 시민사회의 주도로 자본주의가 발전했던 나
라들이다. 이 나라들에서는 자본주의와 민주주의가 나란히 발전하였
다. 그 가운데 영국과 미국은 비교적 안정적으로 발전했고, 프랑스는
많은 우여곡절을 거쳤다. 그러나 후발자본주의 국가는 민주주의와 국

가발전은 병행되지 않았다. 대표적으로 독일과 일본은 권위주의 정치
체제의 국가주도 자본주의를 발전시켰다. 독일에서는 비스마르크 권위
주의 정권이 자본주의를 발전시켰고, 일본에서는 군국적인 권위주의
정권이 자본주의를 발전시켰다. 독일과 일본의 민주주의는 자생적이지
않았다. 제2차 세계대전에서 패전하자 전승국인 미국이 그 나라에 민
주주의제도를 도입했던 것이다.

　제2차 세계대전 뒤의 신생국 가운데 국가경제의 성공을 이룩한 나
라는 아시아의 네 마리 용이다. 이들은 모두 권위주의 정치체제가 국
가경제의 성공을 이끌어 낸 경우다. 그럴 수밖에 없었던 이유는 대체
로 후발 자본주의 사회에서는 시민사회가 성숙되어 있지 않았기 때문
으로 본다. 시민사회란 중산층이 두텁게 성장하여 사회주도세력이 된
사회를 말한다. 시민사회가 성숙하지 않았으므로 시민사회 주도로 자
본주의를 발전시킬 수 없었다. 더욱이 민주주의를 성공시킬 수도 없었
다. 왜냐하면 민주주의란 기본적으로 시민사회를 기반으로 하기 때문
이다. 시민사회가 성장하지 않으면 민주주의는 성공할 수 없다. 그렇
다면 후발 자본주의 사회에서는 국가경제의 성공과 민주주의의 성공은
서로 다른 길을 걷고 있는 셈이다.


## 2. 민주주의 성공의 잣대는 무엇인가

　국가경제와 민주주의가 반드시 함께 성장하는 것이 아니라면, 우리
는 민주주의의 성공 여부를 말할 때 국가경제의 성공 여부를 포함시킬
수 없을 것이다. 사실상 우리나라는 1997년도에 민주주의를 회복하였
으면서도 IMF의 외환위기를 맞았다. 민주주의 정치가 반드시 국가경
제의 발전을 보장하지 않는 것이다.

　그렇지만 현대의 우리는 이제 민주주의를 제대로 실천해야 국가경제

가 건전해지고 발전할 수 있다고 믿고 있다. 왜 이런 믿음이 생겼을까? 이제 우리나라의 시민사회는 민주주의를 충분하게 실천할 수 있을만큼 충분히 성숙되었다고 보이기 때문이다. 우리나라에서는 1980년대부터 시민사회가 놀랄 만큼 성장하였고, 1990년대부터는 시민사회가 활발하게 조직화하기 시작했다. 이제 민주주의의 사회적 기반이 충분히 성숙한 셈이다.

시민사회가 충분히 성숙되었다면, 영미나 유럽선진국과 같은 발전경로를 거칠 것이다. 말하자면 민주주의를 제대로 실천할 때 국가경제도 성공적으로 발전하리란 것이다. 이제 민주주의와 국가경제는 동일궤도를 달리기 시작했다고 보인다. 이러한 믿음은 현재 누구나 갖고있다. 그런데도 불구하고 무엇이 민주주의인가에 대해서 우리 사회는아직도 완전한 합의를 보지 않았다. 우리 사회에서 누구나 민주주의를떠들고 있지만 민주주의를 이해하는 방식은 서로 다르다. 이제 이 문제를 살펴보자. 이 문제가 해결되어야 우리는 민주주의를 완성함으로써 국가경제도 성공시킬 수 있다고 말할 수 있기 때문이다.

과연 민주주의는 무엇인가? 어떻게 정치운영을 하는 것이 제대로 된민주주의인가? 우리 사회에는 민주주의를 절차적으로 이해하기도 하고결과적 또는 내용적으로 이해하기도 한다. 1987년의 대통령선거를 예로 들어 두 시각을 살펴보자.

1987년 대통령선거에서 노태우 후보가 당선된 사태를 어떻게 볼 것인가? 한국 민주화의 진일보로 볼 것인가? 아니면 한국 민주화의 퇴보로 볼 것인가? 두 가지 입장이 있을 수 있다. 하나는 결과주의적 입장(consequentialist view)이고 다른 하나는 절차주의적 입장(proceduralist view)이다. 결과주의적 입장에서는 권위주의 집권당의 노태우 후보가당선되었으므로 정권교체가 이루어지지 않았다는 사실에 주목한다. 당시에 직선제 대통령선거는 이렇게 한국정치에 아무런 변화를 일으키지않았고 정권교체는 아직도 변함없이 요원하다는 것이다. 정치민주화의 목표였던 평화적인 정권교체가 요원해진 이상 당시의 직선제 대통령선거는 오히려 한국민주화를 후퇴시켰다고 볼 수 있을 것이다. 이러한 견해는 대통령선거의 결과에 주목하고 그에 기초해 판단한 것이다.

그러나 절차주의적 입장에서는 당시의 직선제 대통령선거로 16년 만에 국민들이 자유롭게 참여하여 정부를 구성했다는 점에 주목한다. 비록 직선제 대통령선거 결과가 군부권위주의 정권이 시행하려 했던 간선제 대통령선거 결과와 다를 바 없었겠지만, 민주적 직선제 대통령선거제도를 정착시켰다는 점에서 한국민주주의는 진일보했다는 것이다. 염원했던 정권교체는 이루어지지 않았지만, 앞으로 평화적 정권교체가 이루어질 수 있는 토대를 마련했다는 점에서 한국민주화에 크게 기여했다고 볼 수 있을 것이다. 이러한 견해는 직선제 대통령선거가 확립되었다는 데 주목하고 이로부터 판단을 내린 것이다.

이렇게 절차주의적인 입장은 결과주의적 입장과 달리 정치현상을 달리 평가하고 있다. 결과주의는 결과를 중요시하지만, 절차주의는 정당한 절차의 확립과 실천을 중요시한다. 1987년에 일어난 '6월 민주화항쟁'에 참여한 많은 민주인사들이 바랐던 정권교체가 실질적으로 이루어지지 않았다 하더라도, 절차주의적인 입장에서 평가할 때는 실질적인 정권교체 자체보다는 대통령직선제가 확립되고 실천되었다는 사실에 무게 중심을 두는 것이다. 따라서 절차주의적인 입장에서는 비록 정권교체가 이루어지지 않았다 하더라도 당시의 정치사태는 진일보된 민주화 현상으로 평가하는 것이다. 왜 이렇게 절차주의적인 입장에서는 결과보다는 절차의 확립과 실천에 무게중심을 두는가?

절차주의는 정당한 절차가 결과의 정당성을 담보한다고 보는 견해이다. 절차가 올바르면 그러한 절차에서 어떠한 결과가 나오더라도 그 결과는 정당하다고 본다. 왜냐하면 올바른 절차란 어떤 특정한 결과가 산출되도록 설계된 것이 아니기 때문이다. 예를 들어 1987년에 정치대타협으로 확립된 직선제 대통령선거절차는 특별히 민주투사였던 김영삼 후보나 김대중 후보가 선출되도록 설계된 것이 아니다. 만일 이렇게 특정한 후보가 선출되도록 설계되었다면, 당시의 대통령직선제는 정당한 것이 아니다. 마치 군부정권의 인물이 선출되도록 설계되었던 당시의 대통령간선제가 정당한 것이 아니듯 말이다.

만일 대통령직선제의 선거절차가 김영삼 후보나 김대중 후보는 선출될 수 있고 노태우 후보는 선출될 수 없도록 설계됐다면, 권위주의 집권세력은 민주정치세력과 타협을 하지 않았을 것이다. 당시에 대통령직선제의 선거절차는 어느 후보든 국민의 지지를 많이 받으면 대통령으로 선출될 수 있도록 설계되었기 때문에 정치대타협이 이뤄졌던 것이다. 따라서 절차주의적인 입장에서 본다면, 민주적인 선거절차로 당선된 대통령은 누구든 정통성있는 민주대통령으로 치부하게 된다.

이렇게 절차주의적인 관점은 절차확립과 절차준수를 중요시한다. 확립된 절차를 준수한다면 장기적으로 결과도 보장된다고 믿고 있다. 우리의 경험으로 본다면, 당시에는 신군부인사인 노태우가 당선되었지만, 그 뒤에는 똑같은 절차로 민주인사인 김영삼 후보와 김대중 후보도 대통령으로 당선됐다. 문민정부와 국민의 정부가 출범했던 것이다. 물론 참여정부도 똑같은 대통령직선제 절차로 출범했다. 이런 경험으로 본다면 절차적 관점이 얼마나 강력한 민주주의의 이해방법인가를 알 수 있다.

선진민주국가에서는 민주주의를 이렇게 절차적으로 이해하고 있다. 선진민주주의 국가에서는 절차의 확립과 준수만이 민주주의를 수호하는 것이라고 믿고 있다. 그러나 아직도 우리나라에는 민주주의를 절차적으로 이해하지 않는 시민이나 정치인들이 많이 있다. 노태우 집권기에 불붙었던 논쟁을 예로 들어보자.

노태우가 집권하자 정계에 다시 복귀한 김대중과 김영삼은 대통령의 정통성에 문제를 제기했다. 노태우 대통령은 국민의 과반수 득표를 못했기 때문에 명실공히 국민 전체를 대표하지 못한다고 공격했다. 그러나 이것은 자기모순에 빠진 주장이었다. 왜냐하면 자신들도 과반수 득표를 기대하지 못하면서 대통령선거에 뛰어들었기 때문이다. 만일 대통령이 과반수득표를 해야만 한다면, 미리 대통령선거법에 과반수득표를 규정했어야 한다. 다수득표제로 대통령선거법을 만들어놓고 뒤에와서 과반수득표를 못했으니까 대표성이 약하다고 말하는 것은 앞뒤가 안 맞는 것이다.

이러한 논쟁은 물론 정략적인 것이지만, 깊이 살펴보면 당시의 민주인사들이 민주주의를 절차적으로 이해하지 않고 있었음을 보여주는 것이다. 물론 민주인사뿐만 아니다. 많은 시민들이 민주주의를 절차적으로 이해하지 않고 있다. 우리사회에서는 절차적 민주주의에 대한 믿음이 부족하다.

2004년 노무현 대통령의 탄핵과정에서 일어났던 여러 가지 사례들은 우리사회에서 절차적 민주주의에 대한 믿음이 부족하다는 것을 보여준다. 우선 노무현 대통령부터 살펴보자. 대통령 담화에서 대통령은 선관위의 선거법위반 통고문을 선관위와 달리 해석했다. 이것은 민주절차를 소홀히 하는 것이다. 선관위의 결정이 권고냐 경고냐는 선관위가 최종해석권을 가지고 있다. 헌법기관인 선관위에게 그러한 권한이 부여됐다면, 그들의 해석이 옳은 것이고 정당한 것이다.

국회에서 탄핵소추가 되었을 때, 열린우리당 의원들은 의회쿠데타라고 규정짓고 의원사퇴를 했다. 앞으로는 거리정치를 하겠다는 것이다. 이러한 행동은 정치행동으로 이해할 수 있다. 국민의 호응을 이끌어내어 총선에서 성공하고자 하는 정략일 수 있다. 그러나 차갑게 보자면, 의회결정을 의회쿠데타로 규정짓고 의원사퇴를 하는 것은 본질적으로 의회주의를 거부하는 것이다. 의회에서는 탄핵소추권이 있다. 의회에서 합법적으로 결정된 것을 거부한다면, 왜 다시 총선에서 승리하여 의회에 들어오려 하는가?

의회의 탄핵소추가 합당한 것인지는 헌법재판소에서 결정하게 되어

있다. 탄핵소추는 국회의 권한이지만 탄핵사유가 올바른지, 탄핵결정
이 합법적으로 되었는지를 결정하는 것은 헌법재판소의 권한이다. 헌
법재판소의 결정을 존중한다면, 국회의 결정도 존중해야 한다. 모두
합법적인 기관이기 때문이다. 헌법이란 여러 기관에 권한을 분배해 놓
은 것이고, 여러 기관은 헌법이 부여한 고유권한에 따라 행동한다. 헌
법은 누구의 견해가 옳으냐를 미리 결정해 놓지 않았다. 어느 견해가
옳으냐 하는 것은 고유권한을 가진 기관에서 결정할 일이다.

우리나라의 정치행태를 살펴보면, 유리할 때는 합법절차를 존중하
고 불리할 때는 합법절차를 무시하고 물리력을 행사하려는 경향이 많
다. 이번에 탄핵소추에서 민주당 및 한나라당이 유리한 고지에 있었기
때문에 오히려 합법절차를 존중했다고 보인다. 아마도 그들이 불리했
다면 그들도 열린우리당과 마찬가지로 합법절차를 무시하고 물리력을
행사했을 것이다. 우리는 이러한 행태를 과거에 많이 보아왔다.

최근의 정치행태를 이렇게 비판하는 것은 절차적 민주주의에 대한
믿음이 아직도 우리 사회에 부족하다는 것을 지적하기 위한 것이다.
아마도 민주주의의 성공을 가늠하는 잣대는 헌법에 명시된 권한과 절
차를 얼마나 존중하고 얼마나 준수하는가일 것이다.


## 3. 우리나라 민주주의의 성공조건은 무엇인가

우리나라는 시민사회가 크게 성장했다. 시민단체가 수없이 생겨나
는 것을 보면 이제 우리나라 시민사회도 웬만큼 조직됐다고 보인다.
이렇게 되기까지 우리는 권위주의시대 때 참을 수 없는 시련을 겪었
다. 우리는 민족자존심마저 억눌렀고, 아름다운 젊음들의 피와 땀을
희생시켰다. 수많은 사람들이 분통을 억누르며 권위주의 시절을 겪어
냈다. 이러한 고통의 결과로 우리는 경제성장을 이룩했고, 시민사회의

기반을 조성했다.

이제 우리는 민주주의를 성공시킬 수 있는 단계에 와 있다. 과거와 달리 민주주의를 성공시킴으로써 국가경제도 발전시킬 수 있는 문명단계에 와 있는 것이다. 그런데 민주주의를 어떻게 성공시킬 수 있을까? 앞서 지적했듯이 우리는 민주주의를 절차적으로 확립하고 준수해 나가야 한다고 보인다.

절차란 서로 다른 신념을 가진 사람들이 미리 합의해 놓을 수 있는 유일한 것이다. 신념이 각기 다른 사람들이 자신의 신념을 실현시키고자 상대방의 신념을 적대시하는 곳에서는 평화와 안정을 이룩할 수 없다. 그곳에서는 싸움밖에 없기 때문이다. 신념이 다를수록 신념의 내용에 관계없이 정해진 민주절차를 존중하고, 민주절차에 따라 결정된 것은 자기의 신념과 다르다고 하더라도 존중해야 한다.

절차적 민주주의는 다원사회를 전제하고 확립된 정치운영방법이다. 만일 하나의 신념만이 옳다고 여겨지는 북한과 같은 단원사회에서는 절차가 필요 없다. 절차는 형식에 불과하기 때문이다. 단원사회에서 이것저것 절차를 따질 필요가 어디 있겠는가? 정당하다고 인정된 신념에 어긋나는 것은 무조건 처벌해야 하니까 말이다. 그러나 다원사회에서는 신념과 견해들이 서로 다르다. 견해들이 서로 다르면 어느 일도 할 수 없다. 서로 다른 견해 가운데 어느 하나의 견해로 의사결정을 해야 한다. 이때 서로 다른 견해 가운데 어느 특정한 견해가 미리 정당하다고 여겨져서는 안 된다. 정당한 절차에 따라 결정되면 잠정적으로 옳은 것으로 치부되어야 한다. 잠정적 이유는 상황이 변하거나 시효가 지났을 때 다시 결정해야 하기 때문이다. 다시 결정하기 전까지는 이미 결정된 견해를 따라야 한다.

선거법에 규정된 공무원의 선거중립조항이 과거 군부정권 시절의 관권선거를 막기 위해서 정해진 것이기 때문에 지금 그대로 적용해서는 안 된다고 말해서는 안 된다. 국회에서 선거법을 개정하여 그 조항을 바꾸기 전까지 그 조항은 구속력을 가지고 있다. 문제가 있으면 다음에 고쳐서 새롭게 적용해야 하는 것이다.

절차적 민주주의가 성공하려면, 대립되는 견해가 적어도 깊이 검토됐다면 그것은 모두 합당한 것으로 여겨져야 한다. 노무현 대통령의 선거중립위반이 과연 탄핵사유가 되느냐 하는 것에는 헌법학자들도 의견을 달리한다. 헌법학자들까지도 의견을 달리한다면, 서로 대립되는 견해는 모두 합당한 것이다. 합당하면서도 일치하지 않는 것을 미국의 저명한 철학자인 존 롤즈는 '합당한 불일치'(reasonable disagreement) 라고 한다. 합당한 견해지만 서로 일치하지 않는 현상이 다원사회의 특징이라고 롤즈는 진단하고 있다.

만일 대통령의 선거법위반이 탄핵사유가 되느냐에 서로 대립되는 의견이 모두 합당한 것이라면 우리는 그렇게 열을 올릴 필요가 없다. 두 견해가 모두 합당하기 때문이다. 서로 피를 튀기며 싸울 필요가 없다. 왜냐하면 어느 견해도 민주주의를 배반하는 것이 아니기 때문이다. 그러나 두 견해를 모두 채택할 수 없기 때문에 우리는 국회에서 결정하고 또 헌법재판소에서 최종 결정하도록 헌법에 정해 놓았다. 헌법절차에 따라 이 문제가 결정되면 자기신념과 다르더라도 인정해야 한다. 결정된 견해도 자기견해와 마찬가지로 합당하기 때문이다.

한국 민주주의의 성공가능성은 이렇게 절차주의의 정치내면화에 달려 있다. 절차는 언제나 투명하다. 선거법 절차를 투명하게 준수한다면 누가 당선됐다 하더라도 우리는 신뢰하고 인정한다. 마찬가지로 헌법절차를 지켰다면 어떤 견해도 마땅한 것으로 받아들여야 한다.

한국사회는 다원화되어 가고 있다. 이에 따라 시민단체도 다양하게 조직화되어 가고 있다. 서로 신념이 다른 시민단체들이 수없이 생겨나고 있다. 그러나 이들이 거리로 나와 대치한다면 우리 사회는 혼란으로 치달을 것이다. 시민단체들도 절차적 민주주의의 강점을 받아들이고 합당한 절차를 밟았다면 어떠한 정치결정도 받아들여야 한다.

우리가 부정부패라고 치를 떠는 사건들은 모두 정해진 절차를 어긴 것이다. 정해진 절차를 어기려면 부정한 돈을 뇌물로 쓰지 않을 수 없다. 이것이 불법정치자금이고 이것이 부정부패의 원산지이다. 절차를 투명하게 만들고 절차에 따라 모든 것을 처리한다면 아마도 합리적으로 사회는 발전할 것이다.

유리할 때 절차를 따지고 불리할 때 절차를 넘어서려는 이중성을 탈피한다면 우리나라의 민주주의는 성공할 것이다. 이에 따라 우리나라의 국가경제도 튼튼해질 것이다. 우리는 영미와 유럽의 성공경로를 유심히 살펴보아야 한다. 이제는 우리도 민주주의와 국가경제란 두 마리의 토끼를 한꺼번에 잡아야 한다.

# 4 헌법에 의한 지배는 가능한가

김 종 철

## 1. 〈실미도〉, 국가, 그리고 법

영화 〈실미도〉가 천만 명 관객을 동원했다고 한다. 이 영화가 15세
관람가라는 점을 고려하면 관람가능인구의 3분의 1 정도가 관람한 것
이라는 이야기다. 지상파방송의 유명드라마나 스포츠중계가 시청가능
인구의 2분의 1 이상을 유인한 경우들도 있었지만 영화의 경우 별도의
관람비를 들여 영화관을 찾아야 한다는 점을 고려한다면 정말 경이적
인 기록이라고 할 만하다.

영상을 포함한 이미지에 의존한 의사소통방식이 인간관계 형성의 주
요한 수단이 됐다는 점을 감안하더라도 한 영화에 이렇듯 많은 관객이
동원됐다는 것은 그 영화가 가지는 특별한 요소가 있을 것이라는 짐작
을 가능하게 한다. 그 동안 일반인들에게는 알려지지 않았던 사실을

김종철(金鍾鐵)은 서울대학교 법과대학과 같은 대학 대학원에서 헌법을 전공한
후 영국 런던정경대학(LSE)에서 법학 박사학위를 받았다. 현재 연세대학교 법
학전문대학원 교수(헌법전공)로 재직 중이다. 헌법과 법이론이 전공분야로, 법
학교육 개혁 등 우리 사회의 법현실을 바로잡는 데에도 관심을 쏟고 있다. 《헌
법학입문》(공역), 《법학일반론》(공저)과 같은 역·저서 외에 각종 사회현안에
대한 시평을 쓰고 있다.

소재로 했다는 점, 영화의 배경이 현재 우리 사회의 중추를 구성하는 사람들이 성장했던 시대여서 여러 가지로 혼란스러운 세태에 과거에 대한 향수를 불러일으킨다는 점 등이 관객의 호기심과 흥미를 자극한 것이라고들 한다. 그러나 아마도 우리 현대사를 지배하는 국가권력의 남용현상이 초래할 수 있는 비극적 에피소드를 영상적 이미지로 포착해 낸 것이 그 많은 사람들을 이 영화로 유인하는 또 다른 이유가 아닐까 생각해 본다.

〈실미도〉에서 국가는 그 구성원인 개인의 자유와 권리를 보장하기 위한 존재로 그려지지 않는다. 오히려 국가는 목숨을 담보로 최소한의 인간으로서의 존엄과 가치마저도 보장받지 못하는 훈련으로 내몰고, 그 목숨의 연장을 위해 목숨을 걸고 사지로 나가고자 몸부림치게 만들며, 급기야는 정세의 변화로 활용가치가 사라지자 체제의 정당성을 훼손당하지 않기 위해 그들의 목숨을 빼앗으려는 무자비하고 비합리적인 존재이다. 정보기관의 오 국장이 684 부대원의 사살명령을 거부하는 부대장을 국가의 이름으로 협박하는 모습이 이 모든 것을 상징한다.

그러나 따지고 보면 국가권력작용에 의해 개인의 생활이 영향을 받는 경우란 실미도 사건의 경우처럼 극단적인 모습으로만 우리에게 다가오지 않는다. 오히려 우리 삶의 모든 부분은 국가권력작용과 연계되어 있다고 해도 지나친 과장이 아니다. 우리가 공기로 호흡하고 살지만 공기의 존재를 평소에는 잘 인식하지 못하듯이, 권력작용도 워낙 우리의 생활 속에 스며들어 있기 때문에 그것이 극적으로 드러나는 경우 외에는 잘 인식하지 못한다.

현대사회에서 국가는 우리가 먹고, 마시고, 놀고, 공부하고, 돈벌고, 사람과 사귀는 모든 활동에 직접, 간접으로 개입하고 있다. 우리가 마시는 물은 수돗물이든 생수이든 국가의 관리체계를 벗어날 수 없다. 우리의 먹거리를 생산하고 유통하고 소비하는 일도 국가적 관리체계를 벗어나 있지 않으며, 공부하는 데에도 아무 과외나 받을 수 없고 원하는 학교에 무조건 갈 수 없으며, 몸이 아파 병원에 가는 것도 국가가 정한 순서를 밟아야만 하고 마음대로 약을 사먹지도 못한다. 우리의 돈벌이도 국가적 통제망에서 벗어나서 이뤄질 수 없고, 노동의 대가에 대해서는 일정한 세금을 납부하여야만 한다.

우리가 언제 태어났고 어디에 살고 있으며 우리의 가족은 누구이며 어떤 직업을 가지고 있는지 등 주요한 개인신상정보는 국가가 수집, 보관, 활용하고 있다. 우리는 자신의 신체를 부당하게 구속당하지 아니하고 원하는 곳을 이동하여 공부하거나 직업을 가질 기본적인 자유를 가지고 있지만 현실적으로 이 자유는 국가가 법으로 설정한 한계를 벗어날 수 없다.

우리가 대한민국이라고 부르는 국가공동체에 소속되어 있는 이상 그 국가의 이름으로 행해지는 작용은 모두가 우리의 일상생활을 대상으로 하고 있다. 이처럼 국가가 보모(nanny)처럼 우리 삶의 일거수일투족과 관계하고 있는 것이 오늘날 우리 생활의 일반적인 모습이다.

이런 생활의 모습은 인간은 자유롭고 독립된 존재라는 오늘날에는 지극히 당연한 명제를 무색하게 할 정도이다. 그러나 곰곰이 따져보면 일상생활에서 국가의 비중이 큰 것은 오히려 인간의 자유와 독립성을 확대하는 과정에서 나타난 필연적 결과임을 어렵지 않게 알 수 있다. 인간은 자연적으로 자유롭고 독립적일 수 있지만 유감스럽게도 무제한 자유롭고 모든 외부적 관계로부터 단절될 수는 없다. 인간이 절대고도의 무인도에서 생활한다면 모르지만 공동체 속에 삶의 근거를 두는 이 상사회적 관계를 떠나서는 삶을 영위할 수 없기 때문에 다른 사람들과의 관계 속에서 그들에게 주어진 자유와 독립성을 훼손하지 아니하는 범위 내에서만 자유롭고 독립적일 수밖에 없다는 한계 속에 존재한다. 결국 인간은 개체로 존재하지만 삶은 사회적으로 살아야 하기 때문에 서로에게 주어진 자유와 독립성을 다른 사람들과 공유하는 공존의 길을 모색해야만 한다.

이러한 인간의 존재적 조건은 필연적으로 공존의 규칙을 요구한다. 이러한 공존의 규칙은 도덕이나 법의 형태로 존재하게 된다. 특히 국가작용을 배경으로 하지 아니하는 도덕과는 달리 법은 국가권력작용에 의해 강제적으로 관철되는 성격의 특별한 규칙이다.

일상생활에서 국가의 관여범위가 커졌다는 것은 국가의 작용을 근거 짓는 법의 비중이 커진 것을 의미하며, 법의 비중은 인류사회가 이른바 근대사회로 전환되면서 기하급수적으로 늘어왔다고 할 수 있다. 그러나 증가한 것은 법의 수뿐만 아니라 법의 기능이다. 근대화 이전의 법은 주로 자유를 제한하고 억압하기 위한 기능이 중심이었다. 심지어 인간이 누리는 자유조차 당연한 것이 아니라 지배자가 부여하는 은혜에 불과했었다. 그러나 오늘날은 인간의 자유는 당연한 것이고, 이를 제한하는 법은 이런 자유를 더욱 강화하기 위하여 존재하는 것이다. 즉, 법은 과거처럼 억압적 기능을 수행하기보다는 이해관계를 조정하여 원활하고 안전한 사회관계가 형성되도록 돕기 위한 수익적 성격이 강하다.

예를 들어, 우리가 마시는 물에 대하여 국가가 관리체계를 가지고 있다는 것은 국가구성원이 안전한 물을 마시게 하려는 목적에서이지 우리의 물 마실 자유를 속박하기 위한 것은 아니다. 우리가 원하는 학교를 가지 못하게 하는 것도, 마음대로 과외를 하지 못하게 하는 것도 교육수준을 균질하게 하고 불필요한 교육비용을 절감하여 전체 사회적으로 바람직하게 교육이 이뤄질 수 있도록 하게 하려는 의도이다. 따라서 우리의 행동을 규제하는 법의 수가 증가하였지만 한편으로 우리는 조선시대에 비하여 훨씬 자유롭고 독립적이라고 느낄 수 있다. 기능이 다른 법의 증가가 결국은 자유의 증가를 목적으로 하는 것이기 때문이다. 그것은 법이 자연적 자유를 일정부분 통제함으로써 사회관계 속에서 다수인의 자유를 최대한 이끌어내기 위한 수단으로 기능함을 알 수 있다.

그러나 유념할 것은 근대 이후 법이 보여주는 질적 변화는 그냥 세월이 흘러서 자연적으로 이뤄진 것이 아니라는 사실이다. 그것은 억압의 수단이든, 생활의 편의성과 안정성을 확보하기 위한 수단이든 법이 누구에 의하여 어떤 절차로 어떠한 한계 속에서 만들어져야 하는 것인가에 대한 인식의 변화가 있었기 때문에 가능했다. 이러한 인식의 변화는 입헌주의라는 정치사상의 발전을 배경으로 하고 있고, 입헌주의는 인간이 자유롭고 독립된 존재로 서로간에 원칙적으로 평등한 관계에 있다는 사상이 전사회의 공감대를 얻게 되면서부터 지배적 가치가 되었던 것이다. 그러므로 무엇이 우리의 공동생활을 지배하며 또 지배해야 하는지를 이해하려면 입헌주의라는 정치사상이 가지는 의미를 제대로 파악할 필요가 있다.

## 2. 입헌주의란 무엇이고 무엇을 지향하는가

헌법주의라고도 부르는 입헌주의는 한마디로 헌법에 의한 지배를 의미한다. 헌법에 의한 지배는 법이라는 객관적으로 확정된 기준에 의하여 우리의 생활이 규제되어야 한다는 법치주의의 전제가 되는 것으로, 이것과 대비되는 지배의 형태는 자의(恣意)적인 지배라고 할 수 있다. 예를 들어, 근대시민혁명이 성공하기 전의 체제를 구체제라고 부르는데 이 체제의 주요한 특징은 공동체의 운명이 군주의 운명과 동일시되고 공동체구성원들에 대한 지배도 공동체를 표상하는 군주들의 의사에 의해 좌우됐다. 물론 그런 구체제에도 법은 있었지만 이때의 법은 군주의 의지에 의해 얼마든지 변경가능한, 즉 법 위에 군주가 군림하는 체제였다.

그러나 입헌주의는 이처럼 법 위에 지배자가 군림하는 것을 용납하지 않는다. 입헌주의체제에서 법은 공동체의 구성원으로 법의 통제를

88

받게 되는 개인들의 의사에 의해 형성되고 일단 법이 형성되면 누구라
도 그 법의 통제를 받아야 한다. 동시에 법을 통한 개인들의 생활통제
의 목적도 단순히 개인들의 자유로운 상태를 억압하기 위한 것이 아니
라 자유를 질서롭게 행사하도록 함으로써 공동체의 모든 사람들이 조
화 속에서 자유를 향유할 수 있게 하는 데 있다. 그리고 법들간에도
위계질서가 있어서 가장 기본적인 가치를 담고 공동체의 구성과 운영
이 어떻게 이뤄져야 하는지를 정하는 근본법이 있고, 그 근본법이 정
한 권한과 절차에 따라 구체적인 하위의 법들이 제정되어 직접적으로
우리의 생활을 규제하게 된다. 이때 최상위의 근본법이 헌법인 것이
며, 하위의 법들은 헌법에 의해 제정되는 것이므로 헌법에 어긋나게
되면 법으로서의 효력을 상실하게 된다. 이 모든 논리적 명제들을 정
리하면 공동체의 구성원의 자유와 평등을 제대로 구현하기 위해 그들
의 총의를 모아 공동체의 근본규범으로서의 헌법을 형성하고 이 헌법
을 정점으로 법질서가 마련되어 이 법질서에 의해 공동체가 구성되고
운영되어야 한다는 정치사상이 입헌주의이다.

입헌주의의 의미를 설명하는 과정에서 드러났듯이 이 사상이 전제하
고 있는 것은 무엇에도 양보할 수 없는 최고의 가치인 인간으로서의
존엄을 가지는 개인의 자유와 평등이다. 인간으로서의 존엄과 가치를
가지는 개인은 누구든지 성별, 종교 또는 사회적 신분에 의하여 정치
적, 경제적, 사회적, 문화적 생활의 모든 영역에서 차별받지 아니하
고, 신체의 자유를 가져서 법률과 적법한 절차에 의하지 아니하고는
처벌받지 아니하며, 거주이전의 자유를 가지고, 직업선택의 자유를 가
지며, 양심의 자유와 표현의 자유를 가진다. 그리고 자유롭고 독립적
이며 평등한 개인들이 그들의 자유와 권리를 최대한 향유하기 위하여
그들의 관계를 규율하는 규칙을 그들 스스로의 의사에 의해 형성하고
그들의 의사에 따라 구현하는 제도를 갖추는 것을 요청하는 민주주의
가 그 기본요소가 된다.

입헌주의는 이처럼 자유주의와 민주주의를 기본요소로 하지만 이들 가치를 헌법이라는 객관화된 규범을 통해 실현하고자 한다는 점에서 다른 정치사상들과 구별된다. 즉, 우리의 공동체생활을 지배하는 기본 적인 규칙으로 헌법, 특히 성문으로 제정된 헌법을 제시하고 있다는 점에서 특이하다. 입헌주의를 지향하는 국가공동체에서 헌법은 공동체 의 질서를 유지하기 위한 최고의 규범이다. 헌법은 국가공동체가 어떤 가치를 가지고 성립되었으며 그 가치를 실현하기 위해 어떤 제도를 형 성하고 운영하는가를 정하고 있기 때문이다. 그러므로 헌법이 정하는 가치와 제도에 어긋나는 규범이나 그런 규범에 근거한 국가행위는 그 효력을 상실하게 된다.

입헌주의는 헌법에 의하여 독립된 정체성을 가지는 개인의 자유와 권리를 최대한 보장하는 데 최고의 가치를 부여하고 있는데 이 목적을 달성하기 위해 기본적으로 세 가지 방식을 원론적으로 채택하고 있다.

첫 번째 방식은 국가가 행사할 수 있는 권력이 어떠한 것이며, 그 권력을 행사하기 위해서는 어떠한 조건이 충족되고 어떤 절차를 거쳐 야 하는지를 헌법에 명문으로 직접 규정하거나 일정한 범위를 정하여 법률에 위임하는 것이다. 이 방식을 궁극적으로 구현하는 헌법적 원리 가 법치주의이다. 헌법은 일반적이고 추상적인 상황이나 관계를 전제 하거나 대상으로 하는 것이므로 현실에서 발생하는 구체적 관계에 적 용되기 위하여 구체화해야 할 필요가 있다. 헌법원칙의 규범적 구체화 는 기본적으로 헌법에 의해 구성되어 헌법이 정하는 한계 내에서 작용 하는 권력체(이른바 통치권력, 공권력 혹은 국가기관)에 의해 이뤄진다. 가장 대표적으로 헌법적 원칙을 규범적으로 실현하는 권력작용은 입법 행위이다. 입법행위는 공동체의 주체적 구성원으로서의 국민이 그들의 대표로 구성되는 입법부를 통해 공동체의 구성과 운영에 관한 의사결 정을 법률이라는 규범의 형식으로 확정하는 행위이다. 국가권력의 행 사를 국민의 대표자가 제정한 법률에 의하도록 하는 원칙이 법치주의의 기본적 요청이다.

두 번째 방식은 개인의 기본적 인권을 국가의 권력남용에 대항할 수 있는 특별한 권리로 헌법에 의하여 보장하는 것이다. 이 권리를 일반적으로 기본권으로 부르고 있다. 개인의 기본적 인권을 헌법에 실정화한 것은 자의적인 권력의 행사로부터 개인의 자율성을 확보하는 것이 공동체형성의 기본목적임을 분명히 한 것으로 공동체의 존립의의를 밝혀주는 주요한 헌법상의 증거이기도 하다.

세 번째 방식은 국가권력의 실질적 행사자는 결국 인간인 것이고, 권력자로서의 인간은 주어진 권력을 남용할 가능성이 높다는 판단하에 국가권력을 그 기능적 역할에 따라 구분하여 분할된 기관에 배분하고 이들 기관간의 견제와 균형을 통해 권력남용의 위험성을 억제하도록 하는 방법이다. 이와 같은 원리를 권력분립의 원칙(the separation of powers principle)이라 한다. 근대국가들은 권력분립의 원칙을 구현하기 위하여 국가기능을 삼분하는 삼권분립의 태도를 취하는 것이 일반적이었다. 즉, 기본적으로 국가의 기본정책을 법률의 형식으로 결정하는 입법활동을 국민의 대표자로 구성되는 의회에, 이 법률에 의해 정해진 정책을 구체적으로 집행하는 행정활동을 역시 국민의 신임에 기초하여 구성되는 행정부에, 그리고 법적 분쟁의 해결과정에서 법을 해석하고 적용하는 사법활동을 전문적 식견을 갖춘 전문가들로 구성되는 법원에 삼분하여 맡기고, 전근대적 사회에서처럼 어느 기관이 독점적으로 공동체의 정책을 형성·집행·적용하는 것을 금지했다.

## 3. 인류사에서 입헌주의는 어떻게 발전했는가

우리가 유념할 것은 자유와 민주라는 입헌주의의 기본가치들이 자연적으로 우리에게 주어진 것이 아니라 전인류의 끊임없는 노력에 의해 쟁취된 것이고 앞으로도 그 보장의 수준을 높이기 위해 계속해서 노력해야 할 가치라는 점이다. 그 과정을 일찍 그 가치를 발견하였고, 비교적 정형화된 발전의 과정을 설명하기 쉬운 서구사회의 경우를 중심으로 설명해 보자.

### 1) 제1단계 - 근대시민국가의 단계

인간이 자유롭고 독립된 사회적 존재라는 사실 자체가 부인되던 것이 불과 수백 년 전 인류사회의 모습이었다. 대부분의 인간은 토지에 속박된 생산의 수단이거나 단순한 정치적 지배의 대상에 불과했다. 심지어 일부의 인간들은 그 태생과 같은 사회적 신분이나 피부색과 같은 신체적 특성을 이유로 자유롭고 독립된 존재로서의 지위를 인정받지 못하고 짐승과 마찬가지로 취급하는 노예의 삶을 강요당하기도 했다. 이처럼 부자유하고 사회적 속박에 종속된 개인들이 그러한 굴레를 벗고 주체적 지위를 인정받는 세상이 되기 위해서는 정치·경제·사회·문화의 모든 삶의 영역에서 근본적인 인식의 변화를 요구했다. 모든 삶의 영역에서 개인의 존재와 지위에 대한 근본적인 인식의 변화가 근대사회의 주요한 특징이 되며, 이런 근대사회의 탄생을 상징적으로 보여주는 역사적 계기가 바로 프랑스의 시민혁명이라고 할 수 있다.

시민혁명으로 상징되는 근대사회의 형성이 자유롭고 독립된 개인들이 주체가 되는 공동체를 형성하게 되는 배경을 살펴보자. 가장 우선적으로 언급할 수 있는 배경은 사회문화적 변동이다.

첫째로 13세기 이후 고대 희랍문명의 재발견을 통한 인간중심적 문명의 부흥운동(Renaissance)을 들 수 있다. 이 운동으로 인간이 더 이상 정치·종교·법·경제 영역에서 자율성을 박탈당한 수동적 객체가 아니라는 인식이 전파됐다.

둘째로 종교개혁이 인간해방의 계기가 됐다. 신의 피조물로서 신으로부터 특별한 사명을 부여받은 성직자들의 일방적 지배의 대상이 되었던 개인들은 구텐베르크의 금속활자 발명 이후 눈부시게 전개된 인쇄기술의 발달과 민족주의의 유포로 자국의 언어로 번역되어 손쉽게 구할 수 있는 성경을 통해 직접 신의 뜻을 접할 수 있는 기회를 가지게 되었고, 신의 이름으로 부와 권력을 독점해 온 성직자들의 부조리와 부패를 인식하게 됐다.

셋째로 자연권사상의 발전을 주목할 필요가 있다. 인간은 태어나는 순간부터 누구도 함부로 침범할 수 없는 기본적인 자유를 향유할 권리가 있음이 인정되고 토지나 신분적 굴레로부터 해방시키는 정치 및 법사상들이 발전했다.

넷째로 계몽주의는 이성을 가진 인간은 자유롭게 자신의 의지에 기하여 자신의 공동체가 나아갈 방향을 기획할 수 있고 그 기획의 도구가 될 실증적인 학문들을 발전시킴으로써 공동체의 질서있는 운영을 가능하게 뒷받침했다.

다섯째로 경제적 변화이다. 경제적으로도 토지에 결박된 농노를 생산력의 중심으로 하는 장원경제라는 폐쇄적 자급자족체제는 과학기술의 발전과 결합한 상업, 산업자본의 성장에 의해 도저히 안정적 재생산능력을 유지할 수 없게 되었고, 자치도시와 궁극적으로는 국민국가의 발전과 더불어 해체의 운명을 맞게 된다. 새로운 경제체제는 토지나 신분적 제약을 받지 않고 자율성을 가지는 개인으로서의 상인 및 기업가들과 임노동자들의 생활관계에 의해 유지되는 자본주의체제였다. 즉, 자본주의 경제체제의 성장은 그 부정적 평가에도 불구하고 개인중심의 사회관계를 발전시키는 주요한 계기가 됐다.

이렇듯 새로운 사회·경제·문화적 질서는 이들 생활영역의 안정성을 담보해 줄 수 있는 정치체제를 요구하였으며, 절대왕정은 국민국가를 구축하여 관료제, 상비군제, 조세제도, 성문법전의 제도적 장치들을 통하여 잠정적으로 그와 같은 시대적 요구에 부응했다. 그러나 절대왕정의 자의적 권력행사는 새로운 체제의 장기적 안정성을 담보하기에는 취약했고, 오히려 사회적 갈등의 원인을 제공하여 체제불안 요인으로 작용하게 됐다. 중세 봉건영주를 대체하여 세금을 통해 국왕권력의 물적 기반을 제공하던 시민계급은 자신들의 생명, 자유, 재산을 보다 항구적으로 관리해 줄 수 있는 체제는 그들 스스로가 국가권력의 주체로 서는 것이며 국가권력이 합리적 규범에 의해 통제되는 체제임을 자각하고 시민혁명을 통해 시민국가를 이룩했다. 시민국가는 프랑스 인권선언 등을 통해 확인할 수 있듯이 자유·평등·박애를 추구하기 위해 권력분립의 원칙을 통해 구성된 정부가 성문헌법에 의해 지배를 하는 정치적 공동체, 즉 입헌주의적 공동체를 지향했다.

## 2) 제2단계 - 선거권의 확대와 사회주의의 대두

근대시민혁명 초기의 입헌주의적 공동체는 불완전한 것이었다. 우선 자유방임형 자본주의체제는 시장의 실패에 따른 자원분배의 비효율성과 불균형으로 인한 부익부 빈익빈 현상의 심화, 주기적 경제공황의 도래, 국제적으로 제국주의 전쟁의 심화 등을 계기로 사회적 모순이 격화되면서 그 모순해결을 위한 국가적 개입(state intervention)을 요구하게 된다. 무엇보다도 신체의 자유, 양심의 자유 등 시민적 권리가 보장되었지만 경제적으로 생계가 제대로 유지되지 아니하는 상황에서 이러한 시민적 자유의 보장은 유명무실한 것이었으며, 오히려 사유재산을 절대적으로 보장하고 경제적 활동의 자유를 무제한 보장함으로써 경제적 독점이 더욱 강화되고 노동력만으로 생활하는 대다수 국민들은 시민혁명의 과실을 제대로 향유할 수 없었기 때문에 경제생활에서의 최소한의 사회적 보장이 필수적인 과제로 등장했다.

또한 초기 시민국가의 정치체제에서 급진적인 정치개혁을 통제하기 위해 인정되었던 제한선거 및 차등선거는 정치과정에서 소외되고, 소득불균형으로 시민혁명의 결과물로서의 자유의 향유에서 실질적으로 배제되었던 노동자계급의 불만을 야기하여 이들이 또 다른 정치적 세력화를 추진하게 되고 그 중 급진적인 부류는 의회민주주의 타도를 주창하는 공산주의혁명을 추진하기에 이르렀다.

이제 구질서가 된 근대입헌국가를 근본적으로 대체하는 새로운 체제를 수립할 것인가(사회주의혁명의 길), 아니면 근대 입헌주의의 수정을 통해 경제적으로 '시장의 실패'를 보완하고 사회적으로 기초생활권의 보장을 통해 인간으로서의 기본적 자유를 향유할 수 있는 물적 기반을 보장해주는 체제로 전환할 것인가(복지국가로의 전환)의 선택만이 남았던 것이다. 서구에서 주류인 자유주의자들은 국가의 적극적 개입을 통한 경제·사회체제의 안정화를 도모하는 한편 선거권 확대를 통해 대의제의 민주적 정당성을 강화하는 개혁, 즉 대의민주제의 근본틀을 유지하면서 사회주의를 다원적 가치의 하나로 승인하는 복지국가 노선을 추진하게 된다.

## 3) 제 3단계 - 현대복지국가의 등장과 헌법재판제도의 발전

복지국가의 등장은 국가가 국민의 기초생활조건에 대하여 보장할 의무를 부담하는 것을 골자로 하고, 국민은 시민적 자유와 마찬가지로 인권으로서 이러한 기초생활보장에 관한 청구권을 국가에 대하여 행사할 수 있는 사회권(social rights)을 기본적으로 인정받게 됐다. 의료보험, 의무교육, 실업보험 등 기초생활의 안정을 확보하는 제도적·법적 장치를 통해 시민혁명이 지향하였던 개인의 자유와 권리가 보장되는 사회가 보다 현실화됐다. 그러나 기존의 시민적 자유와 더불어 새로이 인정받게 된 사회적 권리가 국가에 의해 제대로 보장되지 못하거나 오히려 침해될 때 이에 대한 보장체계가 마련되지 아니하면 그러한 자유와 권리의 인정은 공염불에 불과하게 된다.

그리하여 현대입헌국가들이 새로이 강화하게 된 제도적 장치가 헌법재판제도이다. 헌법재판제도는 국가권력의 행사가 입헌주의의 목적에 맞게 국민의 자유와 권리를 최대한 보장할 수 있는 방향으로 이뤄지는지를 독립된 헌법기관에서 심사할 수 있도록 하는 장치이다. 대표적으로 국민의 대표기관이지만 국민 의사에 반하여 국민의 자유와 권리를 부당하게 침해하거나 헌법에 위반하는 방향으로 입법권을 행사하는 경우 그 입법의 효과를 무효화하는 제도인 위헌법률심사제도와 국가기관이 헌법이 보장하는 국민의 기본적 인권을 침해하는 조치를 취한 경우 그 조치의 효력을 상실시키는 헌법소원제도가 있다. 제2차 대전이 종결된 후 대부분의 입헌국가들은 헌법재판제도를 대폭 강화함으로써 입헌주의의 기본가치인 자유와 민주를 더욱 실질화하는 노력을 계속했다.

## 4. 우리에게 헌법에 의한 지배는 가능한가

### 1) 한국사에서 입헌주의는 어떻게 발전했는가

서구사회를 중심으로 입헌주의가 지배적인 정치사상으로 확고히 자리를 잡았으나 우리나라의 경우 입헌주의가 확립되기에는 더욱 오랜 시간이 필요했다. 형식적으로 한민족공동체 입헌주의에 의해 국가공동체를 창설한 것은 1948년 건국헌법의 제정시점부터라고 할 수 있다. 그러나 1948년 이전에도 우리 민족은 입헌주의적 이상과 융화될 수 있는 덕치주의 및 민본주의 정치이념이 지속적으로 발전해 왔으며, 특히 19세기 중반 이후 서구의 발전된 입헌주의를 접한 선각자들이 이 정치사상을 우리나라에 수용하기 위한 노력을 게을리하지 않았다. 그러나 불행하게도 이런 선각자들의 노력은 대중적 지지의 부족과 급변하는 대외정세와 맞물려 실패했고, 급기야는 국권을 침탈당하여 국가공동체의 주권이 상실되는 비운을 맞았다. 그러나 식민지배하에서도 입헌주의를 향한 우리 선조들과 선배들의 노력은 계속되었으며, 대표적으로 1919년 3·1 독립운동은 독립된 국민국가적 공동체를 수립하려는 시민혁명적 운동이라고 볼 수 있다. 그 결과인 상해에서의 대한민국임시정부의 수립은 한민족의 입헌주의에 대한 열망을 공식화한 계기가 되었고 1948년 건국의 이념적 기초를 제공했다.

1948년 한반도의 북위 38도 이남지역에서 수립된 건국헌정은 비록 모든 정치세력이 참여하지는 못했으나 대부분의 국민이 참여하여 제헌의회를 구성하고 헌법을 제정하여 헌법이 지배하는 시대를 열었다는 점에서 자못 그 의의가 크다고 하겠다. 그러나 주권자인 국민과 국민대표자들의 입헌주의에 대한 자각수준은 여전히 높지 못하여 건국 초기의 입헌주의는 제대로 정착되지 못하고 특정인물이나 정치세력이 국민의 이름으로 군림하는 반입헌주의적 독재의 행태가 지속됐다.

민족동란이라는 민족사적 전란을 겪으면서도 헌법이 지배하는 사회를 건설하기 위한 노력보다는 헌법을 이용하여 권력을 차지하려는 정쟁이 계속되어 입헌주의적 절차와 정신을 유린하는 헌법개정이 1952년과 1954년 두 차례에 걸쳐 있게 됐다. 발췌개헌과 사사오입 개헌으로 불리는 이 개헌은 이 땅에 헌법에 기초한 민주주의가 요원함을 보여주는 상징적 사건이 되었으며, 결국 민주헌정의 기초인 선거에 대한 부정이 광범위하게 이뤄진 데 대하여 국민들의 분노가 폭발, 건국 이후 최초의 시민혁명인 4·19 민주혁명으로 이승만독재체제는 붕괴되고 새로운 헌정이 출범했다. 그러나 4·19 민주혁명에 의해 새로이 출범한 민주당 정부는 국정을 효율적으로 운영하지 못하고 표류, 일부 군인의 군사쿠데타를 초래함으로써 미완의 혁명으로 끝나고 말았다.

2년에 걸친 군정은 국민의 민주회복의 열망에 따라 새로운 민주헌법을 제정하여 민정으로 이양되었으나, 군사쿠데타의 주역 박정희 장군이 선거에서 승리하여 계속 정권을 잡음으로써 군정연장이라는 비판을 받았다. 더구나 박정희 대통령은 헌법정신과 절차에 반하여 무리하게 삼선을 금지한 헌법을 개정한 후 삼선에 성공했고, 곧이어 1972년에는 친위쿠데타를 통해 입헌주의를 부정하는 유신헌법체제를 출범시켜 장기독재 시대를 열었다. 유신체제는 권력분립 원칙을 부정하며, 통일주체국민회의라고 명명된 초헌법적 기관을 통해 민주주의를 유린하고 국민의 자유와 권리를 원천적으로 부정하는 체제를 수립했기 때문에 이 시기는 불완전한 입헌주의마저도 종말을 고한 입헌주의의 암흑기로 기억된다.

그러나 민주회복을 위한 열망과 용기를 가진 국민은 최소한의 정치적 표현의 자유마저 보장하지 않는 유신체제의 폭압성에 굴하지 않고 유신철폐를 위한 민주화운동을 계속했다. 급기야 1979년 부마항쟁을 계기로 수세에 몰렸던 집권세력의 내분에 의해 박정희 대통령이 암살됨으로써 유신체제-군사독재는 사실상 종말을 고하는 듯했다. 그러나 전두환 장군 등 유신체제에 의해 정치군인으로 육성된 일부 군부가 사조직인 하나회를 기반으로 1979년 12월 12일 군사반란을 일으켜 군권을 장악한 후 1980년 5월 광주민주항쟁을 폭력적으로 진압하고 그 수괴인 전두환이 유신헌법이 정한 절차에 따라 대통령에 취임하여 유신체제는 실질적으로 지속됐다. 입헌주의를 부정하는 신군부세력은 대통령간선제를 골자로 하는 신헌법을 제정하고 통일주체국민회의를 대통령선거인단으로 대체한 체육관선거를 통해 다시 전두환을 대통령으로 선출한 가운데 정치적 경쟁자들의 정치적 자유를 제한하고 정치적 언론의 자유를 사실상 억압하는 반입헌주의적 지배를 지속했다.

그러나 유신체제가 사실상 연장된 데 반대하는 국민들은 1985년 국회의원 선거에서 정치규제에서 일부 해금된 정치인들이 구심점이 된 신한민주당을 제1야당으로 선택했다. 이 선거에서 신한민주당은 득표율에서는 제1당인 민주정의당을 앞섰지만 불합리한 선거제도 때문에 제1야당에 머물렀기 때문에 민주회복을 위한 국민의 열망이 어느 수준에 있는지가 극명하게 표출된 계기가 됐다. 총선 민심은 한국 입헌주의의 기본전제가 되는 국민의 정부선택권을 실질적으로 보장하는 대통령직선제 개헌운동으로 활기차게 전개되어 1987년 6월 시민항쟁으로 이어졌다. 당시 집권당의 대통령후보가 될 노태우는 결국 민심에 굴복, 대통령직선제를 골간으로 하는 여야합의의 새로운 헌법 탄생을 마지못해 수용했는데 그것이 현행 헌법이다.

현행 헌법은 시민혁명적 계기에 의해 제정됐으며, 대통령직선제를 통해 국민주권에 의한 정부구성의 기초를 형성하여 네 차례의 평화적 정권교체를 이루고, 헌법재판소 창설을 통해 국민기본권을 실질적으로 보장하는 체제를 발전시킴으로써 비로소 한민족공동체에 입헌주의가 제대로 정착된, 헌법의 지배를 가능케 하는 사회적 토대를 마련했다.

이렇듯 우리 공동체에서 입헌주의가 제대로 기능하기 시작한 것은 채 20년이 되지 않지만 가깝게는 1948년 이후, 멀게는 한반도에 우리 민족의 정치적 공동체가 태동한 때부터이다. 개인의 자유와 권리가 보장되고 공동체의 운영이 민주적으로 이뤄지는 사회를 향한 우리 민족의 노력은 끊임이 없었고, 오늘 우리가 기본적으로 누리게 된 입헌주의의 과실(果實)은 그간 수많은 선조와 선배들이 흘린 피와 땀 덕분임을 기억해야 할 것이다.

2) 무엇이 우리 사회에서 헌법에 의한 지배를 가로막는가

1987년 이후 우리는 민주화와 자유화를 지속적으로 추진함으로써

입헌주의를 더욱 발전시켜 왔지만, 여전히 입헌주의를 저해하는 요소
들은 우리 사회에 상존한다. 입헌주의는 앞서 밝혔듯이 무엇보다도 인
간으로서의 존엄과 가치를 가지는 개인들의 자유와 권리를 최대한 보
장하고, 그들의 자유로운 의사형성에 의해 공동체가 운영되도록 이런
가치와 원칙을 담은 헌법에 의한 지배가 이뤄지도록 하는 것이다. 그
전제조건은 자유와 민주라는 가치에 대한 확신, 더 나아가 이들 가치
를 실현하는 기본원리와 절차를 담고 있는 헌법에 대한 국민들의 전폭
적 신뢰가 있어야 한다. 헌법이 지향하는 가치를 부정하거나 이들 가
치를 실현하기 위한 절차와 제도를 어기는 모든 행위에 대해 국민이
궁극적인 책임을 지려는 자세가 필요하다. 이러한 헌법에 대한 의지와
신뢰가 군건하면 할수록 권력자들은 헌법을 유린하고자 하는 유혹을
포기하게 될 것이다.

미국처럼 오랜 입헌주의의 역사를 가진 나라에서는 헌법을 일종의
시민종교에 비유하기도 한다. 세속화된 현실세계에서 헌법은 종교의
성전과 마찬가지의 존중을 받는 것이다. 우리가 헌법에 의한 지배를
실현하기 위해서는 무엇보다도 신앙과 같이 헌법의 정신과 제도를 존
중해야 한다. 그러나 그런 자세는 단순히 주어지는 것이 아니며, 무엇
이 입헌주의를 저해하는지에 대해 끊임없이 자기진단하고 잘못된 습성
과 제도를 바꾸려 노력해야만 한다. 그렇다면 우리 사회에서 입헌주의
를 저해하는 요소들로는 무엇이 있는지를 이야기해 보자.

우선, 입헌주의의 출발점은 다원주의나 개인의 자율성을 인정하는
것이므로 이러한 다원주의나 개인의 자율성을 인정하지 않는 이데올로
기나 전통을 우리는 과감히 혁파해야 한다. 전체를 위해 개인을 희생
해야 한다는 미명하에 개인의 자율성을 전혀 인정하지 않는 전체주의
는 용납될 수 없다. 개인을 우상으로 숭배하며 개인의 자율성을 부정
하는 북한식 사회주의체제는 어떤 명분으로도 용납될 수 없으며, 우리
사회의 문제점을 들어 북한식 체제로의 전환을 주장하는 것을 경계해

야 한다.

또한 우리가 입헌주의를 성취하기까지 오랜 독재체제를 경험하면서 우리 사회에는 불합리한 권위주의적 요소가 너무나 많이 만연하고 있는 것도 시정되어야 한다. 자신과 같은 의견과 취향을 가지지 않는다는 이유로 스스로의 독자적 판단에 따른 의견이나 행동을 우리가 얼마나 무시했는지 곰곰이 생각해 볼 문제이다. 나이나 직위가 높다는 이유로 필요 이상으로 다른 사람의 복종과 순응을 강요하지는 않았는지도 잘 따져보아야 한다. 권한을 남용하여 그릇된 지시에 따르도록 강요하는 것도 잘못된 권위주의의 산물이다. 그러나 불합리한 권위주의와 정당한 권위에 대한 존중을 혼동해서는 아니된다.

앞서 보았듯이 국가권력은 개인의 자율성이 극단적 방법으로 남용되어 다른 사람의 자유를 해치거나 공익을 해치는 것을 방지하기 위해 존재하는 것이기 때문에 정당한 사유를 가진 권력의 발동을 불편하다거나 자기에게 불리하다는 이유로 무시해서는 안 된다. 설령 잘못된 권력의 행사가 있다고 하더라도 헌법과 법률이 정하는 절차에 따라 시정해야지 법에 근거한 권력행사 자체를 무시하거나 부정해서는 안 된다. 예를 들어, 질서유지를 위한 경찰이나 관계기관의 조치를 무시하는 경우를 종종 보게 되는데 이것은 법치주의의 기본을 부정하는 것이다.

다음으로, 개인의 독립성의 인정 못지 않게 중요한 것이 공동체에 대한 공동체 구성원으로서의 기본적 의무를 다하려는 시민으로서의 덕성이므로 시민으로서의 의무를 몰각하고 사익만을 추구하는 것도 경계해야 한다. 납세의 의무를 제대로 하지 않으면서 호화로운 생활을 일삼는 사람들이나, 국방의 의무를 회피하면서도 공동체의 혜택에 무임승차하려는 잘못된 의식을 가진 사람들을 경계해야 한다. 우리 사회에서 시민적 덕성의 상실을 대표적으로 발견할 수 있는 것이 지역이기주의와 집단이기주의이다. 헌법이 정하는 절차에 따라 민주적으로 정해진 국가정책을 개인이 속한 지역이나 집단의 불편함이나 불이익을 내세워 방해하는 것은 지양해야 한다. 우리나라에서는 '떼법'이 최고법이라는 우스갯소리가 있다. 정책을 결정함에 있어 법적인 절차를 거쳐 정당하게 이뤄진 것이더라도 목소리가 크고 데모만 열심히 하면 모든 것이 유야무야되거나, 사회적으로 필요한 기간시설들이 제때에 설치되지 아니하는 것도 문제이다. 그린벨트나 문화재 등 우리 사회의 건전한 발전을 위해 긴요한 환경을 개인적 이익에 눈이 어두워 훼손하는 것을 주저하지 않는 사람들도 공동체의 의미를 되새길 필요가 있다.

또한 우리사회에 만연해 있는 지역주의와 온정주의도 입헌주의의 발전을 위해 극복해야 할 과제다. 같은 지역출신이라는 이유로, 같은 집안이라는 이유로, 같은 학교를 나왔다는 이유만으로 공적인 결정이 좌우될 때 국가활동에 대한 국민의 신뢰는 상실될 것이며, 결국에는 국민 모두가 공동체의 발전을 위해 무엇이 중요한가를 놓고 자신의 삶의 기준으로 삼기보다는 자신이 속한 집단의 이익을 위해 무엇이 유리한가를 놓고 사회적 삶을 살아감으로써 공동체 전체의 이익이 무시되는 일이 일상화된다면 더불어 살기 좋은 사회는 실현되기 힘들기 때문이다.

그러나 무엇보다도 입헌주의의 발전을 저해하는 것은 정치적 무관심과 법 무시의 태도이다. 입헌주의에서 가장 필요한 시민적 덕성은 정치적으로 깨어 있으면서 적극적으로 정치에 참여하는 것과 그런 참여를 통해 스스로의 의지가 반영된 법을 잘 준수하려는 태도이다. 우선 정치적으로 깨어 있어서 적극적으로 정치과정에 참여하려는 자발성이 중요하다. 공동체의 구성원들이 자신들의 삶에 영향을 주는 정치적 결정에 관심을 가지고 현명한 여론을 형성해야 가능한 한 많은 사람이 만족하고 행복해 하는 정치를 이룰 수 있다. 국민들이 정치에 무관심하고 자신들이 누려야 할 정치적 자유를 제대로 행사하지 못하면 국민의 대표들은 국민을 의식하기보다 자신들만의 이익을 위해 국가권력을 오용하게 된다. 따라서 국가의 민주적 운영을 위해서는 국민들이 국가 현안에 대하여 자유로이 의견을 개진하고 여론을 형성할 수 있는 정치적 자유와 언론의 자유 보장이 필수적이며 국민들도 자신들에게 주어진 정치적 권리를 최대한 행사해야 하는 것이 입헌주의를 고도로 발전시키는 전제가 된다.

무엇보다도 선거와 같이 직접 정치과정에서 결정권을 행사하는 행사에 꼭 참여하는 것이 중요하다. 또한 국민의 대표들이 헌법정신을 잘 실행하지 못하거나 잘못된 정책을 결정하고 집행할 때 법이 허용하는 범위 내에서 그 부당성을 최대한 지적하는 성의가 필요하다. 그러나 유념할 것은 정치참여가 곧 모든 정치적·사회적 문제를 해결해 주는 것은 아니라는 점이다. 우리가 채택하는 민주주의는 대의민주주의로서 국민들이 직접 모든 국가정책을 결정하는 것이 아니라 우리가 직접 대표자를 뽑고 그들로 하여금 전문성을 발휘하여 기본적인 정책을 결정하고 집행하게 하면서 다만 그 과정에 국민들의 의견개진을 통하여 올바르게 정책이 결정되고 집행되도록 영향력을 행사하는 것이다. 어떤 때는 지나치게 국민의 여론만을 고려하게 될 때 대중영합주의, 즉 포퓰리즘(populism)의 위험이 나타날 수도 있기 때문에 원칙적으로 국민의 여론은 대표자에게 위임된 자율적 결정권을 존중하면서 잘못되지 않도록 견제하는 데 만족해야 한다.

한편, 법을 준수하려는 태도가 중요하다. 우리가 권위주의 독재체제를 거치면서 아쉬워해야 할 것은 국가권력의 정당성이 확보되지 못하니까 법집행에 대하여 반항하는 것이 오히려 정당한 일인 것처럼 생각되는 습성이 남은 것이다. 민주화가 진행되어 국가권력의 정당성이 확보되었음에도 법을 무시하거나 법집행기관의 통제에 저항하는 것을 다반사로 하는 것을 어렵지 않게 목도하게 된다. 입헌주의가 일찍이 발전한 나라들에서는 쉽게 찾아보기 힘든 일이다. 국가권력의 남용을 견제하는 것도 중요하지만 공동체의 질서유지를 위해 꼭 필요한 국가권력의 행사를 거부하는 것도 용납되어서는 안 된다. 특히 공권력을 담당하고 있는 공직자들의 경우 법준수 의무는 일반인의 경우보다 더욱 강하다는 점을 유념해야 한다. 법의 실현에 복무하는 공직자가 법을 제대로 준수하지 않는다는 것은 일반국민의 법 무시 경향을 강화시킬 수 있기 때문이다.

특히 공직자의 부정부패는 어떤 경우에도 용납되어서는 안 된다. 우리 사회가 16년 전 제대로 된 민주화를 시작하였지만 아직도 불법정치자금이나 부정축재의 스캔들이 온 국민의 심기를 어지럽히고 있다. 다른 나라들에서도 불법정치자금이나 부정부패가 전혀 없는 것은 아니지만 우리의 경우 전영역에 만연해 있다는 데 그 심각성이 있다. 일찍이 입헌민주주의를 정착시켜온 나라들도 최소한 50년에서 100년 전에 우리와 비슷한 문제가 있었지만 이를 슬기롭게 극복하여 오늘날 우리보다 앞선 민주주의를 이룬 것이다. 우리도 최근 '차떼기'로 표현되는 불법정치자금 문제가 표면화된 만큼, 이번 기회에 부정부패의 싹을 완전히 뽑아 우리의 입헌주의가 한 단계 도약할 수 있는 마지막 기회를 놓쳐서는 안 된다.

그러나 지나친 법준수 의무의 강조는 자칫하면 정당하지 않은 법에 대한 무조건적인 복종을 의미하는 것으로 오해되어 오히려 입헌주의에 역행할 수도 있다. 현실적으로 민주주의가 제대로 기능하지 않을 때, 즉 국민의 여론이 국민대표자들에 의해 제대로 수렴되지 아니할 때 정당하지 못하거나 비상식적인 법이 존재할 수도 있다. 이런 경우는 청원권을 행사하여 시정을 요구할 수도 있고 위헌법률 심사제도나 헌법소원제도 등 법이 정하는 절차에 의해 법의 개정이나 폐지를 추진할 수 있다. 그러나 극단적인 경우 평화적인 방법으로 법의 부당성에 항의하기 위해 법에 대한 복종을 거부할 수 있는 예외적인 경우가 있을 수 있다. 이를 시민불복종이라 하는데, 이와 같은 법치주의의 예외는 오히려 입헌주의를 통해 법치주의의 문제점을 해소하기 위한 수단이 되는 예외적 제도라는 점을 유의하여 함부로 시도해서는 안 된다. 특히 민주화가 상당수준에 이른 국가에서 시민불복종의 가능성은 거의 없고 잘못된 법을 시정하기 위하여 제도화된 정치적·법적 수단을 강구하도록 해야 한다.

결론적으로 헌법이 지배하는 사회를 위한 민주화와 자유화는 정당한 국가권력의 권위를 엄격하게 존중하는 것과 병행돼야만 한다.

▪ 자료

### 대한민국 헌법(전문)

유구한 역사와 전통에 빛나는 우리 대한국민은 3·1운동으로 건립된 대한민국임시정부의 법통과 불의에 항거한 4·19민주이념을 계승하고, 조국의 민주개혁과 평화적 통일의 사명에 입각하여 정의·인도와 동포애로써 민족의 단결을 공고히 하고, 모든 사회적 폐습과 불의를 타파하며, 자율과 조화를 바탕으로 자유민주적 기본질서를 더욱 확고히 하여 정치·경제·사회·문화의 모든 영역에 있어서 각인의 기회를 균등히 하고, 능력을 최고도로 발휘하게 하며, 자유와 권리에 따르는 책임과 의무를 완수하게 하여, 안으로는 국민생활의 균등한 향상을 기하고 밖으로는 항구적인 세계평화와 인류공영에 이바지함으로써 우리들과 우리들의 자손의 안전과 자유와 행복을 영원히 확보할 것을 다짐하면서 1948년 7월 12일에 제정되고 8차에 걸쳐 개정된 헌법을 이제 국회의 의결을 거쳐 국민투표에 의하여 개정한다.

제1조 ① 대한민국은 민주공화국이다.
② 대한민국의 주권은 국민에게 있고, 모든 권력은 국민으로부터 나온다.

제10조 모든 국민은 인간으로서의 존엄과 가치를 가지며, 행복을 추구할 권리를 가진다. 국가는 개인이 가지는 불가침의 기본적 인권을 확인하고 이를 보장할 의무를 진다.

제11조 ① 모든 국민은 법 앞에 평등하다. 누구든지 성별·종교 또는 사회적 신분에 의하여 정치적·경제적·사회적·문화적 생활의 모든 영역에 있어 차별을 받지 않는다.

제34조　① 모든 국민은 인간다운 생활을 할 권리를 가진다.

제37조　① 국민의 자유와 권리는 헌법에 열거되지 아니한 이유로 경시되
　　　　　　　지 않는다.
　　　　　② 국민의 모든 자유와 권리는 국가안전보장·질서유지 또는 공
　　　　　　　공복리를 위하여 필요한 경우에 한하여 법률로써 제한할 수
　　　　　　　있으며, 제한하는 경우에도 자유와 권리의 본질적인 내용을
　　　　　　　침해할 수 없다.

# 5 정치는 법으로부터 자유로운가

김 종 철

## 1. 정치란 무엇인가

정치란 개념은 아주 다양하게 사용되고 있지만 아리스토텔레스의 인간은 정치적 동물(*zoon politikon*)이라는 말 속에 그 일반적 의미가 가장 잘 녹아 있다. 인간은 혼자서 생활할 수 없고 공동체를 꾸려서 살아갈 수밖에 없으며 공동생활은 필연적으로 공동관심사를 조율하고 충돌하는 이해관계를 조정하지 않을 수 없다는 의미로 해석된다. 이때 공동관심사를 조율하고 상충하는 이해관계를 조정하는 인간의 활동을 정치라고 볼 수 있고, 인간이 공동생활을 계속하는 한 정치적이 될 수밖에 없다. 우리가 소속된 공동체가 여럿이듯이 정치의 차원도 공동체의 규모와 성질에 따라 다종다양하다. 그러나 우리가 특히 관심을 가지는 것은 국가라고 불리는, 정치적 통일을 목표로 하는 공동체의 활동단위를 중심으로 한 것이다. 국가는 공동체 내의 갈등을 해소하고, 평화롭고 질서잡힌 안정적 생활관계를 바탕으로 공동선을 지향하는 데 필요한 정책들을 결정·집행하는 주체가 된다. 국가를 배경으로 필요한 정책을 결정하고 집행함으로써 공동체를 전반적으로 운영하는 것이 특히 우리의 관심을 끄는 정치의 실체라고 할 수 있다.

국가 차원의 정치는 공동체에서 일상생활을 영위하는 일반시민들에게는 두 가지 모습으로 다가온다. 우선 정치는 지배의 모습으로 나타난다. 지배란 강제력을 가지고 특정주체가 다른 주체를 억압하는 관계를 의미하는데, 국가는 갈등해소를 통한 질서유지라는 명분으로 공동체 내에서 시민들을 대상으로 폭력적 제재를 가할 수 있는 유일한 합법적 주체가 된다. 그런데 중요한 것은 국가라고 불리는 활동단위를 실제로 움직이는 것은 인간이고, 이들 인간들의 상호관계가 실질적으로 정치관계의 실체가 된다는 점이다. 우리가 정치인이라고 부르는 사람들은 직업적으로 정치를 하는 사람을 말하고, 이때 직업적으로 정치를 한다는 것은 생계의 수단으로 정치에 관여하는 또는 정치를 전문적으로 하는 사람을 말한다. 그런데 이러한 직업정치인을 인정한다는 것은 우리 공동체가 공동체의 운영과 관련하여 직접 관여하는 부류의 국민과 간접적으로 관여하는 부류의 국민이라는 두 가지 구성원을 전제한다. 이때 정치인들은 국가권력이라는 배경을 가지고 일반국민들에게 일정한 기준에 따른 행위를 요구하고, 그 기준을 어길 때 제재를 가하는 위치에 선다.

정치의 또 다른 모습은 참여의 모습으로 나타난다. 직업정치인이 아니라 일상생활을 영위하면서 자신과 자신이 속한 공동체의 일에 일정한 의사를 형성·표현하는 일반국민들이 공동체 운영에 관해 일정한 역할을 수행하게 될 때이다. 일반국민들이 공동체 운영에 관여하는 것도 두 가지 차원에서 이뤄진다. 첫 번째 역할은 어떤 직업정치인들이 국가권력의 지위를 가질 것인지 결정하거나, 공동체 전체의 운명에 영향을 줄 수 있는 중대한 사안에 대해 직접적으로 결정하는 과정에 참여하는 것이다. 전자의 경우는 선거가 될 텐데, 우리의 경우 국회의원이나 지방자치단체 의원, 지방자치단체장이나 대통령을 뽑는 선거에 참여함으로써 실질적인 정치에 직접 관여하게 된다. 후자의 경우 국민투표·국민발안과 같은 제도를 생각해 볼 수 있는데, 우리나라의 헌법은 국민투표 제도만을 채택하고 있다. 헌법을 개정하거나 통일문제 등 국가안위와 관련한 중요한 정책을 놓고 대통령이 국민의사의 직접 표현을 요구한 경우에 한해 국민투표로 가부간 결정을 하게 된다.

지배와 참여가 서로 조화를 이뤄야 한다는 생각, 즉 정치의 두 면이 상호일치된 모습이라야 한다는 생각을 우리는 민주주의 또는 민주정치라고 부른다. 민주주의가 인정되기 이전에 군주나 귀족들과 같은 세습적 신분을 가진 자들만이 공동체 운영에 대한 전권을 휘두르던 때에는 정치란 오로지 지배의 측면만을 강조하는 것이었다. 그러나 공동체가 공동체의 구성원들의 뜻에 따라 형성되고 국가적 지배도 공동체 구성원의 이익을 위해 인정되는 것이라는 입장에서, 지배는 참여를 통한 자기지배(self-government)의 모습을 띠고 이것이 바로 다수 국민의 지배라는 어원을 가지는 민주정치의 기본이다.


## 2. 법이란 무엇인가

우리는 정치가 공동생활에서는 필연적인 현상이라고 이야기했다. 그러나 공동생활에 필연적인 것은 정치만이 아니다. 정치가 공동생활에서의 이해관계를 조정하기 위해서는 조정의 기준을 필요로 하게 된다. 이 기준이 바로 법이다. 공존을 위한 정치의 기준으로서 법이 이해당사자의 이해관계를 중립적 입장에서 공평무사하게 조정하는 객관적이고 합리적인 내용과 형식으로 존재하지 않게 될 때 정치는 힘이나 폭력에 의해 좌우될 수밖에 없다.

서양에서 공동체를 형성하는 주체를 자유롭고 독립된 개인들로 인정하는 사회계약사상이 싹트기 시작하던 무렵의 대표적 사상가인 토마스 홉스는 이렇듯 객관적이고 합리적인 기준에 의한 정치가 불가능한 상태를 '만인의 만인에 대한 투쟁'이라고 묘사한 바 있다. 개인들은 개인들의 생존을 위해 스스로의 힘에 의존하고 힘이 센 자가 자기에게 유리하게 지배를 하게 되는 것이 일반적일 수밖에 없으며, 당연히 힘이 없는 자들의 불만은 쌓이게 되고 공동체는 불안정하게 된다. 그런 불안정하고 무질서한 상황을 극복하기 위해 홉스가 생각한 것은 절대권력자에게 전권을 부여하여 정당하게 힘을 행사하여 평화와 안전을 확보하게 하는 것이었다. 가장 강력한 힘을 가진 자로 하여금 일상생활 속에서 힘으로 부당하게 사익을 취하는 자들을 제재함으로써 합리적인 이해조정이 가능하도록 필요한 강제력을 사용할 권력과 권위를 위임한 것이다.

그러나 문제는 이 절대권력자는 자신이 지배를 위해 만든 법의 적용을 받지 않고 법 위에 군림한다는 점에서 이 체제는 근본적 결함을 가진 것이다. 즉, 최상위의 정치적 지배가 법의 규제를 받지 않고 이뤄지는 결함을 가진 것이다.

이 점에 주목하여 독일의 사회학자 베버는 정치적 지배가 안정적이고 정당하게 이뤄지는 유형을 세 가지로 설명하면서, 그 중에 가장 선진적인 것이 최상위 정치권력도 법에 복종하는 법에 의한 지배라고 지적하고 있다. 베버에게 정치적 지배의 첫 번째 유형은 '카리스마적 지배'이다. 정치지도자가 가진 비범한 능력을 존중해 지배당하는 자들이 순응하게 되는 경우를 말한다. 둘째는 '전통적 지배'이다. 공동체에 오랜 시간동안 지배하던 전통이나 관습에 의해 정치가 이뤄질 때 지배당하는 자들은 이 지배에 순응하게 된다. 세 번째 유형은 '합법적 지배'이다. 법은 고유한 독자적 체계가 있어서 공평무사하게 분쟁을 해결하는 기준이 될 수 있는데, 정치는 이런 객관적 법질서에 의하여 이뤄진다.

이 중 베버는 세 번째 경우를 근대적 지배형태에 가장 가까운 것으로 보았다. 앞의 두 가지 경우가 인격적 지배에 의존하는 데 반해, 세 번째 경우는 법이라는 주관적이지 않은 비인격적 요소에 근거하기 때문이다. 법의 비인격성에 정당성을 더하여 주는 것이 바로 정치의 또 다른 모습인 참여이다. 법의 지배가 지배당하는 자들의 참여에 의해 이뤄질 때 지배당하는 자들 스스로 지배의 기준을 정한 것이므로, 그 실효성은 더욱 높아질 수밖에 없기 때문이다.

근대시민혁명이 지배의 이념으로 채택한 입헌주의는 절대권력자라도 헌법이라는 근본적인 공동체규범의 적용을 받아야 하고, 이 근본법은 지배의 대상이자 공동체의 구성원들인 국민이 그들의 총의를 모아 제정하는 것을 기본요소로 하고 있다. 즉, 입헌주의는 지배의 모습으로 드러나는 정치를 헌법의 틀 속에서 규율하려는 정치사상이다. 성문헌법 제정이 근대국가에서의 새로운 현상이 된 것도 정치를 법의 일종인 헌법으로 규제하려는 생각 때문이다. 바로 홉스의 사상에서 절대권력자가 차지하던 자리를 헌법이 물려받게 된 것이다. 그리고 비로소 인치(人治)가 아닌 법치(法治)가 기본적 정치의 모습이 된 것이다. 결론적으로 입헌주의 정치사상의 궁극적 지향이란 정치를 헌법 및 헌법을 더욱 구체화한 법질서의 테두리 속에서 이뤄지게 하는 것이다.


## 3. 법과 정치의 상호관계

입헌주의는 정치를 헌법을 비롯한 법의 틀 속에 묶어두려는 정치사상이지만, 이를 법만능주의로 오해해서는 안 된다. 우리의 공동생활은 너무나도 복잡다단하여 모든 것을 법에만 의거해 해결하는 것은 효율성도 떨어지고, 궁극적으로 가능하지도 않다. 법은 정치가 기본적으로 지향해야 할 목표를 제시하고, 그 실현방법과 절차에 대한 기본적 기준만을 설정하게 된다. 정치는 그 목표와 기준에 어긋나지 않게 구체적으로 발생하는 사안들에 효율적으로 대처할 정책을 마련하고 집행할 수 있는 자율성을 가져야 한다. 또한 근본적으로 법은 정치의 결과물이자 수단이기도 하다. 법이 내용으로 하는 공동체의 목표나 정치의 방법, 또는 절차를 결정하는 것이 바로 정치의 일부분이기 때문이다. 또 법은 그런 정치적 활동이 성공하기 위한 수단이 된다.

이렇듯 법과 정치의 관계는 서로 순환관계에 있다고 할 수 있다. 정치는 법을 만들지만 법은 다시 정치를 규제하려는 관계인 것이다. 정치가 법을 만드는 과정이 강조될 때 법은 정치의 시녀에 불과하게 되고, 정치가 법의 규율을 받는 측면을 강조하게 될 때 정치의 역동성은 사라진다.

그러나 정치와 법을 너무 서로 충돌하는 관계로만 볼 것은 아니다. 둘 다 인간의 공동생활에 필수적 요소라면, 양자는 서로 의존할 수밖에 없는 상호의존관계이기도 하다. 정치는 법을 통하지 않고는 안정적으로 이해조정의 목적을 달성할 수 없다. 법 없는 정치는 입헌주의가 극복하고자 했던 권력자의 자의적 지배, 원칙없는 지배, 불합리한 지배를 의미하며 공동체의 불안정을 낳을 뿐이다.

또한 법은 정치가 안정되고 법을 제대로 준수해 줄 때에만 그 실효성을 확보할 수 있다. 법 자체가 인간의 모든 행동을 다 대신하여 줄 수 없다. 법은 정치행위를 포함한 인간행위의 기준에 불과할 뿐 구체적인 문제에 대한 현실적인 대답을 내려주지는 못한다. 구체적인 문제에 대한 적절한 대답을 구하는 것, 그것은 정치의 몫이다. 그런데 그 정치가 법을 무시하게 될 때, 즉 법의 내용을 법의 적용대상이 되는 당사자들에게 관철시키는 제도적 장치가 결여될 때 법은 안정성을 상실하고 그 존재의의를 상실하게 된다.

이렇듯 법과 정치가 서로 균형관계에 있으면서 서로를 보완해 주게 될 때 공동체의 안정과 발전이 있게 된다.

## 4. 정치를 어떻게 법의 틀 속에 가둘 것인가

지금까지 우리는 입헌주의 이념에 따라 정치를 그 역동적인 기능을 훼손하지 않으면서 법으로 규율해야 한다는 점을 주장했다. 그렇다면 어떻게 법과 정치의 관계를 균형적으로 유지하면서 공동체의 건전한 발전을 이룰 것인가?

가장 먼저 기억해 둘 것은 법과 정치가 서로 균형관계를 이루게 하는 데 중요한 기능을 하는 것이 법과 정치의 교차지점에 존재하는 특수한 법으로서의 헌법이라는 점이다. 근대국가의 형성과 성문헌법의 제정이 일정한 연관관계가 있다는 점은 이미 지적한 바 있지만, 헌법은 기존의 사회에서도 존재하던 인간들의 세부적인 일상생활을 규율하는 일반법 들과는 그 성격이 다르다. 무엇보다도 법형성과 집행이라는 정치과정 자체를 규율하는 것을 목적으로 삼는다는 점에서 무엇보다도 정치현실 과 밀접한 관계를 가진다. 또한 정치가 지향하는 가치를 직접적으로 법 의 내용으로 수용한다는 점에서도 강한 정치관련성을 가진다.

이렇듯 강한 정치성을 가지는 헌법은 형식면에서도 일반법들과 다른 체제를 가지지 않을 수 없다. 일반법은 구체적 현실에 곧바로 적용되 기 쉽도록 비교적 세세하게 규정되는 것이 원칙이다. 그러나 헌법은 정치관계의 역동성을 고려하여 포괄적이고 추상적인 표현을 통해 기본 원칙을 제시하는 것이 오히려 원칙이다. 이러한 포괄적 원리들이 정치 의 기본적 활동공간을 설정하면 정치는 스스로의 목적달성을 위해 헌 법이 추구하는 가치들을 구체화할 수 있는 자율성을 확보하는 것이다.

이제부터는 우리 헌법의 기본구도를 중심으로 헌법이 정치를 규율하 는 기본원칙들에 대하여 생각해 보자. 우리 헌법은 정치를 규율하는 여러 가지 기본원칙을 명시적으로 또는 암시적으로 밝혀 놓고 있는데 국민주권주의, 대의제, 법치주의, 권력분립주의가 그것이다.

## 1) 국민주권주의와 대의민주주의

앞서 정치의 양면인 지배와 참여가 일치하는 것이 민주정치라는 점을 지적한 바 있다. 우리 헌법은 제1조에서 대한민국은 민주공화국이며 대한민국의 주권은 국민에게 있고 모든 권력은 국민으로부터 나온다고 규정함으로써 지배와 참여의 일치를 추구하는 국민주권주의가 우리의 정치질서를 기초짓는 원리임을 분명히 하고 있다. 주권이란 대외적으로 국가의 독립성을 확보하고 대내적으로 모든 국가권력작용의 기초를 이루는 근원적 권력이다. 입헌민주국가에서 이러한 최고적 권력은 국민에게 있다.

그러나 최고의 권력을 다수의 국민들이 항상 직접 행사하는 것은 불가능하고 효율적이지도 않다. 그래서 아주 특별한 경우에 국민투표와 같은 방식으로 국민들이 직접 국가적 과제를 결정하는 경우를 제외하고 국민의 주권은 간접적으로 행사된다. 즉, 직업정치인들로 하여금 국민을 대신하여 직업적으로 국가적 과제를 수행하게 하고 국민은 그들을 공직에 임명하는 절차인 선거를 통해서 주권자로서의 기본임무를 수행한다. 국민대표를 뽑아 국가권력을 부여하고 그 대표들은 국민을 대신하여 국정을 수행하며 그 효과는 국민에게 되돌아가게 된다. 이렇듯 간접적으로 국민주권을 실현하는 것을 대의민주주의라고 한다.

대표를 통해 정치를 담당하게 하는 대의제는 꼭 민주주의가 아니더라도 가능하다. 근대입헌국가의 형성 이전에도 일부 국가들에서 신분제의회가 존재했다. 각 신분을 대표하는 자들이 모여 국왕의 정책결정을 보좌하거나 국민에게 직접적인 부담이 되는 조세에 대한 결정을 하게 한 것이다. 그러나 신분제사회는 개인의 자율성과 독립성 및 평등성을 부정하는 제도이므로 민주적 정당성이 약하다. 오늘날은 민주주의를 실현하는 방식으로 대의제가 채용된 것이므로 민주적이지 않은 방향으로 대의제가 운영되는 것은 허용되지 않는다. 우선 대표들은 민주적 절차를 거쳐 선출되어야 하고 대표들은 헌법과 법률이 정하는 절차에 따라 국민이 위임한 권한을 행사해야지 주어진 권한을 남용해서는 안된다.

한편 국민들의 여론은 대표자들이 국민이 위임한 권한을 행사하는 데 하나의 간접적 판단기준이 된다. 대표가 선출되면 양심에 따라 공동체 전체의 이익을 위해 그 직무를 수행해야 하는 자율성이 주어진다. 이 원칙을 자유위임의 원칙이라고 한다. 그러나 이 원칙이 대표들은 국민들의 여론을 무시하고 마음대로 할 수 있다는 것을 의미하지는 않는다. 왜냐하면 그들의 권리는 국민주권주의에 따라 국민으로부터 나온 것이고 국민의 의사를 고려하여 행사해야 하는 것이다. 그러므로 모든 결정에 있어 여론대로 결정해야 하는 것은 아니지만, 여론과 반대로 결정할 때 그 결정을 정당화할 수 있는 충분한 소명을 할 의무가 있다.

현대 민주주의에서는 단순히 국민의 대표를 선출하는 데뿐만 아니라 인터넷같이 발달한 다양한 과학기술을 활용하고 과학적 여론측정수단을 이용하여 일상생활에서도 다양한 여론을 형성할 수 있는 길이 있으며, 이 여론은 국민의 의사를 대변하는 요소가 있다. 그러므로 국민여론이 원하지 않는 방향으로 국가권력을 행사하는 것은 아주 특별한 경우 이를 정당화할 사유가 존재하지 않는 한 민주주의의 정신에 반하는 정치라는 비판을 받을 수 있고, 다음 선거에서 이에 대한 정치적 책임을 지게 된다.

그러나 그렇다고 해도, 법적 책임을 물어 대표자를 직에서 파면하거나 소환할 수 있는 것은 헌법과 법률에 특별한 규정이 있는 경우에만 가능하다. 만일 그런 제도가 함부로 사용된다면 대표의 지위가 지나치게 불안정하게 되어 안정적 국정수행이 어려워지는 부작용이 발생하기 때문이다. 또한 국민대표가 정략적이고 사사로운 동기로 자신의 역할에 소홀하게 될 위험을 극복하기 위해 사사로운 범죄행위에 대해 형사소추를 면제하거나 체포·구금에서 자유로울 수 있는 특권을 부여하는 것도 바로 국민대표 기능의 원활한 수행을 뒷받침하기 위함이다.

또한 국민대표는 자신이나 자신이 속한 집단의 사익을 위해 국가권력을 행사해서는 안 되고 전체국민의 이익을 우선하여 직무를 수행해야 한다고 하더라도 전체국민의 이익이란 것이 하나로 항상 고정되어 있는 것이 아니고 보는 각도와 현실에 대한 판단 차이에 따라 다양할 수밖에 없다. 이렇게 다양한 의견 중 다수의 지지를 받는 의견이 채택되어 국가권력에 의해 집행될 수밖에 없다. 이처럼 전체적 이익이 다양하다는 다원주의적 전제 위에서 각자가 생각하는 올바른 정책을 제시하여 국민의 선택을 받아 확정된 정책을 실현하는 것을 목표로 하는 정치적 결사체가 바로 정당이다.

오늘날의 민주정치는 정당간의 경쟁을 통해 실현되므로, 대의민주주의는 정당중심적 민주주의로서 운용되고 있는 셈이다. 우리 헌법은 이와 같은 현실을 수용하여 헌법 제8조에서 복수정당제를 채택, 정당의 목적·조직·활동이 민주적으로 운영되어야 한다는 헌법적 의무를 정당에 부과하고 있다. 정당활동에 대해서는 국가로부터 보조금을 지급받을 수 있는 특권이 주어지며, 정당의 목적이나 활동이 민주정치의 기본질서를 훼손하지 않는 한 해산당할 수 없음을 강력하게 보장받는다. 국가권력은 함부로 이런 다원주의적 민주주의를 부정하는 조치를 취할 수 없다. 예를 들어, 정당의 자유를 본질적으로 제한하거나 복수정당제를 부인하는 입법이나 행정조치는 위헌이 된다.

## 2) 법치주의와 권력분립주의

앞서 헌법이 지배하는 사회를 위한 기본조건의 하나로 법치주의를 설명한 바 있다. 사실 입헌주의의 기본목적이 정치적 지배를 헌법이라는 규범의 틀에 맞추도록 함으로써 국민의 자유와 권리를 최대한 보장하는 데 있다면, 국가가 행사할 수 있는 권력은 어떤 것이며, 이 권력을 행사하기 위해선 어떤 조건이 충족되고 어떤 절차를 거쳐야 하는지 헌법에 명문으로 직접 규정하거나 일정한 범위를 정해 법률에 위임하는 것은 필수적이다. 이것이 바로 법치주의이다.

법치주의가 국가권력의 행사를 제한하는 방법은 여러 차원에서 살필 수 있다.

첫째, 모든 국가권력의 행사는 헌법에 근거해야 하고 헌법이 정한 요건과 절차를 준수해야 한다. 이 요건을 어긴 국가권력의 행사는 헌법위반으로 무효이다. 예를 들어, 입법권의 행사를 보자. 우리 헌법은 입법권을 국민의 보통·평등·직접·비밀선거의 원칙에 의해 선출되는 국회의원으로 구성되는 국회에 부여하고 있다. 입법은 헌법이 추구하는 기본이념과 가치를 구현하기 위해 법률의 형식으로 일반적인 정책을 결정하는 국가권력작용이다. 그런데 입법이 헌법이 정한 한계를 넘어서 헌법이 보장하는 다른 국가기관의 권한을 침해하게 될 때 그 입법은 헌법위반으로 무효이다. 우리 헌법이 채택하고 있는 위헌법률심사제도나 권한쟁의심판제도는 이와 같은 입법권의 권한남용을 통제하는 제도적 장치이다.

둘째, 헌법에 의하여 국민이 보유하는 기본적 인권을 제한하기 위해서는 법률에 근거가 있어야 한다. 법률에 근거하지 아니하고 국민의 기본권을 제한하는 것은 헌법위반으로 무효이다. 우리 헌법은 제2장에서 국민의 권리와 의무를 규정하면서 시민적 자유, 정치적 자유, 사회적 권리를 보장하고 있으며 제37조 제2항에서 이들 자유와 권리는 국가안전보장, 질서유지, 공공복리를 위하여 필요한 경우에 한하여 법률로써 제한할 수 있도록 규정하여 법치주의에 입각한 국가권력행사의 한계를 정하고 있다.

셋째, 국민과의 관계에서 국가정책을 직접 적용하는 국가기능을 담당하는 행정권은 헌법을 입법의 형식으로 구체화한 법률에 위반되지 아니하는 방식으로 행사되어야 한다. 우리나라에서 행정권은 국회의원과 마찬가지로 역시 국민의 보통·평등·직접·비밀선거의 원칙에 의하여 선출되어 국민에 대하여 정치적 책임을 지는 대통령이 최종적인 책임을 지고 행사하는데 그 권한행사의 근거는 헌법과 이를 구체화한 법률에 두어야 한다. 법률은 행정권행사의 기초가 되는 정부의 조직에서부터 그 권한 및 절차에 대하여 기본적인 사항을 규정하게 된다. 결국 법치주의에서 국민의 대표성은 법을 제정하는 입법기관에 우선적으로 부여되며, 이 입법기관의 결정에 위반되는 행위는 원칙적으로 무효이거나 취소되어 효력을 상실하게 된다. 그러나 대통령제 정부형태를 가진 나라들은 대통령 또한 국민의 대표기관으로서 의회독재를 견제하기 위하여 법률안에 대한 거부권을 대통령에 대하여 인정하는 것이 일반적이다. 우리나라도 이 제도를 도입하고 있다.

넷째, 모든 국가권력작용은 법원이나 헌법재판소와 같은 사법기관에 의한 통제를 받는다. 사법권력은 입법권이나 행정권의 발동에 의하여 헌법이나 법률이 위반되는 결과가 발생하면 헌법과 법률이 무엇인지를 선언하고 확인하는 재판을 거쳐 그 효력을 무효화하거나 취소한다. 또한 국민들간에 법적인 분쟁이 발생한 경우 법에 따라 시시비비를 가려줌으로써 일상생활에서의 정의를 실현하고 안정된 사회생활을 보장할 수 있다.

이처럼 국가권력의 행사를 제한하는 법치주의는 국가권력의 구성과 관련해 권력분립의 원칙을 전제로 하고 있다. 국가권력을 그 기능에 따라 입법·행정·사법으로 구분해 각각의 기능을 각자 자율성을 가지는 별개의 기관들로 배분하는 것이 권력분립의 원칙이다. 만일 이들 기능을 한 기관에서 통합적으로 행사하게 된다면 권력집중에 의해 권한의 남용을 통제할 수 없게 된다. 특히 정치과정인 입법과 행정으로부터 사법권이 독립적 위상을 부여받는 것은, 법이 무엇인가를 최종적으로 확인하고 구체적 법적 분쟁에 적용하는 일이 사법의 역할이라는 점에서 무엇보다도 중요하다.

　반면 입법과 행정기능은 일반적 정책결정과 구체적 정책결정이라는 정치의 기능을 동시에 가지기 때문에 공화적인 상호협조 관계가 필수적이다. 국민대표의 경로가 국회와 대통령으로 이원화돼 있는 대통령제 정부형태의 경우는 특히 그렇다. 서로에 대해 정치적 책임을 지지 않고 오로지 국민에 대해서만 책임을 지기 때문에 양자가 국정의 통일적이고 원활한 수행에 협조하지 않을 때 양자간 정책대결이 심화할 경우 국정수행은 안정적이지 못할 가능성이 많다. 최근 우리나라 정국은 이른바 여소야대 상황으로 대통령이 의회 다수파의 지지를 받지 못하는데다가, 이들 의회정치세력이 서로 상대방을 인정하지 않은 채 대립 중이기 때문에 상당히 혼란스러운 것이다. 이런 때일수록 국민여론에 따라 서로 양보하고 타협하는 공화적 정치를 지향할 필요가 있다.


## 5. 정치에 대한 법의 규제가 특별히 필요한 몇 가지 사례들

### 1) 선거법은 왜 철저하게 준수되어야 하는가

　국민주권주의가 실질적으로 국민의 직접적인 국정참여가 아니라 원칙적으로 대의민주제 및 정당중심적 민주제, 즉 간접민주제로 운영되기 때문에 주권자인 국민과 국민대표 간의 간격을 줄이기 위해 최대한 자유롭고 공정하게 운영되어야 하는 것이 국민대표를 선출하는 선거이다. 만일 선거가 국민의 의사를 제대로 반영하지 못하게 되면 국민대표가 국민의 의사를 존중하여 성실히 대표로서의 의무를 수행하고자 하기보다는 자신들의 사익이나 당리당략을 위해 국정을 어지럽힐 가능성이 높다.

　이렇게 민주주의의 근간이 되는 선거라는 정치과정을 규율하는 기준
이 되는 것이 선거법이다. 우리나라에서 민주주의의 실현을 위해 중요
한 기초가 되는 선거제도가 불합리하게 마련되고 운영됨으로써 국민과
국민대표 간의 괴리가 큰 것이 우리의 민주정치를 위협하고 있다. 선
거가 자유롭고 공정하게 치러지기 위해서는 국민들의 자유로운 선택을
방해할 수 있는 금권선거나 관권선거가 척결되어야 한다.

　민주화의 영향으로 관권선거는 상당부분 시정되었으나 금권선거의
폐해가 여전하다. 선거법에 정한 선거자금을 초과하여 불법으로 조성
된 선거자금으로 선거운동을 하고, 유권자를 돈과 향응으로 매수하고
일부 국민들이 그에 협조하는 상황에서는 평소의 정치활동을 통하여
전체공동체의 이익을 위해 떳떳하게 경쟁하기보다는 선거때만 되면 어
떻게 해서든 표를 얻어 국민대표로 일단 당선되고 나면 국민은 안중에
도 없이 권력행사에만 탐닉하게 되는 것이 문제이다. 그리고 그와 같
은 금권선거는 부정한 자금의 형성과 유통을 필요로 하고 그것은 고스
란히 국민경제와 국민생활의 부담으로 남게 되어 공동체 전체의 건전
한 발전에도 저해된다. 그러므로 선거법을 위반한 정치인들에 대해서
는 어떤 범죄보다도 엄벌에 처하고 국민대표의 자격을 박탈시킴으로써
그 부정한 악순환의 고리를 끊어야 한다.

　금권선거를 척결하기 위하여 선거법을 엄격하게 시행하는 일 못지
않게 중요한 것이 정당하게 대표기관을 구성할 수 있는 합리적인 선거
제도의 마련이다. 특히 선거와 관련하여 헌법은 보통선거・평등선거・
직접선거・비밀선거라는 4대 원칙을 명문화하고 있는데, 선거의 당사
자들이면서도 입법권을 보유하는 현실에서 선거법제정 권한을 기득권
유지에 악용하는 국회의원들이 그와 같은 원칙에 충실한 제도를 만들
지 않을 경우 이를 통제하는 일이 중요하다. 일단 국민들이 그와 같은
기득권에 안주한 채 합리적 선거제도 마련에 미온적인 국회의원들을
선거를 통해 정치적으로 심판하는 것도 중요하지만, 가장 확실한 방법

은 정치가 헌법의 원칙에 부합하는지 감시할 권한을 헌법으로부터 부여받은 헌법재판소가 적극적으로 선거제도 개혁에 나서는 일이다.

앞서 언급하였듯이 국회의 정치적 결정인 입법이 헌법에 반할 때 위헌법률 심사제도나 헌법소원제도를 통해 그 효력 유무를 다룰 수 있는데, 특히 헌법재판소는 선거의 원칙에 따라 선거제도의 민주성을 확보해야 한다. 다행히도 우리 헌법재판소는 국민 한 사람이 행사하는 투표가치의 불균형을 제도적으로 조장하는 선거법을 위헌으로 결정하거나 비례대표 국회의원의 선출과 관련하여 지역구 국회의원에 대한 투표를 활용해 민의의 왜곡을 초래한 선거법을 위헌으로 선언, 정치가 헌법을 준수하도록 하는 헌법수호 직무를 성실히 수행하고 있다.

## 2) 국회의원의 특권은 왜 남용되어서는 안 되는가

앞서 국민대표 기관이 부당한 외부압력에 휘둘리지 않고 국민의 의사를 양심에 따라 제대로 수렴, 국정에 임하기 위해 여러 신분상 특권을 부여한다는 점을 언급했다. 그러나 이런 특권이 있다고 해서 그것이 헌법에 정한 조건과 한계를 벗어나 행사돼선 곤란하다. 권한의 부여와 그것의 남용은 구별돼야 한다. 특히 국회의원의 특권은 국회의원 개인의 이익을 위해서라기보다는 국민대표 기관의 원활한 업무수행을 위한 것이므로 국회의원 개인의 부정부패가 범법행위를 용이하게 하기 위한 것이 아니다.

최근 국민의 관심사를 끌어 정치에 대한 국민의 불신을 강화시키는 것이 국회의원이 가지는 불체포특권이나 면책특권의 남용이다. 불체포특권은 국회가 열린 기간 동안에는 현장에서 범인으로 체포되는 현행범이 아닌 경우에 국회의 동의가 없으면 그 국회의원을 체포하거나 구금하지 못하는 특권이고, 면책특권은 국회의 직무수행과 관련한 표결행위나 발언 등이 설령 법에 위반되는 내용을 담고 있더라도 국정을 전반적으로 의논하는 공론의 장인 국민대표 기관으로서의 성격을 감안해 민사 및 형사상 책임을 면하도록 하는 특권이다.

그러나 법치주의가 누구도 법 위에 군림하여 자의적 지배를 하지 못하도록 하는 입헌주의의 원칙이라고 설명하였듯이 국회의원의 특권은 법치주의가 훼손되지 아니하는 범위 내에서 제한적으로 행사돼야 한다. 특히 국민대표로서 국민의 의사를 성실히 대변할 의지를 의심하게 하는 부정부패 사범이나 파렴치범의 경우에는 그런 특권을 인정할 필요성이 줄어들며, 국회는 불체포특권에 대한 동의권을 함부로 행사해서는 안 된다.

### 3) 대통령의 사면권은 왜 남용되어서는 안 되는가

우리 헌법은 대통령이 사법부가 입법권이 정한 절차와 기준에 따라 형벌을 부과한 자의 처벌을 면하게 할 수 있는 권한을 가진다. 사면권이라고 부르는 이 권한은, 원래 민주화가 이뤄지기 전에 법 위에 군림하던 군주가 사법권의 남용으로 생길 수 있는 민심의 동요를 완화하여 정치적 안정을 추구하기 위한 것이었다. 그러나 민주국가의 경우에도 사법권이 잘못 행사될 수 있는 가능성은 있고, 또 시대변화에 맞지 아니하는 낡은 법을 엄격히 적용하게 될 때 국민의 상식에 맞지 아니하는 형벌권의 행사가 있을 수 있다. 그러므로 이런 불합리를 시정하기 위해 민주국가에서도 사면권이 원칙적으로 인정될 필요가 있다. 그러나 문제는 그런 합리적인 이유를 갖추지 못하고 그 권한을 남용하여 법치주의를 훼손할 수 있는 가능성 또한 존재한다. 법의 정신을 제대로 살리지 못하고 권한을 남용하는 경우라고 할 수 있다. 우리의 경우에도 권력형 부정부패를 저지른 정치인들에 대한 사면권을 남발함으로써 국민들의 공분을 사는 경우가 많았다. 이러한 사면권의 남용은 헌법이 지배하는 사회를 저해하는 법 무시 풍조를 확대하는 데 일조하는 것이어서 더욱 문제이다.


## 6. 마무리하면서

　1987년 이전의 우리나라에서 정치는 겉으로는 민주주의를 표명하면서도 실제로는 전근대사회와 마찬가지로 국민의 진정한 참여가 배제되거나 약화된 지배가 일반적이어서 독재 또는 권위주의적 지배라 불려왔다. 권위주의 시대는 민주화를 위한 우리 국민들의 끈질긴 노력에 의해 극복되고, 이제 일찍이 민주주의를 발전시킨 나라들과 견주어도 손색이 없을 민주주의 구현의 토대가 마련됐다.

　하지만 아직도 보다 수준높은 민주주의 실현에 방해가 되는 여러 가지 장애물들이 우리의 앞길을 가로막고 있다. 이 가운데 가장 시급히 해소해야 할 것은 정치인들이 정치를 규율하는 기준인 법을 제대로 준수하지 못한다는 점이다. 그리하여 헌법이 지배하는 사회의 근간인 정치적 참여욕구를 오히려 저하시키고, 법 무시 풍조를 만연케 하는 주범이 되고 있다. 다른 한편으로는 지나치게 감정적으로 정치에 접근한 결과, 정치의 과잉이 문제가 되기도 한다. 이념분쟁이나 지역 및 집단이기주의에 바탕해 민주적 결정에 불복, 떼쓰기를 일삼는 행태들이 그 예이다.

　그러나 정치에 대한 혐오나 정치에 대한 과잉 모두 헌법이 지배하는 사회를 위해 바람직하지 못하다. 우리 공동체의 진정한 주인인 우리 국민들이 공동체 운영에 끊임없이 관심을 가지고 올바른 결정이 내려질 수 있도록 최선을 다했을 때 정치는 올바로 설 수 있다. 국민들은 국민대표를 자처하는 자들이 저지른 잘못에 염증을 느껴 정치에 무관심으로 일관할 게 아니라, 오히려 그들의 잘잘못을 잘 가려 좋은 대표를 뽑고 그들을 감시하는 일에 게을리하지 말아야 한다. 나아가 스스

로도 법을 존중하여 정치와 법치가 조화롭게 이뤄질 수 있도록 최선을
다해야 한다. 헌법을 중심으로 한 법은 정치가 그러한 긍정적 역할을
다할 수 있도록 뒷받침하는 주요한 수단이 될 것이다.

# 6 주권자인 국민은 만능인가

김 종 철

## 1. 헌법에 의한 지배와 국민주권주의

대한민국은 헌법국가이며 공동체의 정치생활은 헌법을 중심으로 형성되어야 한다. 이처럼 헌법에 의해 지배되는 공동체는 인간으로서의 존엄과 가치를 가진 개인들의 자유와 권리를 최대한 보장하고 그들의 자유로운 의사의 결집에 의하여 헌법을 정점으로 한 법질서가 형성되어 그 질서에 기반한 이해관계의 조정이 이뤄지는 체제를 의미한다. 국민이 헌법을 형성하고, 헌법에 따라 국민대표자들의 정치 및 행정활동에 의해 구체적인 법질서가 형성되며, 국민대표자들과 국민들은 그 법질서의 지배를 받는다. 즉, 국민주권주의, 국민대표자들의 구체적 대표활동, 그리고 법치주의가 헌법에 의한 지배의 기본골격을 이룬다. 그러나 헌법에 의한 지배의 틀을 형성하는 기본요소들의 상호관계는 그리 단순하지 않아 많은 오해와 갈등을 낳기도 한다. 특히 국민주권주의란 대한민국이라는 공동체를 형성하고 운영하는 궁극적인 주체는 국민이라는 것인데 도대체 국민이 무엇을 어떻게 할 수 있는가, 또는 이들과 국민대표들과의 관계는 어떠한가에 대해서는 논란이 많다.

최근 우리 사회에서도 국민주권주의의 의미를 제대로 이해하기 위한 움직임이 시작되고 있다. 노무현 대통령 탄핵사태를 맞아 탄핵을 찬성하는 국회의원들도 국민의 이름을 내걸었고, 촛불시위에서 탄핵무효를 외치는 길거리의 시민들도 국민의 국민에 의한 국민을 위한 정치를 요구했다. 현재는 신행정수도를 건설하는 문제는 국민투표에 의하여 결정되어야 한다는 주장이 제기되어 실제로 헌법재판소의 결정을 기다리고 있고, 국민소환제도나 국민발안제도의 도입을 제안하는 주장이 힘을 얻고 있기도 하다. 이런 논의들의 전제는 민주주의 체제에서 국민이 주권자이므로 중요한 국가정책은 국민의 의사에 의해 결정되어야 한다는 것이다. 단순하게 보면 너무나 상식적인 이야기지만 우리의 이성은 다음과 같은 본질적인 의문을 제기한다. 그렇다면 주권자인 국민은 만능인가?

## 2. 국민주권주의와 그 실현방식으로서의 대의민주주의

### 1) 국민주권주의의 의의와 한계

우리 헌법은 제1조에서 대한민국은 민주공화국이며 대한민국의 주권은 국민에게 있고 모든 권력은 국민으로부터 나온다고 규정함으로써 국민주권주의(popular sovereignty)가 우리의 정치질서를 기초짓는 원리임을 분명히 하고 있다. 주권이란 대외적으로 국가의 독립성을 확보하고 대내적으로 모든 국가권력작용의 기초를 이루는 근원적 권력이다. 입헌민주국가에서 이러한 최고의 권력은 국민에게 있다. 최고의 권력의 궁극적인 행사는 헌법을 제정하는 과정에서 이뤄진다. 헌법에 의한 지배가 민주적 지배일 수 있는 것은 그 헌법이 국민의 총의를 모아 형성된 것이기 때문이다. 1987년 민주항쟁을 통해 우리는 이와 같은 총의의 실현을 직접 경험하기도 했다. 그리고 헌법에 의해 국가의 정책들이 결정되고 집행되는 것도 주권자인 국민의 의사를 존중하여 이뤄져야 한다. 여론정치라는 정치적 화두가 상식이 되는 것도 바로 이 때문이다.

그러나 최고의 권력을 다수의 국민들이 항상 직접 행사하는 것은 불가능하고 효율적이지도 않다. 이것이 바로 국민주권주의의 딜레마이다. 민주국가가 아닌 전체국가나 전근대국가의 경우 주권자는 곧 행위의 주체가 될 수 있다. 왕정에서 왕은 자연인으로서 곧 국가이며 공동체의 대표자로서 그의 생각과 행위가 곧 주권자의 생각과 행위가 된다. 귀족정에서 귀족은 소수이므로 이들의 의사의 결집도 가능하고 효율성의 문제를 야기하지 않았다. 민주정도 소규모 공동체에서는 가능하다. 수백 명에 불과한 자유인들만의 민주주의를 구현했던 아테네의 민주주의가 그랬는데, 현대사회에서 스위스의 소규모 주에서 국민의 직접적인 의사결정방식이 비교적 활성화하고 소규모 지역공동체나 집단들에서 민주적 결정방식이 선호되는 것도 이 때문이다.

그러나 공동체의 규모가 거대하고 공동체의 삶의 형태가 복잡다양한 상황에서 구성원들이 국가의사결정에 직접 참여하는 것은 사실상 불가능하다. 그 모두를 도대체 어디에 모을 것이며 개별적인 결정의 수준들을 어떻게 정리할 것인가? 또 각자 중요한 생업이 있는데, 또는 자기가 직접적으로 관계되지 아니한 공적인 결정보다는 자신에게 직접적인 기쁨과 행복을 줄 수 있는 문화·사회·경제적 활동이 얼마든지 있는데 꼭 정치과정에 참여해야만 하는가 라는 의문이 있을 수 있다.

2) 국민주권주의의 구체적 실현방식으로서 대의민주제의 의의와 한계

이러한 회의적 현실에서 고안된 제도가 대의민주주의제도(*representative democracy*)이다. 직업정치인들로 하여금 국민을 대신해 직업적으로 국가과제를 수행하게 하고, 이들을 공직에 임명하는 절차인 선거를

통해 국민은 주권자로서의 기본임무를 수행한다. 국민대표를 뽑아 국가권력을 부여하고 그 대표들은 국민을 대신하여 국정을 수행하며 그 효과는 국민에게 되돌아간다. 결국 국민주권을 실현하는 방식은 직접민주주의만 있는 것이 아니고 대표를 통한 간접민주주의도 있으며, 특히 국가와 같은 거대공동체의 기본적 주권실현 방식은 직접민주주의가 아니라 간접민주주의이다.

그렇다면 국민들은 대표만 뽑으면 국가정책에는 나몰라라 해도 되는가? 아니다. 국민들의 여론은 대표자들이 국민이 위임한 권한을 행사하는 데 하나의 간접적 판단기준이 된다. 대표가 선출되면 양심에 따라 공동체 전체의 이익을 위해 그 직무를 수행해야 한다는 자율성이 주어진다. 이 원칙을 자유위임(free mandate)의 원칙이라고 한다. 그러나 이 원칙이 대표들은 국민들의 여론을 무시하고 마음대로 할 수 있다는 것을 의미하지는 않는다. 왜냐하면 그들의 권리는 국민주권주의에 따라 국민으로부터 나온 것이고 국민의 의사를 고려하여 행사해야 하는 것이다. 그러므로 모든 결정에 있어 여론대로 결정해야 하는 것은 아니지만, 여론과 반대로 결정할 때 그 결정을 정당화할 수 있는 충분한 소명을 할 의무가 있다.

현대 민주주의에서는 단순히 국민의 대표를 선출하는 데뿐만 아니라 인터넷과 같이 발달한 다양한 과학기술을 활용하고 과학적인 여론측정 수단을 이용하여 일상생활 속에서도 다양한 여론을 형성할 수 있는 길이 있으며, 이 여론은 국민의 의사를 대변하는 요소가 있다. 그러므로 국민여론이 원하지 않는 방향으로 국가권력을 행사하는 것은 아주 특별한 경우 이를 정당화할 수 있는 사유가 존재하는 것이 아니라면 민주주의의 정신에 반하여 정치를 하는 것이라는 비판을 받을 수 있고 다음의 선거에서 이에 대한 정치적 책임을 지게 된다. 그러나 그렇다고 법적인 책임을 물어 그 직에서 파면하거나 소환할 수 있는 것은 헌법과 법률에 특별한 규정이 있는 경우에만 가능하다. 만일 그런 제도가 함부로 사용된다면 대표의 지위가 지나치게 불안정하게 되어 안정적으로 국정을 수행할 수 없는 부작용이 있기 때문이다. 또한 국민대표가 정략적이고 사사로운 동기에 의해 그 기능을 못할 수 있는 위험성을 극복하기 위하여 사사로운 범죄행위에 대하여 형사소추를 면제하거나 체포·구금에서 자유로울 수 있는 특권을 부여하는 것도 바로 국민대표 기능의 원활한 수행을 목적으로 하는 것이다.

또한 국민대표는 자신이나 자신이 속한 집단의 사익을 위해 국가권력을 행사해서는 안 되고, 전체국민의 이익을 우선하여 직무를 수행해야 한다고 하더라도 전체국민의 이익이란 것이 하나로 항상 고정되어 있는 것이 아니고 보는 각도와 현실에 대한 판단차이에 따라 다양할 수밖에 없다. 이렇게 다양한 의견 중 다수의 지지를 받는 의견이 채택되어 국가권력에 의해 집행될 수밖에 없다. 이처럼 전체적 이익이 다양하다는 다원주의적 전제 위에서 각자가 생각하는 올바른 정책을 제시하여 국민의 선택을 받아 확정된 정책을 실현하는 것을 목표로 하는 정치적 결사체가 바로 정당이다.

오늘날의 민주정치는 정당간의 경쟁을 통해 실현되므로 대의민주주의는 정당중심적 민주주의로 운용되고 있는 셈이다. 우리 헌법은 이와 같은 현실을 수용하여 헌법 제8조에서 복수정당제를 채택하고 정당의 목적, 조직, 활동이 민주적으로 운영되어야 한다는 헌법적 의무를 정당에 부과하면서 그 활동에 대하여 국가가 보조금을 지급할 수 있는 특권과 정당의 목적이나 활동이 민주정치의 기본질서를 훼손하는 정도에 이르지 아니하는 한 해산당하지 아니할 강한 존립상의 보장을 받는다.

다원주의적 정치지배의 또 다른 축은 시민사회이다. 시민단체를 비롯하여 개인들이 자신의 생활이 이뤄지는 개별적 공간들에서 정치적 의미를 담고 있는 주장들을 개진하고 그것들의 전파와 결집이 이뤄져 정당 및 국가기관을 통해 반영되는 것이다. 이들의 활발한 활동이 곧 대의민주주의의 건강성과 정당성을 보장하게 된다.

그러나 이러한 다원주의적 제도들이 제대로 기능하지 못하면 대의민
주주의는 국민을 정치과정에서 소외시키고 정치인들의 정략적이고 사
리사욕을 보장해 주는 제도로 전락할 수 있다. 1987년 6월의 시민항쟁
이후 성립된 제6공화국 헌법체제에서 민주주의의 공고화를 표방한 김
영삼-김대중-노무현 정부가 모두 의회중심의 개혁보다는 국민에게 직
접 호소하는 정치를 추진해 온 것은 건국 이래 대의민주주의 체제의
요체인 의회가 다양한 사회적 요구에 적절히 대응하지 못하여 국민의
신뢰를 잃어왔기 때문이다. 그러나 이와 같은 대의민주주의의 동맥경
화 현상은 민주주의의 엘리트중심주의라는 비판으로 설명되는데, 비단
우리나라와 같이 민주화의 과정에 있는 국가들만의 현상이 아니라 정
도의 차이가 있지만 일찍이 의회민주주의를 발전시켜온 서구의 경우에
도 비판되어 온 문제이다.

### 3) 대의민주제의 보완, 또는 대안으로서 참여민주주의의 의의와 한계

대의민주주의의 문제점을 극복하는 것을 목적으로 하는 참여민주주
의(*participatory democracy*)는 사실 다양한 층의 정치사상이나 정책대안
들과 결합하고 있다. 일부에서는 대의민주주의를 전면적인 직접민주주
의로 대체할 것을 주장하는가 하면, 일부에서는 대의민주주의를 기본
으로 그 문제점을 시정하는 절제된 참여민주주의를 주장한다. 실제로
현대민주주의는 대의민주주의의 문제점을 시정하기 위하여 국민투표나
국민발안 등의 제도를 도입하여 국민의 직접적인 정책형성권을 부분적
으로 인정하는 혼합형 체제로 전환되어 왔다. 그런데 급진적 참여민주
주의론은 직접민주주의의 부분적 수용이 아니라 전면적 수용을 주장하
고 있는 것이며, 절제된 참여민주주의론도 국민투표제 등의 보완장치
이상의 수용을 요구하고 있는 것이다. 심지어 대의민주주의 체제의 핵
심요소인 정당의 해체나 의회의 기능축소를 주장하는 대안까지도 제시

된다.

특히 정보통신 혁명의 여파로 시간과 공간을 초월하여 광범위하고도 신속한 의사소통이나 수렴이 가능하게 됨으로써 시간과 공간에 종속되는 근대적 대의정치체제의 물리적 한계가 극복될 수 있는 여건이 마련되자 전자민주주의(*electoral democracy*)의 이름으로 급진민주주의(*radical democracy*)의 현실화가 시도되고 있다. 제16대 대선과 노무현 정부의 출범준비 과정, 제17대 총선과정에서 드러난 인터넷의 정치적 영향력 확대는 앞으로 닥쳐올 인터넷 민주주의의 파괴력을 보여주기에 충분한 것이었다.

그러나 국민의 참여 여부에 따라 모든 국가활동을 평가하려는 급진적 참여민주주의가 현대 대의민주주의의 대안이 될 수 있을 것인가? 대의제가 경직되게 운영되면 국민을 정치과정에서 소외시킴으로써 공동체의 주인인 국민다수의 의지와 무관한 정책결정과 집행이 일상화되는 엘리트민주주의의 폐해를 드러낼 위험성이 있다고는 하지만, 민주주의가 단순한 다수결주의로 환원될 수 있는 성질의 것이 아니라는 점은 민주주의 이론의 역사나 실제로부터 충분히 검증된 바 있다. 앞서 지적했듯이 직접민주주의를 실현할 수 있는 현실적 조건이 형성되지 않았을 뿐만 아니라 국민의 직접적 참여 자체가 공동체의 항구적이고 안정적인 발전을 보장해 주지 못하기 때문이다.

다행히도 현재 우리나라에서 정치적 영향력을 확대하고 있는 참여민주주의론자들은 이와 같은 극단적 참여민주주의를 주창하기보다는 기성 정치제도와 관행상의 불합리를 시정하는 지렛대로 국민의 참여를 활용하려는 절제된 입장에 있는 것 같다. 또한 권위주의 체제에서 제대로 행사된 적이 없던 국민의 자유와 권리를 확대하고, 여성·빈곤층·장애인·저학력자·외국인노동자 등 소외계층에 대해 우호적인 경향을 보이면서 단기적으로는 기존체제의 역기능을 개혁하는 원동력으로 작동할 수 있는 측면이 있다. 그러나 단순히 공동체의 주권자인 국민의 정치적 의사를 표현하여 국가정책 결정에 '영향력'을 행사하는 수준을 넘어 모든 정책의 '최종적 결정'을 직접 챙기려는 수준으로까지 발전할 때, 그것은 찰나적이고 즉흥적이며 무절제한 다수를 빙자한 독재체제의 탄생으로 귀결될 수 있음을 잊어서는 안 된다.

구체적으로 직접민주주의 체제는 정당이나 이익집단 등 다양한 중간집단(intermediate associations) 간의 세력균형을 통해 즉자적이고 이기적인 정책결정을 견제할 수 있는 시스템을 붕괴시켜 장기적인 계획에 따른 안정적인 정책형성과 집행을 어렵게 할 수도 있다. 나아가 국가 결정에 사회적 참여를 지나치게 강조한 결과 별개의 조직원리에 의해 효율적으로 운영되어야 할 국가시스템의 비효율을 자초함으로써 오히려 국가시스템이 개인의 자유와 권리보장을 위해 활동할 수 있는 여력을 소진시키는 역효과를 낳을 수도 있다. 대의민주주의 체제는 국민대표자가 즉흥적인 결단이 아닌 시간차를 두고 벌이는 지속적인 대화와 협의의 과정을 거치는 체제로 이성에 의한 장기적이고 치밀한 결정을 가능하게 하는 장점을 가지고 있는 것 또한 무시할 수 없는 것이다.

## 3. 최근 현안에서 나타난 국민주권만능주의에 대한 평가

### 1) 신행정수도이전은 반드시 국민투표를 거쳐야 할 사안인가

2004년 7월 12일 169명의 국민이 신행정수도의건설을위한특별조치법(이하 행정수도특별법)에 의하여 자신들의 기본권이 침해됐다는 취지의 헌법소원[1]과 그에 부속한 가처분신청[2]을 제기했다. 그 중 가장 대

---

[1] 헌법소원이란 헌법이 보장하는 국민기본권이 국가기관이나 공공단체의 행위나 직무유기 등에 의해 침해된 경우 헌법재판소의 결정으로 구제를 받는 제도이다.

[2] 가처분신청은 재판에서 청구인들이 이기는 경우에도 이미 그 원하는 이익을 회복

표적인 주장은 서울이 대한민국의 수도라는 사실이 불문헌법에 해당하므로 수도이전은 국민투표를 거쳐야만 합헌성을 갖추게 된다는 것이다. 이 주장을 국민주권주의와 그 실현방식으로서의 대의민주주의의 원리 측면에서 검토해 보자.

우선 명문의 헌법규정에 규정되지 아니한 것을 불문헌법으로 인정하기 위해서는 그 내용이 헌법의 본질에 부합하는 사항이어야 한다. 청구인들은 세계 85개국이 헌법에 수도에 관한 규정을 두고 있는 것을 그 예시로 제시하고 있으나, 설령 그런 통계가 옳다고 하더라도 수도에 관한 규정을 두고 있지 아니한 나라가 더 많다는 역설에 직면하게 된다. 또한 입헌민주주의의 모범이 되는 대표적 국가들에서도 헌법에 수도규정을 두고 있지 않은 예를 쉽게 발견할 수 있다.

설령 수도가 불문헌법의 내용이라고 하더라도 그 변경을 반드시 국민투표를 통하여 실현해야 한다는 청구인들의 주장은 헌법적 정당성이 없다. 수도규정을 두고 있는 모든 나라가 수도이전의 문제를 국민투표의 방식으로만 결정하도록 규정하고 있지도 않으며 법률로 가능하도록 하고 있는 경우도 발견할 수 있다. 또한 불문이라도 '헌법규정'이라면 당연히 헌법개정 절차를 거쳐야 한다고 주장해야지 헌법 제72조를 근거로 드는 것도 적절하지 않다. 불문헌법이라는 주장이 스스로 보기에도 불완전한 것임을 인정하는 것으로 보인다.

양보하여 헌법개정에 버금가는 중요사항으로 인정한다고 하더라도 청구인들이 주장하는 것처럼 헌법 제72조에 바탕한 '필수적' 국민투표를 주장하는 것은 제72조의 본질에 반한다. 무엇보다도 제72조의 국가안위에 관한 중요정책을 국민투표에 부의할지 여부는 대통령의 재량사항이지 헌법적 의무로 보지 않는 것이 일반적이다. 청구인들은 수도

---

할 수 없을 정도로 상황이 전개되어 버린다면 재판의 의미가 없어지기 때문에 결론이 나오기 전이라도 청구인에게 불리한 상황의 변화를 초래할 수 없도록 일정한 조치를 취해 주도록 재판기관에 신청하는 것을 말한다.

이전과 같이 국가안위에 관한 중요정책으로서 충분한 시간적 여유가 있는 사안에 재량권을 인정한다는 취지는 아니라고 부의권의 재량성을 극도로 축소하는 해석을 한다. 그러나 이런 주장은 대통령이 "필요하다고 인정할 때에는… 붙일 수 있다"는 규정의 문리적 해석으로 설득력이 약할 뿐만 아니라 국민투표권을 인정한 우리 헌법의 근본정신에도 부합하지 않는다.

우리 헌법은 국민주권의 원리를 국민대표기관에 의한 대의민주주의를 중심으로 실현하도록 체계화하고 대의민주제의 불합리를 시정하기 위한 예외적인 경우에 한하여 국민의 직접적인 국정결정권을 인정하는 국민투표제도를 채택하고 있다. 오로지 헌법개정의 경우와 제72조에 의한 국민투표에 해당하는 경우에만 대의기관과 더불어 또는 우회하여 국민이 직접 국정에 참여할 수 있다. 헌법재판소(이하 헌재)도 중요정책에 대한 국민투표 실시 여부는 대통령의 임의적이며 독점적 권한임을 노무현 대통령 탄핵사건에서 확인한 바 있다. 이러한 부의권의 임의성과 독점성 때문에 부의권이 대통령의 정치적 입지를 보강하기 위하여 행사되어선 안 되는 내재적 한계를 확인하고 재신임 국민투표를 위헌으로 선언하였던 것이다.

결국 국민투표부의권은 국민주권주의 또는 민주주의 원칙과 같은 일반적인 헌법원칙으로도 강제할 수 없는, 국정책임자인 대통령의 전속 재량권이므로 주권자인 국민이라도 정치적으로 그 시행을 주장할 수는 있을지언정 헌법적으로 강제할 수 있는 지위에 있지 않다. 청구인들은 헌재에서 국민투표권을 기본권으로 인정한 것을 전거로 원용하고 있으나, 헌재의 결정은 어떤 경우에나 일반적 국민투표권이 기본권으로 인정된다는 것이 아니라 헌법개정안이 발의되거나 대통령이 부의한 경우에 한하여 비로소 구체적 기본권으로 발현되는 것임을 인정한 것이다.

더구나 국가의 중요정책에 대해 국민투표를 '필수'라 주장하는 것은 자유민주주의의 실현원리로서 대의민주주의와 의회주의에 대한 부정으로 귀결될 수 있는 위험한 주장이다. 정책국민투표는 국민대표기관으로 국정 파트너인 국회와 대통령이 중요국정에 대해 합의할 수 없는 예외적인 경우, 특히 대통령이 원하는 국가정책이 국회의 반대에 부딪쳐 유산될 위협에 처한 경우에 주권자인 국민의 직접적인 개입에 의하여 결정하도록 마련된 예외적인 국회우회 절차이다. 헌재가 대통령의 국민투표부의권의 내재적 제한을 확인한 것도 부의권을 남용하여 국회를 무력화하는 것을 경계하기 위한 것이다. 그런데 국회에서 여야합의로 제정한 법률과 이를 집행하려는 정부의 활동을 국민투표를 거치지 않았다 하여 위헌이라고 주장하는 것은 대의민주주의와 의회주의에 대한 부정이라고 할 수밖에 없다.

## 2) 재신임국민투표는 헌법이 허용하는가

탄핵사태 이전에 국민적 관심을 끌었던 사안이 대통령에 대한 재신임국민투표의 문제였다. 물론 대통령의 제안을 정치권이 수용하지 아니함으로써 실행되지는 않았지만 향후 재발될 수 있는 가능성이 있었다. 당시 국민투표를 찬성하는 쪽은 국민주권주의에 따라 국민대표기관인 대통령의 진퇴를 국민이 다시 정하도록 하는 것이 가능하다고 주장했다. 그러나 이에 대하여 노무현 대통령 탄핵심판을 계기로 헌법재판소가 위헌이라는 견해를 분명히 함으로써 쐐기를 박았다.

헌재의 논지는 분명하다. 국민은 선거와 국민투표를 통해 국가권력을 직접 행사하게 되며, 국민투표는 국민에 의한 국가권력의 행사방법의 하나로서 명시적인 헌법적 근거를 필요로 한다는 것이다. 따라서 국민투표의 가능성은 국민주권주의나 민주주의 원칙과 같은 일반적인 헌법원칙에 근거하여 인정될 수 없으며, 헌법에 명문으로 규정돼야만 한다는 것이다. 이와 같은 결론이 타당함은 앞서 언급한 바와 같다. 국민주권주의의 실현방식이 직접민주주의와 간접민주주의로 나뉘지만 어디까지나 중심이 간접민주주의에 있음을 헌법이 체계적으로 분명히 하고 있기 때문이다.

### 3) 국회의원에 대한 국민소환제는 허용돼야 하는가

탄핵정국이 절정에 달하였을 때 탄핵을 촉발한 국회의 중심세력에 대한 국민의 반응은 그들의 권한을 통제하기 위한 수단의 모색이었다. 국민소환제는 그 첫머리에 있었다. 임기중이라고 하더라도 일정한 절차를 거쳐 국민의 의지를 배반하는 대표들을 파면시키는 제도가 국민소환제도이다. 국민소환제는 국민투표제나 국민발안제와 더불어 '제왕적' 지위에서 국민 위에 군림하는 국민대표를 '더 많은 민주주의'의 구도하에 묶어두는 데 매력적인 수단임에 틀림없다. 국민주권주의를 간접적으로 실현하는 대의민주제가 국민의 대표로 하여금 주어진 임기동안 국민의 이름으로 국정을 결정하게 하는 것이라면 국민주권주의를 직접적으로 실현하는 국민소환제는 국민의 대표를 임기중에 해임할 수도 있는 길을 열어둠으로써 국민의 머슴들이 주인의 목소리에 좀더 귀를 기울이도록 강제하는 제도인 것이다.

그러나 인간이 만들고 운용하는 모든 제도에는 그 명암이 있듯이 국민소환제의 경우도 예외가 아니다. 민주주의란 묘한 것이다. 국민이 직접 정치에 나선다고 항상 국민에게 이익이 되는 것이 아니라는 데 민주주의의 딜레마가 있음은 앞서 이야기한 바와 같다. 참여의 과잉이 정치시스템의 불안정을 초래하고 비효율을 초래할 때 그 부담 역시 국민에게 돌아갈 수밖에 없기 때문이다. 국민소환제는 정치세력간의 견제와 타협보다는 국민을 직접 상대하는 선동정치에 악용될 위험성이 있다.

국민대표자들도 욕망을 가진 인간으로서 많은 약점을 가지지 않을 수 없고, 정치적 경쟁의 과열과 정보화시대에 가공할 위력을 발휘하는 사이버선동은 그들에게 맡겨진 국사의 합리적 처리보다는 복지부동과 무사안일에 치중하도록 강요할 위험도 있다. 국민대표들에게 신분상의 안정성을 제공하지 않을 때 현대국가에서 난마처럼 얽힌 모든 국가적 과제들을 효율적으로, 그리고 일시적 이익보다는 장기적 이익을 고려하여 처리할 수 있는 여유와 지혜를 앗아갈 가능성이 많기 때문이다. 이런 여유와 지혜의 상실은 불필요한 정치과잉과 현실을 무시한 즉흥적 정책결정의 남발을 낳고 정치시스템 전체의 불안정으로 귀결될 수 있다. 현대민주국가들이 이 제도의 전면적 도입을 꺼리는 것도 이와 같은 우려를 반영한 것이다.

국민소환제가 도입되기 위해 넘어야 할 산은 이와 같은 이론적이고 현실적인 위험성에 그치지 않는다. 우리 헌법은 국민주권주의를 실현하는 것을 목적으로 하는 국가권력구조를 대의제의 원리 아래 형성하고 예외적으로 개헌 등과 같은 사안에 대하여만 국민이 직접 결정할 수 있도록 하고 있다. 국민대표에 대한 임기제를 헌법이 보장하는 현실에서 대의제에 대한 중요한 예외인 국민소환제를 도입하기 위해서는 헌법적 근거가 필요하며 결국 국민소환제의 도입은 헌법개정을 요구한다.

부패한 의회권력의 남용이 가져오는 중대한 헌정위기를 목도한 국민으로서 이를 심판하기 위한 국회의원에 대한 국민소환제의 도입은 중차대한 과제이고 헌법개정을 통해서라도 추구할 만한 가치일 수도 있다. 그러나 역동적인 정치의 세계는 그런 단순한 과제수행만을 허용하지 않을 가능성이 많고 그것이 빌미가 되어 정략적인 또 다른 개악을 초래하여 우리의 시대정신이 요구하는 헌법의 안정성을 손상시킬 수 있는 위험을 고려해야 한다. 결국 소환의 필요성이 없을 국민의 대표자를 뽑는 제도의 마련이나 선거에서의 올바른 결정이 더욱 시급하고 현실적인 대안이 될 수 있다.

## 4. 마무리하면서

요즘 대중영합주의, 즉 포퓰리즘(populism)에 대한 비판이 한창이다. 노무현 대통령의 참여정부가 네티즌을 중심으로 우호세력을 형성하여 정적들을 공격하고 그들의 인기에 영합하는 정책들을 남발하고 있다는 비판이 있다. 특히 지역주의와 불합리한 선거제도에 편승하여 국회가 구성됨으로써 정당한 대표의 구성과 유지라는 의회주의의 기본요소가 왜곡되어 있는 제16대 국회의 세력분포에서 국민 다수의 지지에도 불구하고 국회내 소수파의 지지를 받았을 뿐인 노무현 정부는 국회의 세력분포를 변형시킬 특단의 방안을 모색하거나 국회를 우회하여 국민을 직접적으로 정치세력화하는 방안에 매력을 느꼈을 수 있다. "국민이 대통령입니다"라는 구호처럼 국민의 참여를 지향하는 슬로건들이 노무현 정부를 상징하게 된 것에서도 그런 흔적을 발견할 수 있다.

그러나 한편으로는 요즘 일부언론들과 대안매체들에서 국가원수이자 국정의 최고책임자에 대한 인격적 비난들이 난무하고 자신들이 지지하는 세력이 국회의 소수파로 전락했다는 이유만으로 국정의 주요 현안을 국민투표의 방식으로 해결하려는 움직임이 있는 것은 그러한 우려가 특정세력에만 국한된 것만은 아님을 보여준다. 따라서 어느 세력이건 우리 헌정의 기본구도에 대한 이해로부터 자신들의 입지를 점검하는 지혜가 필요하다.

현행 헌법체제는 대의민주주의를 채택하면서 대통령과 국회의 견제와 균형의 세력관계에 의해 공동체의 기본운영이 이뤄질 것을 요구하고 있다는 점을 잠시도 잊어서는 안 된다. 대의민주주의의 태생적 위험성은 법적 제도의 확충과 정치문화의 성숙에 의해 치유하려는 태도가 바람직하다. 합리적 선거제도, 근대적 정당제도, 청원제도, 탄핵제도, 헌법소원제도, 기본권보장제도의 구축은 대의민주주의의 민주적 정당성이 훼손되지 않도록 하는 헌법적 장치들이다. 한편 성숙한 시민사회 내의 담론이 정치과정에 영향을 미칠 수 있는 공론장(*public sphere*)의 활성화는 국민의 정치과정으로부터의 소외를 극복할 정치문화적 조건이라고 할 수 있다. 물론 제도적 요소와 문화적 요소는 유기적으로 결합할 때 원래의 목적을 달성할 수 있다. 제도를 활용할 수 있는 국민의 의식이 성숙되지 아니하면 제도의 완비는 형식에 그치게 될 것이고, 제도가 뒷받침되지 아니하고서는 정치문화의 성숙은 항구성을 띠지 못하고 일과성의 이벤트로만 귀결될 것이다. 제도적·정치문화적 조건을 모두 활성화하여 정치과정에서 지배자와 피지배자의 항구적 괴리를 극복할 수 있는 여건을 조성하는 데 기여하는 절제된 참여민주주의는, 대중의 조직화되지 않은 권력에의 의지를 헌법을 정점으로 한 법체계가 정하는 절차와 한계를 통해 세련화함으로써 그 성가를 발휘할 수 있다.

결론적으로 국민은 주권자이나 무소불위의 만능자가 아니라 스스로 정한 헌법의 가치와 절차에 의해 제한을 받는다.

# 7 나는 악법에 복종할 도덕적 의무를 지는가

김 도 균

## 1. 머리말

법을 준수하는 시민이나 법복종주의자들보다 시민불복종주의자나 법률불복종주의자가 도덕적으로 더 정당성이 있다고 인정되던 시대가 있었다. 그런 시기를 겪고 난 현재의 한국사회에서 어떤 근거로 국가와 법은 시민들에게 복종을 '요구'할 수 있고, 시민들은 왜 국가와 법에 복종할 '의무'를 받아들여야 하는가? 또는 어떤 경우에 법불복종행위가 정당하다고 판단할 수 있는가? 가령 우리 헌법 전문에서 찾아볼수 있는 "불의에 항거한 4·19민주이념을 계승하고"라는 구절은 시민불복종이 우리 헌법의 정신에 반하는 것이 아님을 시사하고 있다. 다른 한편으로는 각자의 권리가 비교적 보장되는 민주화 정착의 단계에서 가장 먼저 해결되어야 할 문제는 합리적 의사결정을 정착시키고,

김도균(金度均)은 서울대학교 법학과 및 동 대학원을 졸업(석사 및 박사수료)하고 독일 Christian-Albrechts-Universität zu Kiel(Juristische Fakultät)에서 법학박사 학위를 받았다. 서울대학교 법학연구소 특별연구원을 역임했고, 현재 서울대학교 법학과 교수로 재직 중이다. "도덕적 권리, 불가침의 기본적 인권, 그리고 헌법에 열거되지 않은 기본권", "공정으로서의 정의관에서 본 남녀평등: '잠정적 우대조치' 개념의 분석", "John Rawls의 자유론에 있어서 분석적 차원과 규범적 차원", "자연법론적 승인율의 필연성에 대하여" 등의 논문이 있다.

법의 권위(=의무 이행)를 확보하는 것이라는 데 대부분의 사람들이 동의하고 있기도 하다. 나는 왜 법에 복종하여야 하는가? 좋은 법에는 복종한다손 치더라도 악법(惡法)에까지 복종할 의무를 지는가?


## 2. 역사적 사례

1847년의 미 연방대법원 판결(Jones v. Van Zandt 판결 46 U.S. 215)을 출발점으로 악법에 대한 법복종의 의무에 관한 논의를 살펴보자. 켄터키(Kentucky) 주에 거주하는 X는 9명의 흑인노예를 소유하고 있었는데, 2명의 노예가 오하이오(Ohio) 주로 도망간 동안 이 주에 거주하는 Y는 이들을 도와주고 보호해 주었다. X는 Y가 연방법률을 위반했다는 이유로 Y를 상대로 500달러의 보상을 요구하는 소송을 제기했다. 당시 연방법률은 노예를 허용하는 주의 노예가 노예를 허용하지 않는 다른 주로 도망하더라도 주인이 노예를 추적하여 체포할 수 있도록 하고, 이를 방해한 자는 노예 소유자에게 500달러의 배상을 하도록 하는 법률[통상 도주노예법(The Fugitive Slave Law)이라고 한다]을 두고 있었다. 이 사건에서 Y는 노예를 인정하거나 인간에 대하여 재산권을 인정하는 모든 법은 무효라고 주장하였지만, 연방대법원은 Y의 주장을 받아들이지 않고, X의 청구를 인용한 원심판결을 확정하였다. 연방대법원은 이 사건 이외에도 여러 사건에서 노예법이 헌법에 반하지 않는다고 판결하였고, 자연법(natural law)을 적용하여야 한다는 주장을 기각하였다. 이 판결에 관여한 맥린(John McLean) 대법관은 한 노예폐지론자에게 보낸 편지에서 다음과 같이 말한다.

판사들이 헌법과 법을 수호하겠다고 선서한 사실을 누구나 알고 있습니다. 판사들은 노예제도를 추상적으로(이론적으로) 고려할 수 없습니다. 만일 어떤 사건에서든 판사들이 문언 그대로의 법(*written law*)을 무시한다면 판사들의 행위는 부정한 것이 되고 판사들은 국가의 반역자가 될 것입니다. 헌법과 의회의 법률은 노예 소유자에게 자유주(노예가 불법인 주)로부터 노예를 반환받을 권리를 부여하였습니다. 법률규정의 내용이 너무나 명백하여 누구도 잘못 해석할 수 없습니다. 판사가 자신의 생각으로 실정법을 대체하는 것이 어찌 기대되거나 바람직하다고 하겠습니까? 만일 이러한 행위가 사법판단의 규범이 된다면 인격, 재산 또는 생명에 대한 보장은 불가능해질 것입니다.

자, 다음과 같이 자신에게 물어보자. 내가 19세기의 미국에 산다면, 흑인들을 노예로 취급한 법률들도 법이기 때문에 지킬 의무를 지는가? 아니면 인간의 존엄성을 해치는 악법이므로 불복종하는 하는 것이 정당한가?

이번에는 독일이 나치체제하에 있던 시절(1944년)의 한 사건을 들어보자. 평소 자신의 남편과 헤어지려 마음을 먹고 있던 한 여자가 있었다. 사건이 일어났던 당시 그 여자의 남편은 군에서 휴가를 받아 집에 와 있었는데, 전선에서 겪은 일들을 이야기하면서 히틀러를 비방했다. 남편의 발언은 제3제국과 군에 해가 되는 것으로, 당시 나치체제의 법에 따라 처벌받을 만한 것이었지만, 부인인 여자에게 남편을 고발해야 할 법적 의무는 없었다. 이를테면 '불고지죄'(不告知罪)의 혐의는 없었다는 것이다. 그렇지만 그 여자는 남편을 당국에 고발했고, 남편은 체포되어서 사형선고를 받았다. 당국은 남편에 대해 사형 대신 전선으로 보내는 조치를 취했는데, 남편은 거기서 전사했다. 1949년 그여자는 문제의 행위로 재판을 받게 됐다. 즉, 1871년에 공포·발효됐던 독일 형법전에서 규정하고 있는 '불법적으로 타인의 자유를 박탈한 죄'로 기소된 것이다. 그러나 여자는 자신의 행위가 나치 법에 의해 인정된 것이며, 자신의 남편에 대한 유죄선고는 유효한 나치 법에 따른 것이므로 자기는 결코 범죄를 저지른 게 아니라고 항변했다. 자, 문제의 나치 법률은 법인가? 그리고 여자의 밀고행위와 나치 법률을 적용한 법관의 행위는 적법하고 정당한가? 이 경우 우리는 어떻게 판단해야 할까?

이 물음은 우리가 법을 어떻게 바라보는가에 따라 달라진다. 가령 법을 절차에 맞게 제정된 실정법규들로 한정할 것인지, 아니면 제정법규 이상의 '무엇'까지 포함하는 것으로 볼 것인지, 또 그 '무엇'을 어떻게 채울 것인지에 따라 위의 사례에 대한 판단은 달라지는 것이다. 참고로 이 사건을 담당했던 당시 독일 항소법원의 입장을 살펴보자. 비록 그 남편이 당시 유효한 실정법 위반으로 처벌됐지만, 문제의 법은 '보통의 인간이라면 가지는 건전한 양심과 정의감에 반하므로' 무효이며, 그 여자는 그러한 점을 충분히 알 수 있었기 때문에 '자기 남편의 자유를 불법적으로 박탈한 죄'를 범했다고 법원은 판단했다. 법원의 이 결론에 대해서는 의견이 분분할 수 있는데, 실제로 그랬다.

기타의 갑론을박은 제쳐두고 가장 근원적인 데 주목해 보자. 어느 시대, 어느 사회에서도 일어날 수 있는 이 비극을 놓고, 법률가들은 다음과 같은 물음을 던진다 —'문제의 그 나치 법률은 법인가 아닌가? 도대체 법이란 무엇인가?' 또한 이 여인을 도덕적으로 비난할 수 있을지라도, 실정법에 복종한 행위인 만큼 법적으로는 합법적인 행위 아닌가? 이 질문은 한국 현대사에서 '부정의하다는 점을 누구나 인정할 수 있는 법률은 효력이 있는가?'와 '그 법률에 따라서 타인의 생명과 자유를 침해한 자들을 사후에 처벌할 수 있는가?'라는 두 가지 질문으로 제출됐다. 이와 같은 극단적 사례에서 곧바로 법불복종행위의 정당성을 이끌어낼 수 있는가?

2000년 4월 13일 치러진 16대 총선 당시 시민단체들(NGO)이 대규모 연대조직을 결성, 각 정당 국회의원후보자 공천감시와 부적격자에 대한 '낙천·낙선운동'을 벌였는데, 이는 현행 공직선거및선거부정방지

법(이하 선거법) 제87조에 대한 위반행위에 해당하는 것이었다. 현행 선거법 87조는 "단체는 사단·재단 기타 명칭의 여하를 불문하고 선거 기간중에 그 명의 또는 그 대표자의 명의로 특정정당이나 후보자를 지지·반대하거나 지지·반대할 것을 권유하는 행위를 할 수 없다"고 규정하고 있으며, 동법 제255조 제1항 11호는 "제87조 단체의 선거운동 금지의 규정에 위반하여 특정정당이나 후보자를 지지·반대하거나 지지·반대할 것을 권유하는 행위를 하거나 하게 한 자"에 대해서는 3년 이하의 징역이나 600만 원 이하의 벌금이라는 형벌을 부과하고 있다. 당시 시민단체들은 기존의 부패한 정치판을 개혁하려면 공천부적격자에 대한 낙천·낙선 운동이 반드시 필요하며, 이는 참여민주주의를 활성화하는 필수적 수단이라고 주장했다. 또한 진정한 민주주의의 정치문화와 제도확립에 필요한 낙천·낙선운동을 과도하게 금지한 선거법 제87조는 악법이므로 이를 의도적으로 어겨서라도 낙천·낙선운동을 벌일 것이며, 이는 오히려 정당한 시민의 권리이기도 하다고 선언했다. 자, 낙천·낙선운동은 정당한 법불복종인가?


## 3. 법복종의 근거와 정당한 법불복종의 기준

### 1) 법의 권위

빨간 신호등이 켜지면 멈추어야 한다는 법률에, 구급차나 소방차처럼 긴급한 상황이 아닌 경우에는 자동차 운전자의 개인판단이 어떠하든 또는 개인적 사정이 어떠하든 복종해야 하는 것은 당연하다. 법률이 어떤 행동을 명령하거나 금지하고 있는 경우에 시민은 그 규범내용을 자기행위의 근거로 삼아야 한다. 이러한 현상을 우리는 '법의 권위'라고 부른다. 법의 내용과는 상관없이 법이 명령하고 있기 때문에 우리는 법의 규범내용대로 지켜야 하는 것이다. 매번 각 개인이 법의 내용이 정당한가 아닌가를 따져서 법을 지킬 것인가 말 것인가를 결정한다면 사회질서는 유지될 수 없을 것이며, 사회적 협동 또한 불가능할 것이다. 그렇다면 법이 어떠한 것을 명령하더라도 시민은 반드시 복종해야 한다는 것인가?

### 2) 법복종의 의무는 어디에서 비롯되는가

법복종의 의무는 어디에서 비롯되는지를 알아보기 위해 소크라테스의 죽음을 실마리로 논의를 진행하도록 하자. 1)

#### (1) 소크라테스의 죽음: "악법도 법이다"

《변론》(the Apology)은 책제목처럼 사형선고 후 소크라테스가 남겼다고 하는 최후변론을 담고 있다. 소크라테스는 재판정에서 자신을 변호하면서 설사 법원이 철학을 포기할 것을 조건으로 석방하는 판결을 내린다고 할지라도 이를 거부할 것을 공개적으로 천명한다. 왜냐하면 지혜를 사랑하고 덕을 추구하며, 이를 아테네 시민들에게 알리는 도덕철학적 활동은 신이 내린 명령이기 때문이다. "나는 죽음을 두려워한 나머지 그릇된 또는 부정의한 일에 관해서는 어느 누구에게도 복종하지 않을 것이며 복종하느니 차라리 죽음을 택하겠다"고 선언하는 소크라테스는 과거 자신이 평의회의 공직을 맡았을 때, 불법적이거나 부정의한 정부의 결정들과 법령에 대하여 그 결정과정에 대해서는 물론, 자신의 반대에도 불구하고 법령이나 정책이 결정되었다면 그대로 순종하지 않고, 자신의 철학적 신념에 따라 계속 반대하고, 적어도 그 집

---

1) 소크라테스의 죽음과 "악법도 법이다"라는 발언에 관한 이하의 내용은 강정인 (1994)를 정리·요약한 것이다. 개개의 지면을 밝히지 않겠지만 모두 강정인 교수의 훌륭한 논문을 출처로 삼았다.

행에 참여하는 것을 거부하였다고 주장한다.

감옥에 갇힌 소크라테스에게 오랜 친구이자 제자인 크리톤이 찾아와서 탈출을 권유하는 것을 내용으로 하는 《크리톤》에서, 소크라테스는 법불복종보다는 법복종을 강조하는 견해를 피력한다. 크리톤의 근거는 다음과 같다. 소크라테스가 죽으면 귀중한 친구가 죽는 것이며, 귀중한 친구를 구하지 못하면 자신은 양심의 가책에 빠질 것이고, 다른 이들도 자기를 비웃을 것이다. 게다가 소크라테스가 도망간다고 해서 친구들이 위험에 빠지는 것도 아니므로, 부당한 판결에 따라 죽기보다 망명을 해서 가정도 지키고 철학적 활동도 계속 할 수 있는 편이 낫다.

이에 소크라테스는 "도주한다는 것이 자신의 이익, 편리, 자식의 교육, 철학적 사상의 전파 등의 실용적 관점에서가 아니라 과연 그 자체로 옳은 일인가?"라고 묻는다. 소크라테스는 자신의 최고 도덕원리는 "우리는 누군가가 자신에게 잘못된, 부정의한 행위를 했을 때 그 잘못된 행위에 대하여 결코 잘못된 행위로 되갚거나 그에게 악행을 저질러서는 안 된다"는 데 있다고 하며 아래와 같은 법복종 근거를 든다.

① 피해논거(*injury argument*) : 소크라테스가 도망감으로써 친구와 가족에게 피해를 줄 뿐만 아니라, 국가와 법체계를 파괴하게 되는 나쁜 결과를 낳는다. 만일 일단 내려진 법률이나 판결이 아무런 효력이 없이 지켜지지 않으면, 그리고 모든 사람이 그렇게 행동한다면 국가와 법체계가 과연 존속할 수 있겠는가?

② 동의논거(*agreement argument*) : 정당한 합의는 지켜야 하는 것이라면, 국가의 동의 없이 도망가는 것은 합의를 파기하는 부정의한 행위 아닌가? 소크라테스 자신이 국가의 명령과 법, 판결에 복종하는 데 동의했다는 점은 다음에서 드러난다. 아테네 시민이라면 아테네 국가의 법과 행정이 마음에 들지 않는 경우 언제라도 가족을 데리고 자신

의 재산을 가지고 마음에 드는 다른 나라로 이주할 수 있는 자유가 있는데, 아테네의 통치방식과 재판집행을 경험하면서 오랫동안 아테네에 머물러 있었다면 아테네의 국가와 법의 명령에 복종하기로 동의한 셈이다. 더구나 소크라테스는 70년 동안이나 살면서 다른 시민들보다 더 아테네를 떠나기를 꺼려했고, 아테네에서 가정을 이루어 잘 살았다면 아테네의 국법에 복종하기로 동의했음이 명백하다.

③ 충성논거(*piety argument*) : 국가가 소크라테스와 그의 조상들의 출생, 양육, 교육을 돌보아주었으며, 국가는 부모나 조상보다 훨씬 더 고귀하고 더 많은 존경을 받는다. 국가가 옳다고 판단하여 소크라테스를 죽이려 한다 해서 이에 맞서 국가와 법체계를 파괴하려는 것은 옳지 못하다. 따라서 전쟁에서건 법정에서건 '어디서나' 시민은 국가의 명령이 정의에 반한다는 중요한 근거제시를 통해 국가를 설득할 수 없다면 국가의 명령과 법에 복종해야 한다.

④ 언행일치 논거(*self-consistence argument*) : 소크라테스가 원했더라면 재판과정에서 사형 대신에 국외추방의 형을 제시할 수 있었는데, 국가의 동의하에 할 수 있었던 도피를 이제는 국가의 동의 없이 행하는 것은 언행의 모순이다. '불법적'으로 도망가서 다른 나라에서 소크라테스가 평생 가르쳐온 "덕과 정의와 법이 인간에게 가장 소중한 것이다"라는 사상을 양심의 가책 없이, 내면의 양심과 충돌 없이 계속 가르칠 수 있겠는가?

위에서 든 주장들을 다음과 같이 구성하면 소크라테스는 모순되는 입장을 가진다는 결론에 도달한다.

① 《변론》 주장 Ⅰ : 국가가 나에게 철학의 포기를 명령한다면 결코

복종할 수 없다.

② 《크리톤》주장 II : 모든 시민은 국가의 명령과 법규, 판결에 복
　종해야 한다.

이를 다음과 같이 재구성할 수 있을 것이다.

③ 주장 I-1 : 보다 높은 신의 명령, 또는 정의의 이름으로 법률을
　위반하는 것이 도덕적으로 정당하다(자연법적 입장).

④ 주장 II-1 : 법이 요구하는 바는, 설혹 그 내용이 부당할지라도,
　반드시 복종해야 할 도덕적 의무가 있다(법실증주의적 입장).

그렇다면 《크리톤》에서 보이는 "부당한 법률이나 판결이라도 이를
따라야 할 도덕적인 의무가 있다"라는 소크라테스의 주장은 다음과 같
은 역설에 부딪힌다. (i) "사람은 누구나 어떠한 경우에도 부정의한 행
동을 해서는 안된다"라는 소크라테스 최고의 도덕원리를 받아들이면
서, 동시에 (ii) "실정법은 시민들에게 복종의 도덕적 의무를 부과할
수 있다"는 전제와 실정법은 부정의한 것을 명령할 수 있다는 전제를
받아들이면, (iii) "시민은 도덕적으로 금지되어 있는 바를 행해야 할
도덕적 의무가 있다"는 모순에 빠진다. 따라서 부정의한 행동을 해서
는 안된다는 원칙을 받아들인다면, 시민이 국가의 법에 복종하기로
합의했다할 지라도, 법이 부정의한 것을 명하는 경우에는 이에 복종해
서는 안된다. 법이 부정의한 행위를 명하는 것은 시민이 합의한 바를
넘어서는 것이다.

(2) 소크라테스: 정당한 법복종과 정당한 법불복종의 기준
　전통적인 해석에 따르면, 소크라테스는 "악법도 법이다"라는 주장을
하면서 독배를 마셨다. 가령 소크라테스가 '법적 안정성'을 위해서 비

극적으로 순교했다고 해석하고 이를 무조건적 법복종 의무를 정당화하는 사례로 들고 있다. 그러나 이러한 해석은 잘못이다. 왜냐하면 이 해석은 《크리톤》에서 소크라테스가 자신의 대화 상대인 크리톤(또는 암묵적으로 당시 아테네 시민들)의 법의식 수준에 맞추어 논의를 전개했다는 점을 고려하지 않기 때문이다.

① 저차원의 불복종과 고차원의 불복종

이제 소크라테스의 입장을 우리는 다음과 같이 새롭게 요약할 수 있을 것이다. 크리톤의 법의식은 개인의 이익, 평판, 우정 등에 비추어 볼 때 감옥에서 도망가도 무방하다는 내용으로 집약된다. 이는 "법을 자신의 편리와 정실관계에 따라 어길 수도 있다"는 법의식인데, 이를 우리는 '저차원의 법불복종'이라고 부를 수 있다. 아마도 당시 아테네 시민들 대부분이 이러한 저차원의 무법의식을 가지고 있었을 것이다. 이에 반해 국가의 법률과 명령을 보다 높은 신의 명령, 도덕원리, 정의 이념에 비추어 심사숙고하여 판단한 후 내면의 확신에 따라 복종을 거부할 때를 '고차원의 법불복종'이라고 부를 수 있다. 《변명》에서의 소크라테스의 법률불복종 의식이 이에 해당될 것이다.

두 가지 불복종의 중간단계에 '법의 지배' 원리가 위치하는데, 소크라테스는 '법의 지배' 원리에 대한 올바른 이해가 필요하다고 판단했을 것이다. 왜냐하면 만일 누구나 다 '저차원의 법 불복종' 의식을 가지고 법을 어긴다면 국가와 법체계는 혼란에 빠지고, 아테네의 민주제는 붕괴할 것이기 때문이다 소크라테스는 자신이 감옥에서 도망가면 크리톤이나 아테네 시민들이 이 행위를 '저차원의 법불복종 의식'에서 비롯된 것이라고 해석할 것을 우려했을 것이며, 따라서 소크라테스는 자신의 법 복종행위를 통해 크리톤(암묵적으로는 아테네 시민들)을 저차원의 법불복종 의식상태에서 벗어나게 함으로써 '법의 지배' 원리의 소중함을 가르치고자 했을지도 모른다. 적어도 '법의 지배' 원리에 대한 올바른 이해와 실천을 거쳐야만 비로소 '고차원의 법불복종 의식'의 단계에 들어설 수 있음을 깨우치려 하지 않았을까? 지금까지 설명한 것을 다음과 같이 정리해 보자.

(ㄱ) 저차원의 법의식: 크리톤의 법의식은 개인의 이익, 평판, 우정 등에 비추어서 볼 때 감옥에서 도망가도, 법을 어겨도 무방하다는 내용으로 집약할 수 있다. 이는 "법을 자신의 편리와 정실(情實) 관계에 따라 어길 수도 있다"는 법의식이다. 이를 우리는 '저차원의 무법의식'(a lower lawlessness)이라고도 부를 수 있다. 아마도 당시 아테네 시민들의 대부분이 이러한 저차원의 무법의식을 가지고 있었을 것이다.

(ㄴ) 고차원의 법의식: 소크라테스가 국가의 법률과 명령을, 보다 높은 신의 명령, 도덕원리, 정의이념에 비추어 심사숙고해 판단한 후 내면의 확신에 따라 복종을 거부할 때를 '고차원의 무법의식'(a higher lawlessness)이라고 부를 수 있다. 《변론》에서 보인 소크라테스의 법률불복종 의식이 이에 해당할 것이다.

(ㄷ) 법의 지배/법복종의 의무: 이 중간단계에 '법의 지배' 원리가 위치한다. 소크라테스는 '법의 지배' 원리에 대한 올바른 이해가 필요하다고 판단했을 것이고, 만일 누구나 다 '저차원의 무법의식'을 가지고 법을 어긴다면 국가와 법체계는 혼란에 빠져 아테네의 민주제는 붕괴할 것이라 우려했을 것이다. 따라서 소크라테스는 시민이라면 자신이 속한 정치적 공동체의 존속과 발전을 위해 자신에게 불리하더라도 법을 지키는 의식(법치의 의식)의 함양이 중요하다고 판단했을 것이다.

《변명》에서 재판부가 제시했던 '철학포기 조건부 석방'(='전향서 작성 후 석방')이라는 타협안을 소크라테스가 거부했다고 한 것도, 만일 석방된 후 이 타협안 대로 산다면 스스로 참을 수 없는 위선적 삶을 영위하는 셈이 되고, 석방 후 이를 무시하고 계속 자신의 철학적 입장을 개진한다면, 이는 '저차원의 법불복종' 상태(편의에 따라 법을 준수하거나 법을 위반함)에 불과할 것이기 때문이었다. 이는 소크라테스의 도덕적 신념에 어긋나는 행위였을 것이다. 그리고 《변명》에서 재판부의 철학포기 명령은 소크라테스에게는 공공선(公共善)에 반해 타인에게까지 부정의를 행하라고 요구하는 것이다. 반면 《크리톤》에서 사형으로서 독배를 명령한 것은 소크라테스 개인에게는 부당한 요구이지만, 다른 시민들에게 부정의한 행위를 요구하는 것은 아니다.

어쩌면 소크라테스는 '공공선을 침해하고 타인에게 큰 손해를 입히는 부정의를 저지를 것을 명령하는 법'에 대해서는 불복종해야 하지만, '자신 개인에게만 부정의한 법'에 대해서는 그 피해가 자신에게 올지라도 이를 기꺼이 감수하고 받아들여야 한다는 입장이었는지도 모른다. 따라서 소크라테스의 입장은 (1) 시민으로 하여금 다른 사람에게 해를 끼치는 부정의한 행위를 할 것을 명령하는 법과 (2) 공공선을 침해하는 부정의한 행위를 할 것을 명령하는 법에 대해서는 불복종해야 할 도덕적 의무가 있다는 내용으로 요약할 수 있다.

## ② 소크라테스의 정당한 불복종의 기준

정당한 법 불복종, 즉 시민불복종 행위(*civil disobedience*)는 정부가 국가의 헌법을 이루는 중요한 원리들과 시민들의 자유를 체계적이고도 지속적으로 중대하게 침해할 경우 시민들이 그 부정의에 항의하기 위하여 그 정부가 제정하는 부정의한 법률들을 공개적으로 위반하는 행동들을 일컫는다. 어떤 법률불복종 행위가 시민 불복종의 행위에 해당하려면 그 불복종 행위의 의미가 명백하고, 공공선을 회복하려는 진지함이 설득력을 가져야 한다. 이때 시민 불복종 행위는 국가를 붕괴시키는 결과를 낳는 것이 아니라 권력의 부정의로부터 국가를 보호하는 결과를 낳는다.

《변명》에서 철학포기 명령에 대한 소크라테스의 거부는 그 거부행위가 공개적이며, 타당한 도덕적 최고원리에 비추어 진지하고 설득력이 있으며, 시민의 덕성을 함양함으로써 국가를 유지케 하고 번영케 한다는 공공선의 목적에 합당하므로 시민불복종에 해당될 것이다. 반면 《크리톤》에서 크리톤이 권했던 도망행위라는 법불복종은 공개적이지 않고 은밀하며, 그 의미가 공공선의 회복에 비추어 볼 때 명백하지 않으며 설득력이 없으므로, 게다가 도망의 원리를 모든 사람이 취했을 때 나타나는 결과는 국가공동체의 붕괴로 나타나므로 시민불복종의 행위에 해당되지 않는다. 소크라테스의 입장에서 나타난 법불복종의 유형과 의미는 다음의 표와 같이 정리해 볼 수 있다.

법불복종의 유형과 의미

| | 저차원의 법 불복종 | 고차원의 법 불복종 |
|---|---|---|
| 법위반/준수 동기 | 개인적 이익, 가족상황, 야심, 정실관계 | 헌법의 기초와 그 해석의 지침이 되는 정의이념·공공선 |
| 행동의 양태 | 은밀한 위반, 타인의 법준수 행위를 이용하거나 편승하여 자기이익만 챙기는 '무임승차 행위' | 타당한 근거에 선 공개적 비판, 민주사회의 기본질서를 훼손하는 국가 및 법률들의 부정의에 항거하는 공개항의로서의 법위반 |
| 법률 위반시 발생한 결과에 대한 반응 | 자신에게 돌아올 법불복종의 결과로 자신이 입을 손해를 회피하거나, 모면·최소화하려 함 | 공개적 법불복종의 결과로 인한 손해를 기꺼이 감수 |

## 3) 법불복종행위의 정당성은 어디에서 찾아야 할까

> '기다려라'는 말은 언제나 '안 된다'는 것을 뜻하였다.
> … 정의가 너무 오래 지연될 때 그것은 정의를 거부
> 하는 것이다.　　　　　　　　— 마틴 루터 킹


### (1) 법복종의 의무를 낳는 근거

소크라테스의 예에서 우리는 법복종의 근거를 다음과 같이 추출할
수 있을 것이다.


### ① 처벌회피나 자기이익보존

법을 지켜야 하는 이유는 법복종이 가져다주는 편리함이나 유익함
때문이라는 논리이다. 그러나 이 입장에 따르면 법불복종이 법복종보
다 더 큰 이익을 가져다준다면 언제라도 법을 지키지 않는 것이 허용
된다는 결점이 있다. 사실 한국사회의 법의식은 '난민사회'(전쟁이나 내
란 등으로 국가 및 사회조직이 붕괴되어 각자가 자신의 생존을 모색해야만
하는 사회)의 특징을 여전히 간직하고 있다. 일제의 강점기, 해방, 한
국전쟁, 군부쿠데타, 부도덕한 국가권력의 자의적인 법제정과 집행,
법담당자들의 부패와 자의성 등등과 함께 각 구성원들의 '무임승차' 의
식, 자기이익 극대화의 심리 등이 어우러져 법의 권위를 무시해도 무
방하다는 관행이 자리잡게 된 것이다.


### ② 약속(동의): 약속은 지켜야 한다

국가와 법에 대한 복종은 그렇게 하기로 한 개인의 동의(약속)행위
에서 비롯한다.

### ③ 공정성: 상호이익과 상호제한

내가 국가나 사회적 협동으로부터 남에게서 혜택을 받았으면 상호주

의 원리에 의하여 나도 국가에게나 남에게 협력하여야 하고, 그 범위 안에서 내 마음대로 할 자유를 제한해야 할 의무가 생긴다.

④ 공공복리

국가는 다른 공동체들 및 조직들이 줄 수 없는 재화나 혜택들을 나에게 주고 있기 때문에 나는 국가와 법에 복종하여야 한다. 국가와 같은 조직된 정치공동체가 아니고서는 각 개인에게 반드시 필요할 것으로 추정되는 재화들을 제공하지 못하지 않는가? 그러나 국가가 나에게 혜택을 준 바가 없는 경우에는 어떤가? 일제하 독립운동가들은 조선이 자신에게 준 공공적 이익이 없는데도 풍찬노숙하며 독립운동을 했고, 군부독재하에서 민주화운동가들은 고문과 투옥을 겪으면서도 민주화를 위한 노력을 아끼지 않았다. 그렇다면 국가가 나에게 아무것도 제공하지 않았다는 이유로 나는 법을 지키지 않아도 되는가?

⑤ 법적 안정성(질서·평화): 협동

만일 법의 내용이 부정의하다는 이유로 법에 복종하게 된다면 법질서와 사회질서는 붕괴될 것이다. 각 개인의 판단에 따라서 법의 정당성을 판단하고 법을 지키지 않게 된다면 모든 사람이 법을 지키지 않게 될 것이다.

⑥ 시민적 덕에서 비롯되는 의무

시민적 덕(civic virtue)이란 '사적 이익뿐만 아니라 공공적 이익도 고려하면서 양자 사이의 형량시 공공선을 우선하는 태도'(disposition to further public over private good in action and deliberation)를 말한다. 그것은 자신이 속한 공동체를 보다 낫게 하려는 마음가짐에서 나오는 논리로, 자신이 속한 공동체가 자신을 포함한 공동체구성원들을 인간답게 살도록 해주는 '잘 질서잡힌 사회'로 되기를 바라는 가치지향 및 헌신(*commitment*)을 핵심으로 한다. 애국심(긍정적 의미에서), 공동체에 대한 헌신 등도 시민적 덕을 표현하는 용어이다. 시민적 덕의 내용은 다음과 같다.

(ㄱ) 일반적 덕(*general virtue*) : 용기와 약속준수 및 충성심
(ㄴ) 사회적 덕(*social virtue*) : 독립성과 열린 마음, 자주성을 가치 있는 것으로 평가하는 태도, 공정하게 자기 몫을 다하려는 태도, 공동체의 기억을 소중히 하는 태도, 공동체의 생활에 적극적으로 참여하는 태도
(ㄷ) 경제적 덕(*economic virtue*) : 직업윤리, 기술변화에 대한 적응태도
(ㄹ) 정치적 덕(*political virtue*) : 다른 사람들의 권리를 분간하고 존중할 수 있는 능력, 비용을 지불할 수 있는 재화에 대해서만 요구하려는 태도, 공직에 있는 사람들의 실적을 평가할 수 있는 능력, 공적 담론에 참여하고자 하는 마음가짐, 자기와 다른 의견과 신념을 관용하는 태도, 합의에 도달하고자 하는 태도

(2) 법불복종의 일반원칙: 시민불복종은 어떤 경우에 정당한가

만일 법에 불복종하는 것이 법에 복종하는 것보다 더 큰 이익을 가져다준다면 내가 법에 복종할 '개인적으로는 합리적 이유'가 없을 것이다. 그렇지만 만일 법불복종이 나의 개인적인, 또는 내가 속한 조직의 집단적 이익을 지키려는 목적에서 나온 경우라면 법불복종의 정당성이 없음은 두말할 나위가 없을 것이다. 결국 법불복종의 정당성은 구체적 법에 대한 저항이 낳을 공공적 이익과 그 저항이 지불해야 할 비용(손해: 법질서에 미치는 부정적 영향; 이기심에 근거한 법불복종의 만연 등) 사이의 비교형량에서 찾아야 할 것이다.

우리는 법의 부정의함이 너무도 '커서 감내할 수 없는 경우'에, '진지한 양심에 비추어서', '비폭력적으로', '공공적으로' 법에 불복종하는 경

우에 법불복종이 정당하다는 일반적인 원칙을 이끌어낼 수 있을 것이다. 우선 다음 사상가들의 견해를 들어서 살펴보도록 하자.

헨리 데이비드 소로는 불법을 저질러서는 아니된다는 최고의 도덕원리로부터 다음과 같은 시민불복종의 기준을 제시한 바 있다.

① 사람은 불법을 저질러서는 안 된다. ② 부정의한 것을 지지한다면 불법을 행하는 것이다. ③ 부정의한 법을 제정하고 집행하는 국가의 권위를 인정하는 것은 국가의 불법을 지지하는 것이다. ④ 국가가 부정의한 정책이나 법을 시행하는 경우에는 시민은 저항을 하여야 한다. ⑤ 저항의 방식은 '정중하고', '비폭력적'인 방식이어야 한다.

마틴 루터 킹 목사의 입장은 법정신을 최고도로 존중하는 행동으로서 시민불복종의 기준을 제시하였다.

① 법에 부정의가 존재하는가를 결정: 인간의 인격을 심하게 훼손하는 경우, 한 집단에는 적용하면서 다른 집단에는 적용하지 않는 경우, 진정한 대표기관에 의해 제정되지 않은 경우, 법 자체는 정당하나 그 적용이 자의적이어서 공평하지 않은 경우가 법이 부정의한 기준이다.
② 협상: 다각도로 협상을 시도해야 한다.
③ 자기성찰: 자기양심에 비추어 문제의 법이 부정의한가를 판단해야 한다.
④ 비폭력적인 직접적 행동: 비폭력적으로 불복종하면서도 투옥될 마음가짐을 가져야 한다.

저명한 정치철학자 존 롤즈는 시민불복종을 '상당한 정도로 부정의한 법이나 정책을 개선할 것을 목적으로 공공적으로, 비폭력적으로 법을 위반하는 양심적인 정치적 행위'로 풀이한 후 그 정당성 기준을 다음과 같이 제시했다.

① 시민의 자연적 의무: 사회제도의 정의로움과 능률성을 진작해야
할 의무

② 법의 부정의함이 일정한 정도를 넘어야 할 것: 그 정도를 넘기
전까지는 복종해야 한다.

　(ㄱ) 법이나 정책이 '중대하게 부정의하며', '상당한 기간동안 지속'
　　돼 온 경우: 구조적·지속적으로 부정의한 법에 대한 저항이므
　　로 정당하다.

　(ㄴ) '실질적이고 분명한 정의이념을 위반한 경우'에 한정: 사소하고
　　불분명한 위반은 시민불복종에 해당되지 않음.

　(ㄷ) 만일 이런 비슷한 종류의 부정의함에 대하여 나와 마찬가지로
　　다른 시민들 역시 불복종할 수 있는 권리를 가지고 있다는 것
　　을 인정해야 한다.

③ '합리적으로 행사'돼야 하고, 불복종의 '목적'을 달성할 수 있는
이성적 방법을 사용해야 한다.


(3) 악법의 부정의 정도와 법불복종의 정당성

그렇다면 법불복종의 정당성은 문제가 되는 법의 악법성 정도(degree
of injustice)에 따라 달라질 것이다. 이 점과 관련하여 잠깐 법사상사적
고찰을 해보도록 하자.


① 토마스 아퀴나스의 견해

13세기 저명한 신학자이자 사상가인 토마스 아퀴나스의 사상을 알아
본다면 법복종과 법불복종 사이의 관계에 관해 좀더 나은 시각을 가지
게 될 것이다. 아퀴나스는 법을 다음과 같이 바라본다.

(ㄱ) "법은 한 정치적 공동체의 주권자가 제정하고 공포한, 공공복리
　　를 지향하는 이성의 명령이다."
(ㄴ) "법은 한 정치적 공동체를 통치하는 주권자(princeps)의 실천이성
　　이 내리는 명령이다."


아퀴나스에 따르면 통치의 핵심은 자유로운 개인들의 지배이며, 법
의 핵심은 법에 기꺼이 복종하는 개인들의 행위조정에 있다. 법은 그
공공성(공포돼야 함), 명확성, 일반성, 안정성, 실행가능성의 특징에
의해서 구성원들을 공공적 논의의 참여자들로 대우하며, 이를 통해서
개인들은 서로의 행위들을 조정해 간다.

그런데 만일 권위적 결정으로서의 어떤 실정법이 사회구성원들에게
너무도 많은 해악을 끼치고 그들의 문화와 내적 삶에 지속적으로 나쁜
영향을 행사하는 내용을 담고 있다면 그 법을 준수해야 하는가? 아퀴
나스에 따르면, 정치적 공동체의 지배자(주권자)가 제정한 규범이라고
해서 모두 법으로서의 구속력을 가지는 것은 아니며, 입법자가 제정한
규범이 법으로 인정되려면 다음의 요건들을 갖추어야만 한다.

(ㄱ) 이성의 명령일 것
(ㄴ) 공공복리를 지향할 것
(ㄷ) 통치자에 의해서 제정·공포될 것
(ㄹ) 정치적 공동체 전체에 책임을 지며 관할권을 가지는 통치자일 것
(ㅁ) 어떤 행위를 하게 하거나 하지 못하게 할 것
(ㅂ) 강제력을 가질 것
(ㅅ) 준수될 것을 의도할 것


여기서 (ㄱ)과 (ㄴ)은 법으로서 갖추어야 할 도덕적 요건(실질적 기준)이
며, (ㄷ)~(ㅅ)은 법을 판단하는 형식적 요건들이다. 만일 한 통치자가 (ㄹ)
의 요건을 제외한 나머지 요건들을 충족하는 규범을 제정하고 공포한

경우, 법이라고 볼 수 있을까? 이런 점 때문에 아퀴나스는 (ㄱ)과 (ㄴ)의 실질적 요건들은 (ㄷ)~(ㅅ)의 형식적 요건들이 충족된 후에야 비로소 법을 판단하는 기준으로 작동한다고 본다. 따라서 (ㄷ)~(ㅅ)의 형식적 요건들은 어떤 규범이 법이기 위해서 반드시 충족해야만 하는 기준이다.

앞에 든 (ㄱ)과 (ㄴ)의 조건을 충족하는 법들은 정의로운 법일 터인데 그 요건은 다음과 같다. ⓐ 주권자가 제정한 법규범은 공동선의 실현에 봉사하여야 하며, ⓑ 국가가 제정한 규범은 정당하여야 하는데, 규범의 정당성은 그 규범을 통해서 피치자에게 부과되는 부담이 비례적 평등에 부합하여야 하며, ⓒ 국가의 규범은 주어진 권한의 한도 내에서 입법자가 제정한 것이어야 한다는 것이다. 이 세 가지 요건을 충족하는 규범은 이성적인 양심의 법정(in foro conscientiae)에서도 외부의 법정(in foro externo)에서도 구속력이 있는 법규범이 된다.

그렇다면 이 세 가지 요건을 충족하지 않는 제정규범은 어떤 효력을 가지는가? 아퀴나스에 따르면, 다음의 세 가지 가능성과 그에 대응하는 세 가지 유형의 부정의한 법들이 존재한다. 우선 법이 인간으로서 절대로 행해서는 안 될 종류의 행위들(강간, 절도, 유아살해 등)을 요구하고 있다면 각 개인의 도덕적 의무는 그 법에 불복종하고 저항하는 것이며, 법이 개인에게 그러한 행위를 할 권한을 준다면 법의 그러한 권한부여는 도덕적으로도 법적으로도 완전 무효이다. 이는 제정규범이 자연법의 근본원리들을 침해하는 경우이다. 이때에는 피치자 측에서의 수동적 저항은 정당할 뿐 아니라 의무이기도 한데, 이러한 자연법의 근본원리들은 신조차도 그것들을 필요로 하기 때문이다. 이 경우의 제정법규범은 '법의 부패'(legis corruption)이며 법으로서의 자격을 잃게 된다.

그런데 ① 입법자가 공동체의 공공복리에 대한 관심에서가 아니라 개인적인 탐욕에서 법을 제정한 경우, ② 입법자에게 부여된 권한을 넘어서 내용의 법을 제정한 경우, 그리고 ③ 공공복리를 고려하기는 하지만 사회구성원들로서 마땅히 이행하여야 할 필수적인 부담들과 의무들을 불공정하게 배분하는 법을 제정한 경우에는 어떠한가? 이는 제정법규범이 자연법의 가장 근본적인 원리들을 침해하고 있지는 않지만 이 근본원리들로부터 도출된 자연법의 이차적 원리들을 위반하는 경우에 해당한다. 이러한 실정법들은 부정의하며 이성적 양심의 법정에서 법으로서의 구속력을 가지지 않는다. 그러한 법들은 도덕적 권위를 가지지 못하므로 개인은 그 법들을 준수해야 할 도덕적 의무도, 불복종해야 할 도덕적 의무도 가지지 않는다. 여기서 아퀴나스는 위에서 든 두 번째 단계의 부정의한 법들의 유형에 양심의 법정에서도 복종해야할 경우가 있음을 지적한다. 양심적인 개인들이 부정의한 법을 지키지 않음으로써 도덕적 해이와 무질서(*turbatio: disorder/demoralization*)가 양산되거나 다른 사회구성원들이 그것을 빌미삼아 전혀 거리낌없이 법을 어기는 나쁜 행동을 하게 되는 결과를 낳게 될 때는, 설령 법이〔두 번째 의미에서〕부정의해도 공공적 이익이나 개인적 이익에 부당한 해악을 미치는 이러한 경우를 방지하기 위해 자신의 권리를 포기(*iuri suo debet cedere*)하여야 할 도덕적 의무를 지게 된다는 것이다. 즉, 불복종이 가져올 이익과 해악을 잘 비교해야만 한다는 것이다.

세 번째 단계는 제정규범이 이차적 자연법 규범들 중에서도 그 하위규범들만을 위반하는 경우이다. 이때 피치자는 그 제정법에 복종해야한다. 가령 실정법이 어떤 측면에서는 부정의하지만 결코 행해선 안될 행위들을 요구하는 것은 아니며, 또한 어느 정도 공공이익에 기여를 할 가능성이 큰 한편, 사회적 약자들에게는 불공평하게 부담을 지우는 경우이다. 그 법으로 말미암아 법이 부패하는 계기가 되지 않고 그 법이 개인 자신과 가족의 신체 및 생명에 필수적인 부분을 침해하지 않는다면, 일단 복종하는 것이 도덕적으로 적절하다는 것이 아퀴나스의 견해이다.

(2) 라드브루흐의 공식

독일에서 나치체제를 겪은 후 라드브루흐라는 저명한 법철학자가 제시했던 "극도로 부정의한 법은 법이 아니다"라는 공식을 적용해 본다면 법복종과 법불복종 사이의 관계에 관해 좀더 나은 답을 내릴 수 있을 것이다.

실정법과 정의가 충돌하는 경우 보통의 경우에는 법적 안정성 이념이 정의 이념보다 우위에 선다. 그러나 실정법이 정의의 이념을 극도로 훼손하는 경우에는 법적 안정성의 이념보다는 정의의 이념이 우선하여 그 실정법은 법으로서의 자격을 상실한다.

이 공식은 제2차 세계대전 이후 나치체제하의 법률들을 평가하는 기준으로 받아들여졌고, 동독이 붕괴되고 난 후 동독의 법률들을 평가하는 데에도 활용됐다. 그렇다면 '극도로 부정의한 법'이란 어떤 것인가? 라드브루흐에 따르면 인간이라면 가지고 있는 기본적 인권을 부정하는 법률은 극도로 부정의하다. 이런 법률은 비록 제정되어 시행되고 있고 사람들이 준수한다고 하더라도 애초부터 법이 아닌 것이다. 이러한 입장은 독일 연방헌법재판소에서도 받아들여 전후 나치 법률을 평가하는 데 사용됐다.


## 4. 맺음말: 법불복종의 기준들

지금까지 설명한 바를 요약하여 정당한 법불복종의 기준을 마련해 보도록 하자.

① 법제정과 적용, 그리고 집행의 절차적 조건을 충족하는 한에서 법질서는 일단 정당한 권위를 가지며, 전체 법질서가 정당한 권위를 가지는 한 구체적인 악법들에 대해 일단 복종할 의무가 있다. 그러나

그 구체적 악법의 부정의 정도가 극심한 경우에는 불복종하는 것이 정당하다.

② 어떤 법률이 극도로 부정의하다는 것은 그 법률이 인간존엄성의 핵심요소를 부정하는 경우이다. 앞에서 언급한 19세기 미국의 도주노예법처럼 동등한 인간존엄성 원리를 명백하게 침해하여 기본적 인권을 완전히 훼손하는 법률들이 이에 해당한다. 이 경우 법률에 대한 법불복종은 즉각적으로 정당하다.

③ 극도로 부정의하지는 않은 법에 대해선 일단 복종하는 것 역시 시민의 덕이다: 정의 이념을 침해하여 합리적 평등과 합리적 차별을 무시하는 법률의 경우이다. 다만 문제의 법률이 입헌민주주의 헌법의 핵심정신을 근본적으로, 그리고 반복해서(계속해서) 훼손하는데도
  (ㄱ) 문제의 악법이 정치과정을 통해서 조만간 개선되리라는 희망이 보이지 않는 경우
  (ㄴ) 제도적으로 설정된 설득 및 구제절차의 방법을 써서 정치권력의 의사를 변화시킬 가능성이 조만간에는 미미한 경우(보충성의 원칙)에
  (ㄷ) 법불복종이라는 수단이 필요하고도 적절하다면 법불복종은 정당하다.

④ 법불복종이 필요하고도 적절하다는 것은 다음과 같은 기준을 충족한 경우이다.
  (ㄱ) 비례성의 원칙을 충족하는 경우: 불복종의 목적이 입헌민주주의 헌법에 내재하는, 훼손된 정의와 공공선(公共善)을 회복하는 데 있으며(불복종의 이익이 그 피해보다 큰 경우),
  (ㄴ) 공공성의 원칙을 충족하는 경우: 공공적이고 공개적인 비판 및

불복종의 방식으로 이루어지되 비폭력적이고(방법상의 적절성),

㈜ 불복종자의 양심성과 도덕성이 갖추어진 경우: 법률이나 정책
이 사회정의 이념에 현저하게 반하거나 합목적적이 못하다는
이유에서 시민불복종이 이루어진 경우로, 그 불복종행위에 대
한 사회적 평가과정에서 광범위한 합의와 동의를 받지 못할 정
도로 정당화되지 않을 땐 처벌도 감수하겠다는 진지한 자세로
악법을 교정·개선하겠다는 의사가 있는 경우이다.

# 8 법과 정의의 관계

김 도 균

## 1. 기본 개념들의 풀이와 명료화

법은 정의를 핵심이념으로 삼는다고들 말한다. 그렇다면 과연 법과 정의는 어떠한 관계에 있는가? 이 물음에 답하기 위해서는 다음과 같은 개념들을 익히고 난 후에나 가능할 것이다.

### 1) 정의는 무엇을 다루는가

누구나 어느 정도는 '정의감'(a sense of justice), 즉 무엇이 정의롭고 무엇이 정의롭지 않은지에 대한 도덕적 감정을 가지고 있다. 이는 주로 부정의에 대한 분노로 표출되는데, 가령 자신이 부당하게 대우받는다거나 다른 사람이 부당하게 대우받는 경우 느끼는 도덕적 분노이다. 이 정의감에는 일종의 가치판단, 즉 무엇이 정의롭고 무엇이 정의롭지 않은가에 대한 정의판단이 포함되어 있다. 예를 들면 다음과 같은 것들이다.

166

(1) 자식들 중에서 형에게는 과자를 많이 주고, 동생에게는 적게 줬을 때 동생이 이에 대해 부당하다고 항의하는 것(동등한 분배의 기준을 근거로)

(2) 시험채점 때 한 학생의 가족사정이 어렵다고 해서 그 실력에 비해 높은 점수를 주었을 때 다른 학생들은 부당하다고 항의하는 것(노력과 실력에 따른 채점의 기준을 근거로)

(3) 직장에서 공적이나 능력에 따르지 않고 가문, 학연, 지연 등의 기준에 따라 인사이동을 했을 때 부당하다고 항의하는 것(능력과 공적에 따른 승진의 기준을 근거로)

(4) 직장에서 남성과 여성의 대우에 차등이 있을 경우: 남성보다 여성에게 승진의 기회를 덜 주거나, 거꾸로 비슷한 조건이라면 여성에게 더 많은 기회를 주는 경우

이 예들에서 보이듯 항의하는 측은 일정한 정의판단(=어떤 행위가 정의롭다는 규범적 판단)에 근거해서 주장한다. 그런데 문제는 (4)의 사례에서처럼 그 기준이 남성측이냐 여성측이냐에 따라 다르거나, 시대와 사회에 따라 다른 경우이다.

우리가 법과 정의와 관련된 문제들을 살펴보면, 대강 두 가지 집단으로 나눌 수 있다. 첫째 집단은 법을 공평하게 집행했는가 하는 '법 적용상의 정의(正義)' 문제이고, 둘째 집단은 그 법 자체가 정의로운가 하는 '법 자체의 정의(正義)' 문제이다. 첫째 집단의 정의의 문제는 그다지 풀기가 어렵지 않으나, 둘째 집단의 정의문제는 진정으로 어렵고 복잡한 논점들을 포함하고 있다. 이 두 번째 집단의 문제에 들어가기에 앞서 상이한 정의판단들이나 정의사상들에 공통된 개념적 구성요소들을 명확하게 한다면 도움이 될 것이다.

## 2) 정의의 주제: 정의 개념은 도대체 어떤 문제와 관련이 있는가

(1) 정의판단의 대상: 일상적으로 우리가 정의 개념을 사용할 때, 보통 어떤 사람이 정의롭다, 어떤 행위가 정의롭다, 어떤 규범이 정의롭다, 어떤 제도가 정의롭다, 어떤 법제도 및 국가가 정의롭다고 쓴다. 가령 닭이나 개, 컴퓨터가 또는 그들의 행위가 정의롭다는 표현은 우화나 동화, 비유에서 쓸 수 있을지는 모르나, 이를 공공적 토론이나 규범적 판단의 언술에서 진지하게 고려할 수는 없을 것이다. 그렇다면 정의판단의 대상은 인간, 인간의 행위, 규범, 제도로서의 규범질서(법제도 및 국가)라고 말할 수 있다.

(2) 정의판단의 적용영역: 그러나 우리는 오염된 물을 피하고 맑은 물을 마시는 행위나 매주 등산을 하는 행위를 정의롭다고 하지는 않으며, 가까운 지름길을 일방통행로로 지정하여 진입을 금지하는 도로법 규정을 비합리적이라고 할 수 있지만 부정의한 법이라고 부를 수는 없을 것이다. 우리가 통상 정의개념을 사용하는 영역을 분석해 보면, 인간, 인간의 행위, 규범, 규범질서가 재화, 즉 이익과 부담을 배당하거나 이익과 손해의 균형을 맞추는 것과 관련이 있을 때 정의판단을 적용한다고 결론 내릴 수 있다.

(3) 정의판단의 기준: 앞에서 다룬 바를 요약해서 보면, 정의란 이익과 부담을 옳게 나누거나 이익과 손해 사이의 균형을 옳게 맞추는 것이라고 표현할 수 있다. 좀더 구체적으로 표현하자면:

〔G1〕정의란 이익과 부담을 옳게 배당하고, 옳게 상호균형을 맞추는 질서를 유지하게 하거나 창출하는 행위, 인간, 규범, 규범질서의 속성을 말한다.

이 풀이에서 제시된 '올바름'의 기준으로는 동서고금을 불문하고 '각자에게 자신의 것을 주라'는 공식으로 집약된다. 그렇다면 이 정의의 '근본공식'(G-공식)에 비추어서 정의를 다음과 같이 한 걸음 더 구체화할 수 있다.

〔G2〕정의는 각자에게 각자의 것을 주거나 각자가 각자에게 합당한 몫을 가지고 있는 상태를 보존하게 하는 인간, 인간행위, 규범, 규범질서의 속성을 가리킨다.

이로부터 다음의 네 가지 정의판단들이 발생한다.

⑴ 어떤 행위 H는, 만일 그 행위가 G-공식에 따라 각자에게 각자의 몫을 주거나 각자가 각자의 몫을 보유한 상태를 지켜주라는 요청에 일치한다면, 정의롭다.
⑵ 인간은, 그가 언제나 이 요청에 따라 행동하려는 확고한 의지를 가지고 있다면, 정의롭다.
⑶ 어떤 규범 N은, 그것이 각자에게 각자의 몫을 주거나 각자가 각자의 몫을 보유한 상태를 지켜주라고 명령하거나 허용하고 있거나, 또는 개인에게서 그가 가지고 있는 자신의 몫을 빼앗는 것을 금지하고 있다면, 정의롭다.
⑷ 어떤 법질서 R은, 그것이 각자에게 각자의 몫을 주거나 각자가 각자의 몫을 보유한 상태를 지켜주게끔 제도화되어 있다면, 정의롭다.

그렇다면 이 네 가지 정의판단들의 바탕에 깔려 있는 정의의 기준들은 무엇일까?

## 3) 정의 = 정당한 균등배분들 + 정당한 불균등배분들

정의의 가장 추상적인 원리는 '각자에게 각자의 몫을 주라!'로 집약된다고 하였다. 그렇지만 무엇이 각자의 몫인가? 어떤 기준에 따라 한 개인에게 그의 몫을 배당할 것인가? 이에 대해서는 각 사회에 따라, 시대에 따라 적용되어왔던 중요한 기준들이 있다. ① 각자에게 균등하게, ② 각자에게 그의 천품(天稟)에 따라, ③ 각자에게 그의 지위에 따라, ④ 각자에게 그의 업적에 따라, ⑤ 각자에게 그가 필요로 하는 바에 따라, ⑥ 각자에게 그의 자유가 가장 최대한 보장되게끔, ⑦ 각자에게 법이 배정한 바에 따라. 이 기준들 중 어떤 기준을 '각자에게 각자의 몫을 주라'는 정의의 근본공식을 구체화하는 데 적용할 것인가?

### (1) 형식적 정의의 기준: '같은 것은 같게, 다른 것은 다르게'

#### ① 형식적 정의

위에서 든 7가지 정의의 공식들을 살펴보면 적어도 다음과 같은 점을 발견하게 된다. 업적이 기준이 되건, 필요가 기준이 되건, 효율성이 기준이 되건 하여튼 어떤 기준이 요구하는 특징을 동일하게 채우고 있는 개인들 사이에는 동등한 몫이 배당돼야 한다는 것이다. 그리하여 벨기에의 철학자인 뻬흘망(Ch. Perelman)은 다음과 같이 말한다.

관점이나 기준의 차이에도 불구하고 정의롭다는 것은 어떤 특정한 관점에서 평등한 자, 즉 동일한 특성을 갖는 자들을 똑같이 취급하는 것이며, 이것이야말로 정의실행에서 주목해야 할 유일한 것이라는 점에 누구나 동의할 것이다. 이 특성을 본질적인 것이라고 성격 규정하자. 그 특성이 무엇이든 간에, 구성원들이 갖는 동일한 특성을 근거로 하여 사람들을 집단으로 분류하고 범주로 나눌 수 있다면, 공통의 본질적 특성을 가진 사람들은 동일한 범주, 즉 동일한 본질

범주에 속하게 될 것이다.

따라서 형식적 정의는 "관련된 측면에서 동일한 본질범주에 속하는 존재들은 동일하게 대우받아야 한다는 행동의 원칙"을 실현하는 정의 이다. 이때 본질적으로 동일한 특징을 미지수인 변수 X로 놓는다면, 이 X의 내용을 무엇으로 채우는가에 따라서 형식적 정의의 내용이 달 라질 것이다. 위에서 언급한 7가지 정의의 공식들은 이 변수 X에 대한 해석의 결과라고 할 수 있을 것이다. 두 집단의 개인들이 X를 동일한 방식으로 채운다면 동등하게 대우하라는 요청을 담을 뿐이기 때문에 '형식적'이고, 위의 7가지 공식들은 X가 무엇인지 말하고 있으므로 '실 질적'(내용적)이다. X의 내용을 채움에서 가장 중요한 점은 사람들 사 이의 동일성을 비교하는 기준이 되는 '중심변수'(*focal variable*)를 확정 하는 작업이다. 가령 신장, 눈동자의 색깔, 몸무게 등의 기준; 재능, 실력, 작업성과, 소득, 자유, 욕구충족, 기회, 권리 등의 기준이 있을 수 있는데, 이 중 어느 것이 사람들의 본질적 특성을 비교할 수 있는 '중심변수'일까? 그러므로 정의판단에서 중심변수의 확정은 "상이한 개 인들을 비교할 수 있는 적절한 '평가공간'을 선택하는 문제"이다.

쎄흘망은 형식적 정의의 두 부분 중 한 부분만을, 즉 균등대우의 부 분만을 포착하고 있다. 나머지 부분은 "관련된 측면에서 똑같지(동등하 지) 않은 개인들은 그들간의 차이의 정도에 따라서 차별대우할 것"이 라는 불균등대우의 요청이다. 따라서 형식적 정의는 ① 균등대우의 요 청과 ② 불균등대우의 요청으로 이루어진다고 말할 수 있다. 지금까지 의 내용을 요약하면 다음과 같다.

(ㄱ) 실질적이고 구체적 정의의 기준들 사이에는 많은 차이점이 존재 하는 것이 사실이지만, 모든 구체적 정의의 기준들은 한결같이 '동일한 범주에 속하는 사람은 동등하게 처우하라'는 형식적 정의 의 제1요청을 전제로 하고 있다.

㉡ 균등대우의 우선성 원칙: "관련된 측면에서 사람들 사이에 차이점이 있다는 것이 입증될 때까지는 모든 사람을 동등하게 대우하여야 한다."

② 동등대우의 우선성 원칙에 대한 의문점

형식적 정의의 제1요청이 의미를 가지는 것은 '모든 인간은 본질적으로 동등하다'는 근대 이성법적 요청과 결합할 때이다. 만일 이 근대 이성법적 명제가 타당하다면 다른 배분기준들에 대한 '균등배분의 우선성'(the presumption of equal distribution) 원칙이 적용될 것이다. 이 '인간의 본질적 동등성' 명제가 타당하지 않다면 '균등배분의 우선성' 기준은 부정될 것이다. 가령 다음과 같은 반론을 생각해 보자. 인간은 다양하다. 만일 인간의 외부특성(상속재산, 자연적이고 사회적인 생활환경), 개인별 특성(연령, 성별, 신체적 정신적 능력 등) 상의 차이점을 고려하지 않고 평등하게 대우한다면 오히려 부당한 결과를 낳을 수 있다. 그렇다면 왜 각 개인들을 차이점이 입증되지 않을 때까지는 일단 동등하게 대우해야 하는가? 차라리 거꾸로 동등한 점이 입증될 때까지는 차별대우해야 하지 않는가? 이것이 오히려 인간의 다양함을 적절하게 고려하는 원칙이 아닐까?

이에 대해 '균등대우의 요청'이 '차별대우의 요청'에 우선함을 논증하려면 인간의 어떤 특성 K는 기타의 특성들의 차이를 넘어서서 '인간의 평등성'을 확인할 만큼 본질적임을 밝혀야 할 것이다.

③ 정의: 평등들과 불평등들의 복합체

정의 이념은 평등과 불평등을 포함한다. 일정한 배분기준 $Q_1$ 하에서의 특정한 평등 $E_1$은 반드시 그에 대응하는 불평등들(correlative inequalities)의 집합 [ $U_1$, $U_2$, … , $U_k$ ]을 수반하기 마련이다. 가령 '업적'의 기준에 따른 배분은 비슷한 공적을 보이는 개인들에게는 동등한

몫이 나누어지고 낮은 '공적'을 보인 개인들은 보다 못한 몫이 나누어
질 때 정의롭다. '필요' 기준에 따른 배분의 영역에서는 '공적'에 따른
배분은 불평등의 구조를 낳게 될 것이다.

따라서 정의원리의 적용은 평등한 영역들(equalities)과 불평등한 영
역(inequalities)들로 이루어져 있다고 말할 수 있다. 그렇다면 '정의지
향적 관점'이란 우선 어떤 점의 동일성들이 평등대우를 정당화하며,
어떤 점의 차이들이 차별대우를 정당화하는지를 밝히는 관점이라고 할
것이다. 다시 말하자면, 정의지향적 관점이란 모든 개인들이 어떤 점
K에서 평등하며, 이 측면에서의 평등성에 근거하여 어떤 경우에 균등
대우의 요청을 어떤 경우에 차별대우의 요청을 적용할 것인가를 밝히
는 관점이다.

### (2) 형식적 정의의 역설

'형식적 정의'란 '다른 동료들에 비해서 불리하게 대우받지 않을 권
리'를 말하며, 이는 '같은 것은 같게 다루라'(treat like cases alike)는 원
리로 집약될 것이다. 따라서 '형식적 정의의 역설'(the paradox of formal
justice)이란 정의를 '어떤 규범이나 법을 공평하게 적용하는 것'(the
justice of conformity to rule)으로 이해하는 경우 필연적으로 발생하는
역설을 말한다.

가령 어떤 의무를 부과하는 규율을 갑(甲)에게는 적용하면서 같은
조건에 있는 을(乙)에게는 적용하지 않는다면, 이는 갑(甲)에게 불공
정한 규율적용일 것이다. 의심할 나위 없이 이는 정의의 아주 기본적
인 요청을 이루지만, 오로지 규율을 공평하게 적용하는 면에서만 '법
적 정의'의 개념을 파악하게 되면 다음과 같은 명백한 역설적 결과를
낳는다.

만일 '모든 인디언은 죽이라'는 규율이 있을 때 동정심으로 어떤 인
디언을 살려 준다면 이 행위는 부정의(不正義)인가? 아니면 '여자는 선

거권이 없다'는 규율을 여자들 모두에게 적용하면 여자들 사이를 공평
하게 대우한 셈이므로 정의인가? 따라서 우리는 공평한 규율의 집행은
정의의 필요조건이기는 하지만 충분조건은 아니라는, 또는 '부분적 정
의'에 지나지 않는다는 아주 상식적 결론에 도달한다. 규율의 공평한
집행이 이처럼 명백하게 부정의를 낳는 경우를 '형식적 정의의 역설'이
라고 부르도록 하자. 정의의 근본요청인 '각자에게 각자의 것을'(즉 게
르만 인종에게는 그의 몫 — 우월함 — 을, 유태인종에게는 그의 몫 — 가스실
— 을!)이라는 표어가 독일 나치시대 아우슈비츠 수용소 정문에 걸려
있었다는 사실은 '형식적 정의'의 역설이 낳은 무시무시한 결과이다.

(3) 형식적 정의의 역설에서 추출한 두 가지 정의 원리
　　우리는 첫 번째 예(인디언 사례)에서 "부정의를 반복적으로 초래하는
경우를 제외하면 동등한 경우는 동등하게 대우하라"는 내용을, 여자의
선거권의 예에서 "규율의 공평한 집행은 그 규율이 정의로운 규율체계
에 속하는 한에서만 정의를 보장한다"는 내용을 첨가할 때에야 이 역
설로부터 벗어날 길을 찾을 수 있을 것이다. 보다 구체적인 원리들을
요약하자면 다음과 같다.

　　① 부정의한 결과반복의 회피 원리: 동등한 기준에 속하는 사람들을
동등하게 대우함으로써 계속해서 부정의한 결과가 생겨나지 않는 한,
동등하게 대우받아야 한다.
　　② 같음/다름을 판단하는 분류기준의 적절성 원리 : 사람들 사이를
또는 사안들 사이를 유사하다고 판단하는 기준들이나 다르다고 판단하
는 기준들 그 자체가 정당하다고 납득할 수 있는 경우에만 법의 공평
한 적용은 정의롭다.

　　그렇다면 이익과 부담을 배분 할 때 적절하게 관련성을 가지는 속성

들(동일한 속성이나 차이가 나는 속성들)을 어떻게 판단할 것인가? 대략 다음과 같은 기준들이 상상될 수 있을 것이다.

① '사람들이 전혀 책임질 수 없는 차이점(자기가 선택할 수 없는 차이점)들을 바탕으로 하여 그들의 삶에 지대한 영향을 미치는 방식으로 개인들을 차별대우하면' 불합리한 차별대우가 된다.

② 사람들이 자신의 선택과 책임 아래에서 배분의 기준이 되는 속성들을 획득하거나 버릴 수 있는 공정한 기회를 가질 수 있는 경우에만 그 속성들은 합당한 차별대우의 기준이 된다. 즉, 차이는 그 차이를 지닌 당사자들이 책임질 수 있는 것일 때, 정의로운 불평등배분의 기준이 된다.

## 4) 평등대우의 요청과 불평등 대우의 요청

### (1) 평등대우 우선의 요청

숙고된 법적 논의에서 보이는 평등대우 우선의 원칙의 원칙은 '조건부 평등대우의 원리'로서 다음과 같은 요청으로 정식화할 수 있겠다.

> 일반적으로 수락가능한 근거가 불평등취급 내지 불평등배분을 정당화하지 않는 한 협력체의 구성원은 일단 평등하게 취급되고 또 공동협력의 산물인 이익과 부담은 평등하게 배분되어야 한다.

왜 평등대우는 우선적으로 적용되는가? 대략 다음과 같은 논법들을 생각해볼 수 있을 것이다.

① 논법 I: 이러한 평등대우 우선의 원칙은 무엇보다도 보편적으로 인정된 이성의 규칙인 '보편화가능성의 요청'에 의해서 근거지을 수 있

다. 삐흘망이 적절하게 지적하듯이, 동일한 사안들은 적절한 반대사유가 없는 한 동일하게 대우하라는 정의의 규칙은 인간정신의 자연적 경향에서 도출되는 논리적 결과물이다.

② 논법 II: 평등성의 요청을 '합리적 능력의 평등성'(universal rationality of all individuals)에 기반을 두고 있는 것으로 볼 때 평등추정의 원칙을 뒷받침할 수 있다. '합리적 능력' 개념은 다음과 같은 두 가지의 내용을 갖는 것으로 파악되고 있다. (ㄱ) 합리적으로 자신에게 좋은 것을 판단하고 그를 실현할 행동을 선택할 수 있는 이해타산적 능력(the ability to be rational)과 (ㄴ) 다른 사람들과 논의 속에서 자신의 주장을 근거짓고 수정하는 과정에서 공공적인 규범을 산출할 수 있는 '논의의 능력'(ability to be reasonable). '도덕적 평등성' 또는 '인격의 평등성'이라는 의미에서 '합리적 능력의 동등성'의 명제는 무엇보다도 '신분, 출생, 또는 재산과 같은 차이들은 개인들의 불균등대우를 위한 근거이기에는 도덕적으로 자의적인 기준'이라는 생각이 정의론에서 자명한 전제가되게 하는 정의론적, 법적 효과를 낳았다.

③ 논법 III: 인간존중(자기존중과 타인존중)의 원칙 실현에 필수적이다. 인간존엄성의 동등성이라는 '근본적 평등'(fundamental equality)의 가치에서 나오는 것이다.

(2) 법적인 논의에서의 정의
"본질적으로 같은 것들은 동등하게, 본질적으로 다른 것들은 불균등하게 대우하라!"는 근본적 정의의 요청은 이제 '본질적으로 서로 다르다'는 점을 정당화할 타당한 근거가 있는 경우에는 불균등하게 대우할 수 있다는 내용으로 정립된다. (헌)법적인 논의에서도 합당한 사유가 없는 경우에는 일단 우선적으로 중요한 이익들과 부담들을 균등하게 분배할 것을 요청함으로써 입증의 부담을 차별대우의 행위 쪽에 지우고 있다. 문제는 "무엇이 차별대우를 정당화할 '합리적으로 타당한 근거'에 해당되는가?"인데, 이에 대해서는 잘 알려져 있다시피 우리 헌법재판소의 경우, '입법목적의 정당성', '수단의 적정성', '피해의 최소성', '법익의 형평성'에 비추어(즉 비례성 원칙에 비추어서) '차별대우의 합리적 근거'를 결정하고자 한다.

> 평등의 원칙은 … 합리적 근거가 없는 차별을 해서는 안 된다는 상대적 평등을 뜻하며, 합리적 근거가 있는 차별인가의 여부는 그 차별이 인간의 존엄성 존중이라는 헌법원리에 반하지 아니하면서 정당한 입법목적을 달성하기 위하여 필요하고도 적정한 것인가를 기준으로 판단되어야 한다(헌재 1997. 5. 29 선고, 94 헌바 5).

우리 헌법에 편입되어 있는 정의의 원칙으로서 '(법 앞에서의) 평등의 원칙'은 절대적 평등이 아니라 '상대적 평등'을 의미하며, 따라서 '합리적 차별'(정의로운 불평등 대우)은 허용된다는 것이다. 특히 차별대우의 합리성을 판별하는 최고의 기준으로 '동등한 인간 존엄성'이라는 헌법적 (도덕)원리를 들고 있다는 점은 시사적이다.

### (3) 평등대우의 두 차원

각 개인은 동등한 존엄성을 가진 존재로 보게 되면, 인간이라면 누구나 '평등하게 존중받고 배려받을 권리'(the right to equal respect and concern)를 보유한다. 이는 가장 근원적인 인권인데, 이 권리로부터 평등대우의 원칙은 다음과 같은 두 가지 내용을 가지게 된다. ① 동등한 존엄성을 가진 존재로서 대우받을 권리(the right to equal treatment as equal beings), ② 재화를 균등하게 배분받을 권리(the right to equal distribution).

우리가 보통 평등대우라고 하면 ②의 차원에서만 생각하지만, 엄밀

하게 고찰하면 ①의 차원에서의 평등대우가 더 근원적인 것이다. 우리
는 ①의 요청을 충족하기 위해 필요하다면 불균등배분도 이루어져야
한다는 원리를 이끌어낼 수 있다. 즉, ②의 요청은 ①의 요청의 부분
을 이룬다. 이것이 우리 헌법재판소가 "합리적 차별은 동등한 인간존
엄성의 원리에 비추어 판단되어야 한다"고 할 때의 진정한 취지인 것
이다. 따라서 다음과 같은 정의의 공식을 얻을 수 있다. 정의 = 합당한
평등배분들 + 합당한 불평등배분들

### (4) 동등한 인간존엄성의 원리로부터 나오는 불균등대우의 요청

'동등한 인간존엄성'의 원리는 형식적 정의의 개념에 법적 차원에서
의 정의 이념의 내용을 첨부하는 중요한 역할을 한다. 그리하여 '형식
적 정의의 역설'로부터 벗어나는 길을 제시한다. 이렇게 본다면 형식
적 평등의 요청이 지향하는 바를 다음과 같이 요약할 수 있겠다. 어떤
법규범이 규정하는 요건을 동일하게 충족하는 관련당사자들을 동등하
게 처우하라는 요청이나 그들에게 재화를 균등하게 배분하라는 요청이
정의로운 것은 이 균등대우나 균등배분이 동등한 인간존엄성의 가치를
실현하는 데 적합하다고 인정되는 경우이며, 동등배분 그 자체가 정의
의 목표이념은 아니다.

이런 맥락에서 미국의 법학자 로널드 드워킨(Ronald Dworkin)이 평
등대우의 요청을 '동등한 몫의 배분'(equal treatment) 요청과 '동등한 자
로서의 존중대우'(equal treatment as an equal) 요청이라는 두 가지 범주
로 구분한 것은 획기적인 발상이다. 후자의 원칙은 "한 정치적 공동체
는 그 구성원들을 합리적인 자율성을 가진 존재로서 동등하게 대우해
야 한다"는 '동등한 존중의 원리'(the principle of equal respect)로 좀더 구
체화할 수 있다. '동등한 몫의 배분' 원리는 '법 앞의 평등'이나 '기준의
일관된 적용'과 마찬가지로 '동등한 존중의 원리'를 실현하는 한 방편일
뿐이다. '동등한 인간존엄의 원리'는 필요한 경우 재화를 불평등하게

배분할 수 있음을 함축한다. 이처럼 "어떤 배분기준이 정당한가?"라는 정의의 문제는 '동등한 인간존엄성의 원리'에 비추어 대답할 수 있다.

이러한 정신은 " … 정치, 경제, 사회, 문화의 모든 영역에서 각인의 기회를 균등히 하고, 능력을 최고도로 발휘하게 하며, … 국민생활의 균등한 향상을 기하고 … "라는 우리 헌법 전문에서, 그리고 인간의 존엄성과 행복추구권을 보장한 헌법 10조에서 우리 법질서의 최고원리로 표현되고 있다. 지금까지 말한 바를 정리하여 보자.

① "관련 당사자 모두가 정치적 공동체의 모든 구성원들이 동등한 자로서 대우받아야 한다"는 요청은 형식적 평등이념이, 그리고 법이 궁극적으로 달성하고자 하는 상위의 가치이다.

② 따라서 "각자에게 돌아갈 몫을 언제나 균등하게 배분하라!"는 균등배분의 요청은 이 '인간존엄성의 원리'라는 틀 내에서만 타당한 배분기준이며, 이 가치에서 파생하는 정의기준이다.

③ 평등이 정의의 핵심적 이념요소라면 그것은 "개인의 사회적 지위나 능력 등의 차이와 상관없이 동등하게 존중받고 배려받아야 한다"는 이상 때문이지, 교육기회나 승진의 기회 또는 기타 사회경제적 재화를 각 개인에게 언제나 균등하게 배분해야 한다는 의미에서가 아니다. 즉, 각자에게 몫을 불균등하게 배분하는 것이 어떤 경우에는 정의롭다는 것이다.

'동일한 특징을 가진 개인들의 범주를 정하고, 이에 따라 균등하게 배분한 결과가 옳은가'라는 '실질적 정의'의 문제에 답하기 위해서는 다시금 일반적으로 받아들여지는 정의에 대한 규범적인 생각들에서 출발해야 할 것이다. 그러한 생각들은 다음과 같다. ① 배분은 개인의 선택이나 노력에 상응해야 한다는 생각, ② 각 개인의 능력을 최대한 발휘할 수 있는 기회를 보장해야 하지 않겠냐는 생각, ③ 인간이 선택할 수 없는 조건에 대해서는 적절한 보상이 있어야 하지 않겠냐는 생각, ④각 개인들이 배분기준을 설정하는 데 동등하게 참여할 기회를 가지고서 동의를 했다면 거기서 나오는 배분의 결과에 대해서 납득하지 않겠냐는 생각, ⑤비록 개인이 동의하고 선택한 배분의 결과일지라도 또는 개인의 노력과 관련해서 나타난 결과라 할지라도 그것이 인간으로서 살아가기에 너무 열악한 것이라면 공동체가 최소한의 배려를 해야 하지 않겠냐는 생각.

이러한 여러 가지 규범적인 고려들 이외에 또한 우리가 확인할 수 있는 바는, 모든 정의언어에 공통으로 담겨 있는 기준의 구체적인 내용은 사람들이 '정의롭다'라는 평가를 내리는 맥락에 따라서 변화를 겪는다는 점이다. 즉, 가정에서 자녀들 사이에 과자를 나누어 줄 때와 교육의 기회를 제공할 때라든가, 학교에서 학생들의 성적을 매길 때와 학생들에게 상벌을 줄 때, 노동시장에서 임금을 책정할 때와 한 직장에서 직위를 배분할 때, 정치적 공동체에서 권리와 의무를 귀속시킬 때와 권한 및 권력을 배분할 때 등에 따라서, 곧 정의의 영역들에 따라서 무엇이 자의적인 차별이며 무엇이 형평에 맞는가 하는 판단이 어떤 경우에는 사소한, 또 어떤 경우에는 현저한 차이점을 보인다는 점이다.

즉, 정의개념의 세 가지 구성요소 중 배분될 재화를 결정하고 그 배분기준을 이끌어내는 문제는 그때그때의 정의영역의 맥락에 따라서 대답될 수 있다. 결국 올바른 배분기준을 결정하는 문제는, 정의이념이 달성하고자 하는 목표가치들이 무엇인지를 정하고, 배분의 대상인 재화와 배분대상자인 개인들을 어떻게 파악할지를 정한 후, 사람들이 제시하는 배분기준들을 비교하고 교량(較量)하는 과정에서 대답할 수 있다. 지금까지의 내용을 모두 종합하여 정식화하면 다음과 같다.

㈀ 균등배분우선의 원칙: 균등한 배분이 동등한 인간존엄성의 원리를 침해하여 부정의를 계속해서 양산하지 않는다면 정의롭다.

180

(ㄴ) 정당한 불균등배분의 원칙: 균등한 배분이 동등한 인간존엄성의 원리를 침해하는 결과를 낳는다면, 인간존엄성의 원리를 실현하기 위하여 불균등하게 배분하는 기준들을 적용해야 한다.
(ㄷ) 불균등배분의 다원성: 불균등한 배분의 기준은 각각의 정의의 영역에 따라 정해진다.


## 2. 합리적 차별의 기준

### 1) 정의의 목표: 평등의 달성이 목표인가

위에서 본 바와 같이, 정의의 목표는 각자가 동등한 존엄성을 가진 존재로서 대우받는 사회를 확립하고 유지하는 데 있다. 이런 이상 아래에서 보면 정의란 이익과 부담을 배분할 때 기준이 되는 동일성(평등배분)과 차이(불평등배분)를 확정함에 있어 부적절한 특징에 의거하여서는 안 된다는 요청을 핵심내용으로 하고 있다. 그렇다면 정의와 평등은 어떤 관계에 있는가? 이 물음은 먼저 "왜 평등이 바람직한 가치라고 주장되고 있는가?"(why equality?), 그리고 "평등이 바람직한 가치라면 어떤 종류의 평등이어야 하는가?"(what equality?)라는 두 가지 물음에 답해야만 제대로 다루어질 수 있다.

#### (1) 정의와 평등의 관계에 대한 세 가지 입장
정의와 평등은 어떠한 관계에 있는가? 다음과 같은 관점에서 살펴볼 수 있다. ① 정의의 목표는 평등의 달성인가? ② 사회적 약자의 우선 보호인가? ③ 인간다운 삶을 위한 충분한 재화를 마련하고 제공하는 것인가?

① 순수평등주의(*Pure Egalitarianism*) : 균분주의

순수평등주의란 평등 그 자체의 달성이 정의의 목표라고 주장하는 입장이다. 이 입장에 따르면 정의는 균분(均分)이며, 균분의 원칙은 다음과 같은 내용을 담고 있다.

(ㄱ) 均分은 그 자체로 가장 바람직한 가치이다.

(ㄴ) 어떤 집단의 사람들이 다른 집단의 사람들보다 적게 받거나 불리한 대우를 받는다면 정의롭지 못하다.

(ㄷ) 결과의 평등: 배분의 결과가 모든 개인의 평등을 달성할 때 정당하다.


균분주의에 대한 가장 강력한 비판으로는 하향평준화의 반론(*The Levelling Down Objection*)일 것이다. 그렇지만 평등주의 정의관이 거부했던 불평등체제가 무엇이었는지를 고려하면 균분주의의 핵심사상은 받아들일 수 있을 것이다. 균분주의가 비판했던 것은 인간 자체의 등급을 구분하여 특권계층과 이등국민계층으로 이루어진 사회조직이 정당하다는 발상 위에서 이를 영속화하려는 사상들이었다. 즉, 균분주의가 지향하는 바는 또는 균분주의의 밑바탕에 깔려 있는 이상은 인간(개인)의 동등한 존엄성이며 반(反)-이등국민원리(*the Anti-Caste Principle*)이다.


② 억강부약(抑强扶弱)주의 (*Prioritarianism*)

이 입장에 따르면, 정의의 목표는 사회적 약자들을 우선적으로 배려하여 그들의 처지를 보다 낫게 만드는 데 있다. 즉, 사회적 강자들보다 사회적 약자들에게 더 많은 재화나 기회를 부여하는 불균등배분이 정의의 궁극적인 목적이라는 것이다.

(ㄱ) 사회적 약자의 필요가 사회적 강자의 필요보다 우선한다.

(ㄴ) 사회적 약자에게 이익을 주는 데 더 큰 비중을 부여하여야 한다.

㉢ 별다른 사정이 없는 한, 사회적 약자의 이익을 만족하는 결과가 가장 정의로운 결과이다.

㉣ 평등배분 또는 불평등배분의 결과가 사회적 약자에게 유리한 경우에는 정당하다.

③ 충분한 재화제공이 정의의 목적이라는 입장 (The Sufficiency View)

정의란 모든 구성원이 인간다운 생활을 영위하는 데 충분한 재화를 제공하는 것이므로, 반드시 평등이 달성되어야 하는 것은 아니라는 입장이다. 이 입장은 다음의 원리를 핵심내용으로 하고 있다.

㉠ 정의의 관점에서 중요한 문제는 모든 사람이 동일한 몫을 받는 것이 아니라 각자가 충분한 몫을 받는 것이다.

㉡ 불평등은 그 자체로 나쁜 것이 아니라 '충분한 재화의 제공'이라는 이상을 침해하는 결과를 낳을 때에만 정의롭지 않은 것이다.

㉢ 평등배분과 불평등배분의 정당성은 '충분성 기준'에 비추어서 그때그때 판단될 수 있다.

위의 세 입장을 비교하여 정리하면 표와 같다. 이 중 약자우선의 관점이 정의의 본래목적에 가장 합당한 것이라고 생각한다.

| | 균분주의 | 억강부약주의 | 충분주의 |
|---|---|---|---|
| 정의의 문제 | 타인과의 비교: 평등화 | 사회적 약자의 복지수준 향상 | 인간다운 삶을 영위하기에 충분한 재화들 보장 |
| 평등의 가치 | 평등은 그 자체로 가치 있음 | 평등이 그 자체로 가치 있다고 보지 않음 | 평등이 그 자체로 가치 있다고 보지 않음 |
| 불평등 인정 여부 | 극히 예외적 | 사회적 최소수혜자에게 유리한 배분 | 기본적 필요의 충족; 인간다운 생활을 위해 충분한 재화 제공 |

(2) 평등의 종류: 어떤 평등이 정의로운가

① 산술적 평등과 비례적 평등

산술적 평등이란 모든 개인이 똑같은 몫을 받는 것을 말하며, 비례적 평등이란 어떤 자격을 충족하는 정도에 비례하여 몫을 받는 것을 말한다. 산술적 평등이 정의로운 경우가 있고, 비례적 평등이 정의로운 경우가 있는데, 이는 배분될 재회의 성격에 따라서 정해질 것이다.

② 결과의 평등, 절차의 평등, 기회의 평등

'결과의 평등'(*equality of result*)은 재화의 배분이 동등한 결과를 낳을 것을 요청한다. 결과의 평등의 평등이 재화의 배분이 동등한 결과를 낳는 것을 의미한다면, 그 구체적인 내용은 각 개인의 소망과 인생계획의 달성과 관련된 질적인 결과의 평등, 즉 '주체관련적 결과의 평등'(*subject regarding equality of result*)이냐 동등한 재화의 분배가 결과로 나타나는 양적 평등, 즉 '재화관련적 결과의 평등'(*lot regarding equality of result*)이냐에 따라 상이하게 파악될 수 있다. 후자의 경우 재화의 몫을 재는 양적인 평등의 측면에서 배분의 최종상태가 각 개인이 동등한 재화의 몫을 받은 경우이다. 이와 비교해 '주체관련적 결과의 평등'은 각 개인들이 다양한 소망들, 재능들, 인생관을 갖고 있어서 이들 사이의 차이를 고려해야 한다고 본다. 따라서 각 개인은 자신의 재능, 소망, 인생관을 실현하는 데 필요한 재화들의 동등한 배분을 요구할 수 있으며, 그런 만큼 각각의 개인에게 불균등한 재화의 몫을 귀속시켜야 한다는 것이다. 곧 이는 '주체관련적 결과의 평등'은 필요하다면 불평등하게 재화를 분배할 수 있다는 요청을 함축한다.

'기회의 평등'(*equality of opportunity*)의 원리는 자신의 인생계획을 실현하는 데 필요한 재화들이 실현 당사자들에게 돌아가기엔 불충분해 결과의 평등이 달성되기 어려운 경우, 적어도 기회의 평등이 이루어져

184

야 정의의 이름에 합당하다고 본다. 기회의 평등은 각 개인이 재화를 획득할 동등한 기회를 가지는 경우를 말한다. 이때 기회란 '단순한 가능성' 이상의, 그러나 '실현보장'(*guarantee*) 이하의 내용을 가지고 있다고 보인다. 따라서 기회의 평등은 특히 권력, 재산, 직장, 전문기술교육 등과 같은 재화들에 접근하고 이들을 이용할 수 있는 기회들의 균등한 배분과 관련될 때 법적인 정의의 영역에서 매우 중요한 의미를 가진다.

③ '한계평등'과 '총괄평등'

정의를 평등들과 불평등들의 복합체로서, 그리고 이를 다시 결과의 평등과 기회의 평등으로 구분해서 고찰하면, '한계평등-총괄평등, 한계불평등-총괄불평등'이라는 좀더 세밀한 구별로 이어진다.

한계평등(*marginal equality*)은 어떤 배분상태 $S_1$에서 다른 상태 $S_2$로 이행했을 때 비교되는 대상자들 사이에 그 변화의 양이 동일한 경우를 일컫는다. 당사자 A와 B 사이에서 각각의 원상태 $S_1a$, $S_1b$에서 다음 상태 $S_2a$, $S_2b$로 이행했을 때 $S_2a - S_1a = S_2b - S_1b$인 경우이다. 총괄평등(*global equality*)은 변화된 배분상태의 각각의 총량이 동일한 경우를 일컫는다.

예를 들어서 A와 B는 각각 100만 원, 200만 원의 월급을 받는다고 하자. 만일 양자에게 각각 50만 원 액수의 월급이 인상되었다면 한계평등의 상태가 이루어진 것이다. 다른 한편으로 만일 A에게는 150만 원의 월급이, B에게는 50만원의 월급이 인상되었다면 양적 총괄평등이 이루어진 셈이다. 이 경우 한계불평등(*marginal inequality*)이 발생한다. 원초적인 총괄불평등(*a state of initial global inequality*) 상태에서 출발할 경우 총괄평등의 상태에 이르려면 한계불평등의 배분이 이루어져야 하고, 한계평등의 상태를 유지하면 원래의 총괄불평등 상태는 계속해서 지속될 것이다.

④ 총괄평등과 한계평등

한계평등은 앞서 설명했듯이 어떤 배분상태 $S_1$에서 다른 상태 $S_2$로 이행했을 때 비교되는 대상자들 사이에 그 변화의 양이 동일한 경우를 일컫는다. 총괄평등은 변화된 배분상태 각각의 총량이 동일한 경우를 일컫는다. 즉,

$$\sum_{k=1}^{n} Ska = \sum_{k=1}^{n} Skb$$

인 경우를 말한다.

예를 들어 A와 B가 각각 100만 원과 200만 원의 월급을 받는다고 하자. 만일 양자에게 각각 50만 원 액수만큼 월급이 인상되었다면 한계평등의 상태가 이루어진 것이다. 다른 한편으로 만일 A에게는 150만 원, B에게는 50만 원 월급이 인상되었다면 양적 총괄평등이 이루어진 셈이다. 이 경우 한계불평등이 발생한다. 원초적인 총괄불평등 상태에서 출발할 경우 총괄평등 상태에 이르려면 한계불평등 배분이 이루어져야 하고, 한계평등 상태를 유지하면 원래의 총괄불평등 상태는 계속해서 지속될 것이다. 총괄불평등 상태에서 출발할 경우 총괄평등 상태에 이르려면 한계불평등 배분이 이루어져야 하고, 한계평등 상태를 유지하면 원래의 총괄불평등 상태는 계속해서 지속될 것이다.

⑤ 성취확률의 평등과 성취수단의 평등

기회평등의 개념을 좀더 잘 이해하기 위해서는 '성취가능성에 관련된 기회의 평등'(prospect-regarding equality of opportunity)과 '성취수단에 관련된 기회의 평등'(means-regarding equality of opportunity)의 측면에서 구분할 필요가 있다. 이 두 개념은 다음과 같이 정식화된다.

〔EP I〕성취가능성과 관련된 기회평등: 개인 A와 B에게 각각 재화

X를 얻을 동등한 확률이 주어져 있다면, 이들 양자는 재화 X에 대한 동등한 기회를 가진다.

〔EP II〕성취수단과 관련된 기회평등: A와 B에게 재화 X를 얻는데 필요한 수단들이 동등한 정도로 주어져 있다면, 이들 양자는 재화 X에 대한 동등한 기회를 가진다.

가령 신체적 힘을 이용해서만 획득할 수 있는 어떤 재화 P를 둘러싸고 A와 B가 경쟁하는 경우 A가 B보다 2배나 신체적으로 우월하다고 하자. 만일 사용자의 신체적 능력을 증진할 수 있는 도구가 동일하게 A와 B에게 주어진다 하더라도 재화 P를 얻을 성공확률은 같지 않다. 즉, 동등한 성취수단에 관련된 기회평등이 주어졌지만 성공가능성은 불평등하다는 것이다. 거꾸로 A와 B에게 성취가능성(전망)에 관련된 기회평등을 부여하고자 한다면, B에게 신체적 능력을 증진시키는 데 필요한 도구는 A와 동등한 정도의 신체적 능력의 효과를 가져올 더 강력한 도구라야 할 것이다. 즉, A와 B에게 불균등한 성취수단들이 배분되어야 한다. 후자의 경우 불평등한 수단의 배분은 성취가능성에 관련된 기회평등을 달성하기 위한 필수적인 전제조건이라고 할 것이다.

문제는 개인들이 사회적 재화들을 획득하는 데 있어서 한 가지 수단만이 아니라 여러 종류의 수단들이 필요하다는 점이다. 사회적으로 인정받는 직업을 얻는 데 교육, 재능, 노력, 품성, 가족환경, 도덕적 덕성 등의 수단들이 필요하다면, 이 모든 수단들을 각 개인에게 동등한 정도로 배분할 수는 없을 것이다. 왜냐하면 성취가능성과 관련된 기회평등의 원리를 정의원리로 선택할 경우 생겨날 '정의의 비용'(costs of justice)을 감안하지 않을 수 없기 때문이다. 이 필요한 수단들 전체를 동등하게 배분하는 경우가 '총체적인 수단관련적 기회평등'(a truly global means-regarding equal opportunity)이라고 말할 수 있을 것이다.

이때 발생하는 정의의 비용은 유전적 요인의 동등성(DNA의 복제), 가족환경의 동등성(모든 아이들을 동일한 환경에서 양육해야 한다), 교육과정의 균일화(균일한 성적과 교양수준을 갖춘 학생들의 생산) 등과 같은 기이한 결과이다. 이러한 맥락에서 자유지상주의자들은 사회정의 또는 분배적 정의에 대해서 사회적으로 부정의한 결과를 낳는다고 혹독하게 비판한다.

그런데 전체 재화가 아니라 일부 특정한 재화들에 대한 수단관련적 기회평등의 관점을 취한다면 자유지상주의자들이 우려하는 결과는 방지될 것이다. 그렇다면 수단관련적 기회평등의 개념에서 중요한 문제는 "어떤 수단들은 한계적으로 평등하게 분배돼야 하며, 어떤 수단들은 한계적으로 불평등하게 배분돼야 하는가?", 그리고 "기회의 평등이 단순한 형식적 성공확률만으로 축소되지 않으려면 어떤 경우에 그리고 어떤 수단들에 대해서 '수단관련적 기회평등' 원칙이 적용돼야 하는가?"이다.


⑥ 형식적 기회평등의 원리와 공정한 기회평등의 원리

위에서 제기된 물음들에 답하기 위하여 '형식적 기회평등'(formal equality of opportunity)과 '공정한 기회평등'(fair equality of opportunity)의 개념을 구분하는 것이 유용하다. '형식적 기회평등'이란 곧 '법 앞의 평등'(법적 평등)을 말한다. 이는 다음과 같은 내용으로 이루어진다.

> 양 당사자 A와 B 중 그 누구도 재화 P를 획득함에 있어서 다른 당사자에게는 부과되지 않은 법적인 장애물에 의해 가로막히지 않았을 때, A와 B는 재화 P에 관련해서 동등한 기회를 가진다.

가령 헌법상 재판청구권(우리 헌법 제 27조 1항)은 '재판을 받을 권리'라는 재화(=수단)가 모든 국민에게 평등하게 배분되어야 함을 요청하고 있다. 이와 비교해 보면 '공정한 기회평등'의 풀이는 다음과 같다.

> 비슷한 재능과 능력을 가진 A와 B가 자신들이 속한 사회적 출신과
> 무관하게 그 재능과 능력에 합당한 삶을 영위할 수 있는 동등한 성
> 취가능성을 가질 때, A와 B는 동등한 기회를 가진다.

'공정한 기회균등' 개념은, 특정한 자연적 요인(지능, 인내, 성실함,
헌신 등)에 의해 생겨난 개인들 사이의 재능과 숙련도의 차이는 합리적
차별대우의 근거가 되지만, 사회적인 요인들(집안의 재산, 출신성분,
사회계층 등)에 의해 획득한 재능과 기예(*skills*)의 차이, 그리고 성공가
능성의 차이(*socially relative differences in prospects*)는 교정돼야 한다는
요청을 함축한다. 성공가능성에서의 차이는 오로지 자연적인 재능과
개인적인 노력의 결과여야 한다는 것이다. 따라서 공정한 기회균등은
사회적인 요인들에 의해서 야기된 약점들(*socially relative disadvantages*)
은 교정돼야 할 것을 요청한다. 이 요청으로부터 공정한 기회균등의
하위원리들은 다음과 같이 구성될 것이다.

  (ㄱ) 사회적 환경이 유리한 자와 사회적 환경이 불리한 자 사이에서
  '한계적으로 불평등한 대우'를 할 수 있다는 요청.
  (ㄴ) 자연적 소질의 차이, 근면함과 노력에 의해 생겨난 차이에 따라
  불평등하게 배분할 수 있다는 요청.

이와 같이 공정한 기회평등의 개념이 사회적으로 불리한 조건의 제
거를 함축한다면, 이는 특정한 사회적 재화들을 각 개인에게 불평등하
게 배분할 수도 있다는 요청을 포함하는 것이다. 예를 들어 소송법상
의 영역과 관련된 재화들에서 나타나는 '한계적으로 불평등한 수단의
배분'이 이루어진다. 가령 국민의 '사법접근권'의 평등이라는 맥락에서
이른바 '수단평등', 즉 '수단과 관련된 기회평등'이 이루어지려면 사회
적 약자들에 대해 소송상 구조, 소송비용의 산입, 변호사보수의 소송

비용 산입 등과 같은 제도의 혜택을 보게 한다든지, 민사사건의 경우 재력과 변론능력 부족으로 인한 억울한 패소를 방지할 법원의 후견적 지위강화 조치 등을 시행하는 것이다.

그렇다면 장애(*disabilities*), 성별, 인종과 같은 요인들에 의해서 생겨난 불평등은 어떻게 교정해야 하는가? 그리고 자연적 요인들에 의한 차이와 사회적 요인들에 의한 차이를 구분할 수 있을까? 평등배분의 기준들과 불평등배분의 기준들을 어떻게 조합할 것인가? 어떤 기준에 우월한 지위를 부여하고, 그 틀 내에서 다른 기준들을 자리매기는 순서부여의 체계(=정의론)는 어떤 경우에 타당한가? 이와 같은 물음들이 현대사회에서 나타나는 법적 정의의 문제들이다.


## 3. 양성평등과 적극적 우대조치

### 1) 적극적 우대조치: 합리적 차별의 원칙

사회생활의 모든 영역에서 헌법상의 남녀평등이념(헌법 제11조 1항)과 기회균등이념(헌법 전문)을 실현하려는 목적으로 제정된 기본적인 법률들로서 〈여성발전기본법〉, 〈남녀고용평등법〉, 〈남녀차별금지및구제에관한법률〉을 들 수 있다. 이 법들의 기본이념은 우선 '합리적인 이유' 없는 남녀차별(주로 여성차별)을 금지하고 비합리적인 차별로 인한 피해를 구제(驅除)하는 데 있다. 그런데 그 구제의 방식으로 매우 주목할 만한 규정이 〈여성발전기본법〉에서 제시되고 있다. 이 법에 따르면 '정치, 경제, 사회, 문화의 영역에서 남녀평등을 촉진하고 여성의 발전을 도모'하기 위하여 국가와 지방자치단체는 '여성의 참여가 현저하게 부진한 분야에 대하여 합리적인 범위 안에서 그 참여를 촉진하기 위해 관계법령이 정하는 바에 따라 적극적 우대조치'를 취할 수 있다(동법 제6조). 그렇다면 합리적인 차별로서의 적극적 우대조치란 무엇을 의미하는가?

비합리적 차별과 합리적 차별은 ① 개인들 사이의 차이를 구분하는 기준이 배분하려는 재화와 적절한 관련성을 가지는지, 그리고 ② 그 차이가 불평등배분을 정당화기에 충분한 정도인지에 따라서 판정된다. 이 '적절하고도 충분한 차이'(relevant and sufficient differences)라는 기준이 뜻하는 바는 잠정적으로 다음과 같이 정리해 볼 수 있을 것이다. 사람들 사이에서 재화를 배분하고 대우할 때, 어떤 특징 X가 '관련성이 있는 기준'이라고 말하는 것은 우선 재화를 배분하고 대우하는 목적을 달성함에서 그 X가 중요한 수단이 되거나 아니면 불리한 작용을 하고 있다는 것을 의미한다. 또한 'X는 관련성이 있다'라고 말할 때, 그 X의 특징은 사람들에게 재화를 배분하거나 평등하게 또는 불평등하게 대우하는 결정을 내릴 때 반드시 고려하여야 하는 기준이 되어야 한다는 점을 의미하기도 한다. 정당한 불평등(합리적 차별)의 기준들로는 다음과 같은 것들이 있다. ① 기본적 필요(basic needs)에 따른 차등배분, ② 업적 및 성과에 따른 차등배분, ③ 공공복리의 달성을 위한 차등배분, ④ 동등한 인간존엄의 실현을 위한 차등배분, ⑤ 과거의 부정의에 대한 보상으로서의 차등배분.

## 2) 적극적 우대조치는 어떤 점에서 정당한가

여기서는 '① 합리적인 범위 안에서의 ② 잠정적 우대조치' 개념을 어떻게 구체화할 수 있는가 라는 물음을 다루고자 한다.

### (1) 적극적 우대조치 또는 '잠정적인 우대조치'의 개념

'잠정적인 우대조치'(temporary preferential treatment)의 개념을 풀이하기 위해서 우선 '우대조치'의 용어를 살펴볼 필요가 있다. 헌법상 평등이념과 관련해서 〈여성발전기본법〉에서 말하는 '우대조치'의 개념은 미국에서 논의되었던 '우선적 처우'(preferential treatment) 또는 '적극적 평등화조치'(affirmative action) 개념에서 비롯된 것처럼 보인다. 인종 및 성별의 맥락에서 사용되는 '우선적 처우'는 '인종이나 성별을 근거로 해 보았을 때 사회구성원의 특정집단에 속한다는 이유로 과거에 받아왔던 현저한 차별을 시정하기 위해 차별을 받아왔던 집단의 개인들에게 보다 많은 혜택을 주는 일련의 조치들'을 말한다. 즉, 과거의 차별 때문에 문제의 집단이 현저하게 참여가 부진한 분야에서 그 집단에 속하는 개인들의 참여를 촉진하고 동등한 대우와 존중의 문화를 정착하여 성공의 기회를 균등하게 하기 위하여 혜택을 주는 조치가 '우대조치'이다. '반차별조치'(antidiscrimination)의 중요한 부분으로서 우대조치는, 정치적 공동체 구성원 중 특정한 집단을 낙인찍고 불이익을 주는 가치체계, 실행들 그리고 제도들을 제거하거나 최소화하려는 기획이라고 일반화할 수 있을 것이다.

이렇게 우대조치를 풀이한다면 '여성발전기본법'에서 말하는 적극적 우대조치가 '합리적인 범위 안에서의 잠정적인' 성격의 것이라고 할 때 이를 어떻게 이해할 것인가 라는 문제가 생겨난다. 잠정적이라고 할 때 이 한시성은 '기회의 평등'과 '대우의 평등'이라는 목적이 달성될 때까지의 기간을 뜻하는 것처럼 보인다. 그 기간이 어느 정도일지 판단하는 문제는 과거에 행해졌던 차별의 정도와 그것이 현재 미치고 있는 영향력의 폭과 정도에 따라서 다르게 답할 수 있을 것이다.

어떤 집단이 '우대조치'를 받아야 할 범주에 속하는가를 결정하기 위한 기준으로는 미연방대법원의 판례들에서 추출되어 미국 헌법학자들에 의해서 다듬어진, 다음과 같은 원칙을 참고하면 도움이 될 것이다.

① 도덕적인 관점에서 납득할 수 없는 (집단으로서의) 특수성(인종, 성별, 출신지역 등등) 때문에 과거에 사실상 그리고/또는 법에 의해서

경험적으로 확인가능한 차별을 받은 집단

　② 과거의 차별이 문제가 되는 집단에 속하는 개인들의 직업적, 사회적 전망에 지금까지도 지속적이고 중대한 영향을 미치고 있을 것

　③ 과거의 차별이 문제가 되는 집단의 개인들의 현 상태에 미치는 영향이 사회전반적인 문제로 확산되고 고착되어 적극적인 공공적·법적 조치를 취하지 않으면 도저히 해소될 수 없을 것.

　한국 사회의 여러 영역에서 여성이 처한 현실을 고려하면 이 기준에서 제시된 '우대조치를 받아야 할 범주'에 속한다는 점을 이끌어낼 수 있을 것이다. 그렇다면 여성에 대한 우대조치는 어떤 근거에서 정당화되는가?

　(2) 우대조치를 옹호하는 두 가지 논변

　매우 추상적으로 표현하자면, '우대조치'의 정당성은 다음과 같은 경우에 인정된다. 차별을 받았던 집단에 대한 우대조치가 ① 사회의 응집력을 보존하여 사회의 평화(공동체의 번영)를 유지하는 데 기여하거나, ② 그 집단에 속한 개인들이 자기실현(개인의 행복)을 하는 데 기여한 경우.

　사회의 번영은 공정한 협동의 조건 아래에서 공동체 구성원 각각의 능력과 개성을 최대한 발휘하게 함으로써 생산력이 증대하고, 중요한 공공적인 사안에 관하여 민주적인 토의와 결정이 제도적으로 정착되어서 정치적 문화로까지 이어졌을 때 충분히 달성되었다고 말할 수 있을 것이다. 개인의 행복은 각 개인이 동등하게 배려받는 상태에서 자신이 바라는 인생목표를 꾸리고 달성하려고 노력할 때, 그리고 그 바라는 바대로 성취할 수 있을 때 충분히 실현되었다고 말할 수 있을 것이다. 공동체의 번영과 개인의 행복이라는 이상은 어떠한 도덕철학적, 정치철학적 입장을 취하더라도 인정할 공통된 가치일 것이다. 우대조치가

이 최고의 이상들을 실현하는 데 기여한다면 그 정당성을 인정받을 것이다. 이를 반영하는 우대조치를 옹호하는 논변으로서 다음과 같은 두 종류의 주장을 들 수 있다.

① 과거보상의 논변: 보상적 정의의 논변

이 논변에 따르면, 과거의 차별 때문에 여성이 남성과의 경쟁에서 불리한 출발점에 서 있고 공정한 경쟁이 이루어지지 않으므로 이처럼 기회균등의 원리를 현저하게 침해한 과거의 차별은 교정돼야 하고, 차별을 받았던 여성은 차별을 받은 만큼 보상을 받아야 한다. 사회적 요인에 의한 성취가능성의 불평등은 과거에 국가와 법이 일정한 사회집단에 대해 행한 부당한 차별대우의 산물인 경우로 한정돼야 할 것이다. 부당한 차별대우가 기본적 재화와 관련해 특정한 사회적 집단에 대해 오랜 기간에 걸쳐 행해진 경우더라도 직장, 전문교육의 기회 등과 같은 수단과 관련해 미래에도 지속적으로 취해질 한계불평등 배분은 다음과 같은 엄격한 조건에서 정당할 것이다 — 과거의 부당한 차별이 해당집단에 속하는 대부분의 개인들의 사회적 지위에 심리적으로도 현실적으로도 여전히 지대한 영향력을 행사하고 있으며, 한계불평등한 배분의 법적 조치가 이들의 불리한 지위를 제거하는 데 적절하고도 필요한 수단인 경우.

이러한 '과거보상의 논변'(the backward looking argument)은 현저하게 부당한 과거의 차별이라는 역사적이고 경험적인 사실을 전제로 하여 '차별보상'의 등가성을 원칙으로 하고 있는 교환적 정의의 영역이다. 분명하지는 않지만, 과거보상의 논변은 과거의 보상이 이루어졌다면 이제는 재능, 실력, 업적에 따른 기회 및 재화의 분배가 정당하다는 정의의 원리를 함축하고 있는 듯하다. 즉, 일정기간이 지나면 양성 사이에는 능력, 노력, 성과에 따라서 재화가 배분되어야 한다는 실력주의의 원칙이 지배적인 정의기준이 될 것이다.

② 미래지향적 논변: 배분적 정의의 논변

미래지향적 논변(the forward looking argument)에서는, 공정한 경쟁 조건을 마련하기 위하여 과거의 차별에 대한 보상을 정당화하는 과거보상의 논변과는 달리, 부당한 차별이라는 역사적 사실이 있었는가에 상관없이 공동체의 번영과 개인의 행복을 달성하는 데 중요한 가치인 '각자의 이익과 입장의 동등한 배려'라는 평등주의적 도덕원리를 실현하기 위하여 사회적으로 약자의 지위에 있는 개인들에게 기회 및 재화를 우선적으로 배분하고자 한다. 따라서 미래지향적 논변은 '등가성'의 기준을 넘어서 공리주의적 배분원리, '필요'의 기준, 또는 최소수혜자에게 유리하게 배분하는 배분원리 등을 사안에 따라서 채택할 수도 있다.

③ 동등한 인간존엄성의 배려와 기회평등

과거보상의 논변과 미래지향적 논변은 보다 상위의 이상을 배경으로 해서만 적절한 지위와 의미를 가진다. 앞에서 보았듯이, '동등한 관심과 존중을 받을 권리'(equal concern and respect)는 모든 도덕철학 및 정치철학, 정의론의 '근본공리'(fundamental axiom)이기 때문에, 위의 논변들은 '동등한 인간존엄성의 존중', 상호존중이라는 이상을 실현하기 위한 도구적인 가치를 가진다는 것이다. '우대조치'가 겨냥하는 이상과 정책목표가 사회구성원들 사이에서의 '차별과 편견의 배제를 통한 공동선의 실현'이라면, '우대조치' 또는 '적극적 평등화조치'에 대한 반론들 중 '형식적 평등'논리에 기초를 둔 입장들을 무마할 수 있을 것이다. 왜냐하면 '동등한 인간존엄성의 보장'의 이상은 "때에 따라서는 형식적 평등기준에 따른 배분이 부정당하고, 오히려 '불평등한 배분'이 때에 따라서는 정당하다"라는 점을 함축하고 있기 때문이다.

(3) 과거의 부당한 차별에 의해 야기된 불평등의 교정

이러한 맥락에서 본다면 사회적 요인에 의한 성취가능성의 불평등을

교정하려는 경우, 과거에 국가와 법이 일정한 사회집단에 대해 행한 부당한 차별대우의 산물인 경우로 한정하고 이를 교정하려는 배분의 기준을 법적인 정의의 원리로 편입할 수 있을 것이다. 부당한 차별대우가 기본적 재화와 관련하여 여성에 대해서 오랜 기간에 걸쳐서 행해진 경우에 직장, 전문교육의 기회 등과 같은 수단과 관련해서 미래에도 일정기간 동안 지속적으로 취해질 한계불평등 배분은 다음과 같은 엄격한 조건— 과거의 부당한 차별이 여성으로서의 개인들의 사회적 삶과 지위에 심리적으로도 현실적으로도 여전히 지대한 영향력을 행사하고 있으며, 한계불평등한 배분의 법적 조치가 이들의 불리한 지위를 제거하는 데 적절하고도 필요한 수단인 경우에만 정당하다.


## 4. 맺음말

이러한 기본발상 위에서 우리는 법과 정의의 관계를 규율하는 정의의 원리들을 구성할 수 있다.

(1) 최대한 평등한 기본적 자유 보장
(2) 중요한 정치적 권리의 공정한 보장
(3) 직업, 교육 등의 중요한 문화적 재화들에 대한 공정한 기회균등의 원리(the principle of fair opportunity)
　(3-1) 비슷한 재능과 근면성을 가지고 있는 남성/여성시민들은 직장, 전문기술교육과 같은 문화적 재화들에 대한 동등한 수단관련적 기회평등이 부여되어야 한다.
　(3-2) 과거에 국가권력과 법을 통하여 매우 부당하게 차별대우를 받아서 현재의 사회적 성취가능성에 필요한 수단의 활용에 불리한 지위에 있는 사회적 집단에 속하는 개인들(가령 여

성)에 대한 우선적 대우는, 그것이 사회적 약자우선이라는 정의의 목표에 합치하고 그 목표를 달성하는 데 필요하고도 적절한 수단이라면, 일정한 기간동안 이루어지는 한계적으로 불평등한 배분으로서 정당하다.

(4) 최저생존의 보장원리(기본적 필요의 보장) : 사회경제적 기본재화들은 모든 시민들이 인간다운 최저생존이 보장되게끔 배분돼야 한다.

(5) 권력, 권한, 경제적 재화에 대한 차등배분의 원리(*the difference principle*) : 정당한 차별과 불평등한 배분의 원리

  (5-1) 다른 사람들보다 능력이 있는 자에게 권력과 지위를 부여하는 것이 그 사회의 복지를 향상시키는 적절한 수단이 되어 그렇지 않은 경우보다 사회최소수혜자에게 더 큰 혜택을 가져다주는 경우에 불균등한 배분은 정당하다.

  (5-2) 사회최소수혜자에게 그 이전의 상태보다 혜택을 가져다주는 한계적 불평등배분은 정당하다.

  적어도 이 원리들이 입헌민주주의 사회에서 법이 지향해야 할 정의기준들이라 할 수 있을 것이다.

# 9 법과 정치의 궁극적 목적은 무엇인가

### 인권의 의의와 발전의 역사

안 경 환

## 1. 법과 정치의 목적으로서 인권의 보장

우리나라가 입헌주의의 이념에 바탕하여 민주공화국을 수립한 지 70 년을 바라본다. 그 동안 우리의 선조들과 선배들은 이 땅이 보다 자유 롭고 평등하며 안전한 삶을 보장하는 공동체로 만들기 위하여 많은 노 력을 기울여왔다. 그러나 그러한 세상을 만드는 방법과 관련하여 아직 도 정리되지 아니하는 여러 다른 생각들이 난무한다. 실제로 우리나라 의 근현대사를 통틀어서 국민 개개인이 가지는 인간으로서의 권리 자

안경환(安京煥)은 서울대학교 법과대학을 졸업하고 같은 대학 대학원에서 헌법 을 전공한 후 미국으로 건너가 펜실베이니아 대학과 산타클라라대학 법과대학원 을 졸업하고 변호사로 일했다. 1987년 귀국하여 모교에 재직하면서 영미법과 헌법을 연구하였다. 특히 법의 지배를 위한 문화적 토양의 형성에 기여할 의도 로 '법과 문학', '법과 영화' 등의 장르를 개척하면서 법의 계몽운동을 펼쳐왔다. 또 한편으로 시민운동과 사법개혁에도 깊은 관심을 가지고 활동해 왔으며 한국 헌법학회 회장, 서울대 법대 학장, 국가인권위원회 위원장을 역임했다. 2013년 8월부터 서울대 명예교수로 다양한 저술활동을 계속하고 있다. 주요 저술로는 《미국법의 이론적 조명》, 《판례교재 헌법 II》, 《미국법 역사》, 《헌법학입문》 (공역)과 같은 전문서 외에도 《법과 문학 사이》, 《조영래 평전》, 《법, 셰익스피 어를 입다》, 《법과 사회와 인권》과 같은 교양서가 있다.

체보다는 권리의 내용과 실현방법의 전제가 되는 정치적 지배의 형태에 대한 논의, 즉 민주주의나 사회주의와 같은 체제나 이념이 논의의 중심에 서 있어왔고, 그 범위도 정치적인 부분에 국한된 것이 사실이다. 체제나 이념은 그 지역에 사는 사람들이 어떤 질서 속에서 살 때 가장 자신의 삶과 공동체의 삶이 조화를 이루면서 개인이 안전하고 행복한 삶을 누릴 수 있는지에 대한 해결책으로 등장한 것이다. 결국 인간으로서의 존엄과 가치를 가지는 개개 국민이 안전하고 행복한 삶을 누리기 위해 무엇이 필요한지가 우리의 궁극적인 과제가 되고, 이 과제는 기본적으로 인권의 이름으로 논의된다.

## 2. 인권이란 무엇인가

인권은 말 그대로 '인간의 권리', 즉 인간이라면 누구나 다 동등하게 주장할 수 있는 권리이다. 인종, 종교, 국적 그리고 경제 및 사회적 지위에 관계없이 인간이라면 당연히 누릴 수 있는 권리이다. 오늘날에는 이처럼 인간으로서 당연히 누리는 권리가 있다는 점을 의심하는 사람을 찾아보기 힘들다. 그러나 인권의 보장이 중요한 가치를 가지기 시작한 시점의 상황은 그러하지 않았다. 인류공동체에서 인간이 다 같이 자유롭고 독립적이며 평등한 것으로 대우받는 것이 보편화하기 시작한 것은 지금으로부터 불과 200여 년밖에 되지 않는다. 그리고 그러한 인권의 사상이 오늘날과 같은 수준에 다다르게 된 지는 고작 100년도 되지 않는다. 우선 200여 년 전 근대인권선언의 기초가 된 버지니아 인권선언, 미국의 독립선언, 프랑스의 인간과 시민의 권리선언에서, 하늘로부터 날 때부터 부여받아 누구에게도 양도할 수 없고 누구로부터도 부정되지 않는 자연권의 주체인 인간은 성인남자에 한정되었다. 미성년자와 여성의 경우는 인간으로서의 완전한 자격을 갖추지 못한 것으로 생각됐다. 그리고 정치과정에 참여할 정치적 권리의 주체는 성년남자라고 하더라도 이른바 '교양 있고' 재산을 보유한 자들로 국한된 시기도 있었다.

또한 인권에 포함되는 권리의 내용과 범주가 어디까지인가는 아직까지 논의가 완결되지 않고 있다. 예를 들어, 동성끼리 육체적 사랑을 나눌 수 있는 권리는 어떤 나라에서는 인간의 권리로 보장하기도 하지만 나머지 나라에서는 인간의 권리로 보장되기는커녕 오히려 규제의 대상이 되기도 한다. 실제로 근대 초기에 인권으로 인정되던 권리의 범위는 오늘날의 기준에서 보면 지극히 좁은 것이었다. 이른바 시민적 자유(civil liberties)라고 일컬어지는 양심의 자유, 종교의 자유, 신체의 자유, 표현의 자유, 재산권, 평등권과 같은 권리가 인권의 주된 내용을 이루었다. 그리고 그 이후의 인권의 역사는 그때그때마다의 역사적 상황에서 중요시되던 정치적 목적에 따라 다양한 측면을 덧붙이기도 하고 축소시키기도 했다.

19세기 후반 이후 지구촌을 양분했던 공산주의 체제와 자본주의 체제에서 강조되던 인권의 범위는 사뭇 달랐다. 공산주의 체제에서는 사유재산이 모든 사회적 악의 근원이라는 인식하에 모든 재산을 사회공동의 것으로 만들었던 반면 자본주의체제에서는 사유재산을 기본적으로 개인이 보유할 수 있는 인권의 한 내용으로 이해했다. 동시에 공산주의 체제에서는 종교를 인간이성의 자율적 의지를 제약하는 미신적 요소로 보고 종교 활동에 반대하는 자유를 오히려 강조하는 경향이었던 반면 자본주의 체제는 종교생활을 개인의 인간으로서의 존엄성을 확보하는 기초적 요소로 보아 종교 활동의 자유를 최대한 보장하고 종교 활동에 대한 공동체의 관용을 강조하는 경향을 보였다. 경제 및 사회영역에서도 공산주의 체제가 사회적 조건의 평등에 중점을 두는 데 반하여 자본주의 체제는 경제적·사회적 활동의 기회를 균등하게 보장하는 데 초점을 두었다. 따라서 경제관계에 국가를 비롯한 제3자가 개입하여 영향을 미치는 행위가 공산주의 체제에서는 당연시됐던 반면에 자본주의 체제에서는 원칙적으로 재산권이나 경제 및 사회적 자유를 침해하는 행위로 엄격한 제한을 받아야 한다는 생각이 지배적이었다. 여하튼 우리가 인권이라고 부르는 것도 여러 가지 다양한 요소를 동시에 내포하고 있는 것으로, 그 자체가 모순과 충돌의 여지를 내포하고 있으며 경제적·사회적·정치적 조건에 의해 영향을 받는 것임을 알 수 있다.

한편 인권은 개인주의를 기본적으로 전제하는 것이다. 개인주의는 사회활동의 기본단위를 개인으로 파악하는 것이다. 공동체는 인권이라고 불리는 개인의 자유와 권리의 보장을 안정적으로 보장하기 위해 형성된 것으로 이해된다. 물론 뒤에 좀더 자세히 설명하겠지만 20세기 중반부터 새롭게 주창되기 시작한 이른바 '제3세대 인권'의 경우처럼 개인을 중심으로 한 인권이 아닌 집단을 단위로 한 인권 개념이 없는 것은 아니지만 인권보장체계에서 차지하는 이들 권리의 지위가 확고하지 못하여 인권의 개인주의적 속성을 번복할 만한 수준에 이르지 못하고 있다. 근대인권사상의 대표적 이론가인 로크나 루소는 사회계약사상을 통하여 인권의 보장을 위해 국가공동체가 성립됐고 그 국가공동체 내에서 조화로운 인권의 보장을 위해 정부에게 물리력을 인정하는 것임을 주장했는데, 이들 사상은 근대시민국가의 지배이념이 됐다.

특히 사회계약론의 시각에서 바라보는 인권이 국가 이전의 자연적 권리라는 점을 유의할 필요가 있다. 국가에 의해 은혜로서 인정되는 권리와는 그 성격이 다름을 알 수 있다. 즉, 국가가 원하든 원하지 않든 존중해야 하며, 국가의 의사에 의하여 쉽게 부정할 수 있는 것이 아니라는 것이다. 따라서 공동체적 가치를 위해 필요한 경우 인권보장의 범위를 축소하는 경우라도 그것을 정당화할 책임은 국가에 있는 것이며, 그러한 자유의 보장을 개인이 주장해야 하는 것은 아니다.

이런 인권의 전국가적 성격은 인권의 본질에 대한 근본적인 성찰을 요구한다. 오늘날 민주주의 국가에서는 국가의 의사는 국민 다수의 의사에 의하여 결정된다. 그렇다면 국가가 특정한 인권, 특히 공동체내에서 수적으로 소수에 머무르는 사람들의 인권을 부정하기로 결정하게 되면 어떻게 될까? 인권의 이름으로 민주적 결정의 효력을 부인할 것인가? 아니면 민주주의의 이름으로 인권의 존재를 부정할 것인가? 이처럼 인권과 민주주의라는 입헌주의의 양대 가치는 경우에 따라 충돌할 수 있는 가능성을 가진다.

그러나 이 양자의 관계를 조화롭게 해석할 가능성이 전혀 없는 것이 아니다. 인권의 보호범위를 줄이거나 민주주의의 개념을 단순한 다수결에 의한 결정이 아니라 소수자의 인권을 존중하는 제약 속에서의 다수결에 의한 결정으로 제한적으로 이해하는 방법이 있다. 앞서 언급했듯이 인권의 범위는 정치적, 사회적, 문화적, 역사적 조건에 따라 다르기 때문에 공동체의 조화로운 발전에 장애를 일으키는 경우 인권으로 존중받지 못할 수 있게 된다. 예를 들어, 특정한 공동체에는 다른 공동체와 다른 특수한 가치를 존중하는 오랜 전통이 있을 수 있다. 공동선 (common good)이라고 보통 불리는 것인데 이것은 공동체를 유지하는 주요한 버팀목이 된다. 앞서 언급한 동성애자의 권리는 전통적인 남녀 간의 가족관계를 중심으로 하는 사회체제에서 이단적인 것으로 취급되어 온 것이 사실이다. 공동선을 내세우는 경우 개체보다는 집단을 중심으로 사회구조를 이해하려는 경향이 있다. 극단적인 경우 전체주의적 인간상에 의하여 개인은 전체집단의 한 구성물에 불과하여 그 자체의 존재가치가 자립적이고 자생적이지 않은 것으로 이해하게 될 수도 있다. 그러나 개인주의를 인정한다고 하여 공동선과 반드시 충돌과 갈등만을 일으키게 되는 것은 아니다. 개인은 사회적 존재이고 사회를 떠나서는 문명적 삶을 유지할 수 없다는 존재적 한계를 알기 때문에 공동체를 형성하게 되는 것이다. 공동체 속에서 다른 개인들과 서로의 생존과 자유로운 개성의 발현을 최대화하는 것이 개인주의의 올바른 모습이지 오로지 타인들과의 경쟁관계에서 자기의 이익의 극대화만을 추구하는 이기주의가 개인주의의 실체일 수 없다. 그런 사회는 필연코 조화롭고 평화로운 삶보다는 갈등적이고 호전적인 일상이 지배하게 될 것이다. 결국 개인주의는 공동선을 바탕으로 형성된 공동체의 질서에 의해 주어지는 일정한 통제를 수용하는 이타적 개인주의여야 한다. 그러므로 인권도 공동선을 위해 일정한 제한을 받는 것을 부정할 수 없다.

그러나 다른 한편으로 공동체만을 위해 개인이 존재하는 것이 아니므로 공동선을 이유로 개인이 인간으로서의 존엄과 가치에 바탕해서 본질적으로 통제를 허용할 수 없는 제약은 관용되어야 한다. 인권은 그러한 관용을 요구할 수 있는 지위를 의미하게 된다. 따라서 공동선을 내세우는 다수자의 의지와 소수자의 인권은 항상 한 방향으로 그 우열을 확정할 수 없고, 구체적 상황에 따라 그 실익을 서로 따져서 우선순위를 정할 수밖에 없다. 인권과 민주주의의 갈등관계에서 양자의 균형을 추구하는 대표적인 국가권력이 사법권이다. 사법권은 인권의 제한을 통해 질서를 유지하는 것을 기본속성으로 하는 다른 국가권력의 남용을 제어하는 권력통제장치로서의 기능을 중심으로 한다. 사법권을 인권 최후의 보루라고 부르는 이유가 여기에 있다.

## 3. 인권과 구별되는 개념으로서의 기본권

인권과 구별되는 개념으로 기본권이라는 것이 있다. 기본권의 개념과 성격을 두고도 많은 논란이 있지만, 그 출발점이 인권에 있다는 점을 부정할 수는 없다. 나아가 일부에서는 인권과 기본권을 같은 의미로 사용하기도 한다. 그러나 인권과 기본권은 구별하는 것이 일반적이다. 인권과 기본권을 구별하는 경우 그 차이는 권리의 성격에서 찾을 수 있다. 일반적으로 권리라 함은 법에 의해서 그 실효성이 보장되는 힘이나 지위를 의미한다. 그런데 법에는 크게 자연법과 실정법이 있다. 자연법은 국가의 존재를 전제하지 않고 자연의 섭리로서 시간과 공간의 제약을 뛰어넘어 모든 사람에게 공히 적용되는 보편적 법이다. 반면 실정법은 정치공동체인 국가 내에서 그 공동체의 구성과 유지에 필요한 사항을 법의 형식으로 제정한 것, 즉 자연적으로 주어진 법이 아니라 인간이 만든 법을 말한다. 자연법에 바탕한 권리가 자연권이고 그 실체가 인권이 된다.

　반면 엄밀한 의미에서 인권과 구별되는 기본권이란 실정법에 근거한 권리이다. 그러나 오늘날 우리나라와 같이 자유민주주의를 기본이념으로 하는 국가는 인권의 보장을 기본사명으로 출발했기 때문에 핵심적 인권을 실정법인 헌법에 규정하고 있는 경우가 대부분이다. 따라서 인권의 내용과 기본권의 내용은 상당부분 중첩된다고 할 수 있다. 우리 헌법은 제10조에서 국가에게 개인이 가지는 불가침의 기본적 인권을 확인하고 보장할 의무를 부여하면서 '기본적 인권'이라는 표현을 쓰고 있는데, 기본권은 이 기본적 인권을 의미한다고 해석할 수도 있다. 즉, 국가는 모든 인권을 망라하여 보장하는 것이 아니라 기본적으로 확인된 인권만을 법적 절차를 통해 보장하게 된다. 따라서 특정한 인권을 주장하더라도 국가의 승인을 받지 못하는 한 그것은 법적 권리라기보다는 도덕적 권리로서의 성격을 가질 수밖에 없다. 법적 권리와 도덕적 권리의 차이는 법적인 것이 국가의 재판절차를 통해 보장받을 수 있는 성질의 것이라면 도덕적인 것은 국가의 강제력을 수반하지 않고 양심의 가책이나 사회적 고립과 같은 비강제적 보장을 받는다는 점이다. 앞서 예를 들었듯이 동성애의 권리를 인정하는 국가와 인정하지 않은 국가가 있는데, 인정하는 경우 대개 실정법상의 권리인 기본권으로 인정하게 되는 것이며, 인정하지 않는 국가에서는 인권이라고 할 수 있을지언정 법적 권리로는 공식적으로 인정할 수 없다는 태도라고 할 수 있다. 그러나 오늘날 문명국가에서 일반적으로 인정되는 인권은 대개 기본권의 형식으로 보장되고 있으므로 인권과 기본권의 개념을 혼용하는 경우가 있을 수 있는 것이다. 우리나라의 경우도 헌법에 비교적 상세한 인권을 기본적 인권으로 규정하는 동시에 비록 헌법의 명문규정으로 열거되지 않았더라도 국가의 확인과정을 통해 기본권으로 보장받을 수 있도록 하고 있다.

만일 기본권을 실정법에 의하여 보장되는 인권이라고 이해하게 될 때 그렇다면 실제로 의미 있는 인권은 기본권뿐일까라는 의문이 생길 수 있다. 기본권은 국가의 존재를 전제로 하는 것이고 국가의 결정에 의하여 부인될 수 있는 것인가? 그렇지 않다. 여기에 바로 인권의 의미가 있다. 기본적 인권은 기본적으로 국가 이전에 존재하는 자연법상의 권리이고 이 인권을 최대한 보장하기 위해 성립된 것이 국가이므로 인권은 국가 활동의 방향을 제시하는 이념 내지는 목적으로서의 성격을 가진다. 만약 인간의 존재 자체로부터 인정되는 권리를 기본권으로 보장하지 않는 국가가 있다면, 그런 국가는 문명국가로서의 의미를 상실하고 구성원들의 존중을 받지 못한 결과 계속 유지되기 힘들 것이다. 그런 국가는 구성원들의 혁명에 의해 인권을 기본권으로 제대로 보장하는 체제로 전환될 것이다. 또한 국가는 기본권의 목록에 포함되지 아니했다는 이유로 인권을 경시할 수 없다. 오히려 인권이라고 주장되는 것을 부인하기 위해 국가는 설득력 있는 이유를 제시해야 한다. 사실 오늘날 광범위하게 확대된 기본권의 목록은 인권사상의 확대를 추구하는 많은 사람들이 축적한 오랜 투쟁과 노력의 결과물이다.

## 4. 인권은 어떻게 발전했는가

인권이 인류의 역사적 투쟁과 노력의 산물이라고 할 때 인권의 실체와 그 생명력을 확인하기 위해서는 인권이 구체적으로 어떤 과정을 거쳐 발전했는가를 이해할 필요가 있다.

세계의 모든 주요 종교는 인권 관념의 태동과 발전에 기여했다. 어린이, 여자, 노인, 병자, 여행자, 이방인 등 사회적 약자에 대한 배려를 강조하는 것은 거의 모든 종교에 공통된 속성이기도 하다.

국가공동체를 유념한 인권사상의 기원은 소크라테스와 플라톤, 아리스토텔레스로 이어지는 고대 그리스의 철학사상에서 찾을 수 있다. 여기서는 인간을 양심에 따라 행동할 수 있는 존재로 인정하고, 국가가 이를 보장한다는 의미에서 인간의 자유를 철학적 대상으로 삼았다. 고대 그리스의 인권사상은 스토아학파에 의해서 인생의 궁극적 목적은 행복을 얻기 위한 것인데, 이에 이르기 위해서는 인간의 욕심을 버리고 자연법인 신과 성실한 이성에 따라서 생활해야 한다는 주장으로 계승됐으며, 여기서 인권은 권리가 아닌 의무의 성격을 띠고 있었다. 스토아학파의 인권사상은 기독교학파와 결합하여 중세 기독교사상에 영향을 미치게 된다. 13세기의 토마스 아퀴나스와 16세기의 프란시스코 수아레스를 거치면서 자연법사상이 전개되어 신이 부여한 인간의 능력을 인정하게 됐다. 하지만 중세 기독교적 인권사상은 본질적으로 신의 결정에 따른 인간생활의 인격적·도덕적 측면을 강조하기 위한 인권사상에 머물렀다.

제도화된 권리로서 인권이 보장되기 시작한 것은 영국의 마그나 카르타(Magna Carta Liberatatum)를 기원으로 보는 것이 일반적이다. 국왕이 봉건귀족들에게 양속한 일종의 자유의 특허장으로서 우리에게 '대헌장'으로 알려진 마그나 카르타는 실질적으로는 귀족에 대하여 그들의 신분적 특권과 자유를 보장하여 특정계급의 이익을 도모하는 한계 때문에 근대적 인권의 본래적 의미와는 거리가 있었지만 문서에 의해 국가권력의 한계를 설정했을 뿐만 아니라 오늘날 모든 인간이 누리는 시민적 자유의 핵심적인 내용을 담고 있어 근대인권의 기원으로 높은 평가를 받고 있다. 특히 주목할 것은 1215년 제정된 마그나 카르타의 제39조이다. 국법과 동료에 의한 적법한 재판에 의하지 않고는 신체의 자유를 침해당하지 않는다는 내용의 이 규정은 이후 17세기 영국의 혁명과정에서 절대왕정도 국법의 지배를 받아야 한다는 법의 지배사상을 뒷받침하는 역사적 증거로 제시됐으며, 신생 독립국인 미국의 연방헌법에 적법절차조항으로 부활했고, 이후 헌법에 의한 인권보장의 모범이 됐다. 단순히 신체의 자유만이 아니라 인간의 생명, 자유, 재산의 제한은 법의 적정한 절차에 근거해야 한다는 적법절차의 원리는 헌법에 열거되지 않은 인권도 헌법적 보호를 받을 수 있는 근거로 활용됐으며, 국가권력의 작용에 절차적이고 내용적인 한계가 존재한다는 의미를 가짐으로써 영미 국가들의 기본적인 인권보장의 법원리로 자리매김했다. 우리 헌법도 신체의 자유와 관련하여 적법절차의 원리를 채택하고 있을 뿐만 아니라 헌법화된 인권인 기본권의 제한은 법률에 근거하도록 하는 명문의 규정을 둠으로써 적법절차원리를 헌법상의 기본적 인권의 보장을 위한 기본원리로 채택하고 있기도 하다.

문서에 의한 인권보장의 선진국인 영국은 마그나 카르타 외에도 절대왕정기의 군주를 문서로 제한하는 헌법적 법률들을 순차적으로 제정하여 다른 나라들의 모범이 됐다. 대표적인 것들로 1628년 권리청원, 1679년 인신보호법, 1689년 권리장전, 1701년 왕위계승법을 들 수 있다. 1628년 권리청원(Petition of Right)은 왕권신수설에 바탕하여 자연법, 또는 관습법적 절대 권력을 주장하는 찰스 1세에 맞서 주요한 권력통제의 원칙들을 입법화하였다. 대표적 내용으로는 재산권의 보장과 관련해 의회의 동의 없는 과세를 부정한 조항, 신체의 자유와 관련해 자의적 체포나 구금을 금지한 조항, 평화 시 재산과 신체의 자유를 침해하는 명분으로 계엄법을 발동할 수 없도록 한 조항 등을 들 수 있다.

1679년 인신보호법(Habeas Corpus Act)은 인신보호영장 제도에 의한 구속적부심사제를 통해 신체의 자유를 더욱 철저히 보장하는 제도를 구축했고, 1689년 권리장전(Bill of Right)은 스튜어트 절대왕조의 제임스 2세를 축출하고 그의 딸 메어리와 오렌지공 윌리엄에게 공동왕위를 승계시킨 1688년 명예혁명(Glorious revolution)의 결과물로 근대적 인권의 제도화에 중요한 기여를 했다. 현재까지 유효한 권리장전의 내용들 중 대표적인 것을 정리하면 다음과 같다.

(1) 의회의 동의 없이 국왕의 권한(regal authority)으로 법이나 법집행행위를 정지(suspending)시키는 것은 불법이다.

(2) 국왕의 권한으로 법이나 법집행행위의 효력을 배제(dispensing with)하는 것은 불법이다.

(3) 어떤 목적이든 종교적 목적의 법정을 개설하는 것은 불법이다.

…

(5) 국왕에 대하여 신민은 청원할 권리를 가지며 이 권리를 침해하는 행위는 불법이다.

(6) 평화시에 의회의 동의 없이 상비군을 모집하거나 유지하는 것은 불법이다.

…

(8) 의회의원 선거는 자유로워야 한다.

(9) 의회에서의 발언과 토론 및 절차에의 참여권은 의회 외에서 소추되거나 책임을 물을 수 없다.

…

(13) 모든 고충을 구제책을 마련하고 의회법의 수정, 강화, 유지를 위하여 의회는 수시로 소집되어야 한다.

1701년 왕위계승법(The Act of Settlement)은 왕위 승계에 관한 내용 뿐만 아니라 국왕의 권한을 제한하여 권리장전을 보충하는 중요한 규정들을 포함하고 있는데 법관은 품행상의 결격사유가 없는 한(*good behavior*) 박탈당하지 않고 보수도 안정적으로 지급되어야 한다는 법관의 신분상의 지위를 보장함으로써 사법권의 독립을 확보하고 국왕과 의회의 권력행사로부터 국민의 자유를 보장하는 제도적 장치를 확립했다는 점에서 인권사적 중요성을 가진다.

영국에서 인권이 개인적인 도덕적 기준의 차원이 아니라 하나의 법적 권리로서 인정받게 되면서 많은 국가들이 인권의 제도화를 위해 노력했다. 그 선진적 국가들이 프랑스와 미국이다.

미국에서는 1776년 버지니아 권리장전과 독립선언에서 생명, 자유, 재산권과 저항권을 규정하는 한편, 인권의 천부성과 불가양성을 명시했고 행복을 추구할 권리를 천명했다. 이후 각 주들의 헌법과 연방헌법에서 신체의 자유를 중심으로 개별적인 기본적 인권보장체계를 마련하면서 적법절차조항과 평등보호조항과 같은 인권보장의 기본원칙을 규정하여 오늘날 가장 자유로운 공동체로 발전하는 계기를 마련했다. 특히 미국의 경우는 적법절차 원칙을 통하여 의회가 제정한 법률의 내용이 인권을 침해하는 경우 그 효력을 부인할 수 있다는 사법심사제도를 판례를 통해 발전시킴으로써 인권보장의 역사에 획기적 전기를 마련한 것으로 평가받는다.

프랑스의 경우는 1789년 프랑스 혁명으로 탄생한 '인간과 시민의 권리선언'을 통해서 미국과 마찬가지로 인권을 자연법적이며 천부적인 성격을 가지고 양도불가능한 것으로 규정하면서 이 신성한 권리를 보장하기 위해 국가권력은 이를 존중해야 한다고 했다. 프랑스의 인권선언은 이후 모든 문명국가들이 인권보장을 위한 헌법을 제정할 때 모범이 됐다. 그 주요한 내용은 다음과 같다.

⑴ 인간은 권리에 있어 자유롭고 평등하게 태어나 생존한다. 사회
   적 차별은 공동이익을 근거로 해서만 있을 수 있다.

⑵ 모든 정치적 결사의 목적은 인간의 불멸의 자연적 권리를 보전
   하는 데 있다. 그 권리란 자유·재산·안전, 그리고 압제에 대
   한 저항 등이다.

⑶ 모든 주권의 원리는 본질적으로 국민에게 있다. 어떠한 단체나
   개인도 국민으로부터 직접 나오지 않은 권리를 행사할 수 없다.

...

⑹ 법은 일반의사의 표명이다. 모든 시민은 스스로 또는 대표자를
   통하여 법의 형성에 관여할 수 있는 권리를 가진다. 법은 보호
   를 부여하는 경우에도, 처벌을 가하는 경우에도 모든 사람에게
   동일한 것이어야 한다. 모든 시민은 법 앞에 평등하므로 평등한
   존엄을 가지고 능력에 따라 공직을 비롯한 직업을 가질 수 있으
   며 그 덕성과 재능에 의하지 않고는 차별당하지 않는다.

⑺ 누구도 법에 의해 규정된 경우, 그리고 법이 정하는 형식에 의
   하지 않고는 소추, 체포 또는 구금될 수 없다. 자의적 명령을 요
   청하거나 발령하거나 집행하거나 또는 집행시키는 자는 처벌된
   다. 그러나 법에 의해 소환되거나 체포된 시민은 모두 즉각 순
   응해야 한다. 이에 저항하는 자는 범죄자가 된다.

...

⑼ 모든 사람은 범죄자로 선고되기까지는 무죄로 추정되는 것이므
   로, 체포할 수밖에 없는 경우에도 신병을 확보하는 데 불가결하
   지 않은 모든 강제조치는 법의 엄격한 통제를 받는다.

⑽ 누구도 종교적인 견해를 포함한 모든 의견의 표명이 법에 의해
   설정된 공공질서를 교란하지 않는 한 방해될 수 없다.

⑾ 사상과 의사의 자유로운 소통은 인간의 가장 귀중한 권리의 하
   나이다. 따라서 모든 시민은 언론과 출판의 자유를 가진다. 다

만, 법에 의해 규정된 자유의 남용에 대해서는 응분의 책임을
져야 한다.

...

⑭ 모든 시민은 스스로 또는 그들의 대표자를 통하여 공공조세의
필요성이 있는지에 대해 결정할 수 있으며, 그 부과에 자유로
이 동의하며, 그 사용처에 대하여 알 권리, 나아가 과세액, 과
세표준 및 그 징수 및 존속기간을 설정할 권리를 가진다.

...

⑯ 권리의 보장이 확보되어 있지 않고 권력의 분립이 확정돼 있지
않은 사회는 헌법을 갖지 않는다.

⑰ 재산권은 불가침적이고 신성한 권리이므로 법에 의해 공공의
필요가 명백하게 인정되고, 정당한 사전의 보상이 이뤄지지 않
으면 침탈될 수 없다.


이렇듯 혁명적 시기의 인권은 영국, 미국, 프랑스를 불문하고 국가
권력으로부터 신민의 자유를 보호받기 위한 또는 식민지인들이 본국으
로부터 독립하기 위한 정치적 투쟁의 산물이라는 성격을 가진다. 미국
의 독립이나 프랑스 혁명은 영국과는 달리 기존의 특권층이나 신분제
도의 개혁 차원을 넘어 구체제에 대한 저항과 새로운 체제의 탄생을
가져오고 사회적 평등을 이루었다는 점에서 정치적 투쟁의 성격이 더
욱 강하다고 볼 수 있을 것이다. 한편 인권이 헌법에 규정되는 등 사
법절차에 의해서 보장되는 단계에 진입하게 됨으로써 정치적인 성격이
법적인 성격으로 변화됐다.

20세기에 접어들면서 인권보장에 큰 변화가 일어나는데, 자본주의
의 심화로 인한 사회적 부의 분배불균형과 불평등을 시정하기 위한 사
회국가, 또는 복지국가 이념이 대두되면서 인간들이 사회생활에서 인
간다운 존엄을 유지하는 데 필요한 최소한의 기본적 조건을 충족할 사

회적 인권이 중시됐다. 질병이나 실업으로부터 최소한의 생존을 보장
받을 수 있는 의료보험이나 실업보험이 보장되고, 의무교육이나 최저
임금의 보장을 국가에 주장할 수 있는 인권의 필요성이 제기됐다. 또
한 경제영역에서 자본가와 임금노동자 간에 나타나는 힘의 불균형 해
소를 위해 임금노동자의 단결권과 단체교섭권, 단체행동권을 국가가
보장함으로써 경제적 불평등을 해소할 수 있는 인권이 실정화하는 것
은 문명국가의 일반적 경향이다.

　이렇듯 인권의 발전과정을 살펴보면 개인적인 도덕적 성격에서 정치
적인 성격을 가지다가, 권리가 법에 규정되는 것을 계기로 인권의 종
류가 다양해지고 그 보장의 정도도 더욱 심화되어 단순히 관념적 추상
적인 것을 지나 구체적이고 현실적인 것이 되었음을 알 수 있다. 또한
인권의 발전은 인권이라는 이념 속에 서로 이질적인 가치나 이익이 함
께 병존함으로써 인권의 실질적 보장이 이뤄지는 국가의 특수한 사정
에 따라 인권보장의 내용이 다른 원인이 됐다. 예를 들어, 경제영역에
서의 실질적 평등, 즉 모든 사람들이 빈부와 차별 없이 사는 것을 인
권의 최고가치 라고 생각하는 사회와, 경제영역에서 모든 사람들은 자
신의 능력에 따라 자유롭게 살아야 하며 외부개입으로 그러한 자유를
제한하고 억지로 빈부의 차이를 없애는 것은 자유에 대한 중대한 억압
이라는 생각이 주류인 사회가 있다. 전자는 사회주의국가로 불리는 곳
이며, 후자가 자본주의국가로 불리는 곳이다. 실제로 인권이념의 갈등
관계는 1980년대 말 동구 사회주의국가들의 붕괴로 냉전체제가 종식될
때까지 지속되었으나, 오늘날은 자본주의사회를 중심으로 원칙적으로
경제적 자유를 우선으로 하되 보완적으로 사회복지정책에 기반한 사회
적 인권보장을 통해 경제적 불균형에 의한 인간존엄의 상실을 대처하
는 체제가 지배적이 됐다.

## 5. 인권의 국제적 보장체제의 발전

오늘날 인권의 발전은 국민국가를 중심으로 인권보장을 주권국가 내의 보장체계에 바탕해 달성하려는 차원을 넘어서 인권의 보편성을 내세워 국제적으로 보장하려는 단계로 진전 중에 있다. 산업혁명과 자본주의의 발달로 국가간 교류가 증대하고, 제1·2차 세계대전을 계기로 전 인류가 전쟁의 소용돌이에 휘말려 인간의 존엄성과 가치에 대한 극단적 경시를 경험하면서, 인권의 천부성 및 자연권적 성격에 대한 반성적 인식은 인류공동의 관심이 됐다. 이에 대한 노력의 산물로서 UN 세계인권선언, 유럽인권협약, UN 인권규약 등이 성립됐다. 인권선언은 세계 모든 국가와 국민들이 성취해야 하는 인권의 공동기준을 마련하는 것이었고, 규약에서는 그 인권을 세분화하여 정리하고 있으며, 가입된 회원국에 그 기준을 준수하도록 하고 있다. 이런 국제적 노력에 발맞추기 위해 우리 헌법 제6조 1항에서는 헌법에 의해서 체결·공포된 조약과 일반적으로 승인된 국제법규는 국내법적 효력을 갖는다고 하여 인권보호에 관한 인권규약, 국제적인 관습법, 일반적으로 승인된 조약 등을 수용하여 내국민에게 적용하고 있다. 이는 국내법으로 보장되지 않는 인권도 보장이 가능하도록 하여 국내법의 미비점을 보완한 것이다.

한 나라가 자국의 통치영역 내에서 자국 국민에 대하여 내리는 처분이 보편적으로 인정되는 인간의 존엄성에 위배됨을 이유로 다른 나라가 처분국의 행위에 간섭하여, 그 처분을 중지한다거나 효력을 부정한다거나 처분으로 인한 손해를 국가기관이 배상해야 한다거나 하는 요구할 수 있는 것인가?

한 나라는 대내적으로는 최고이고 대외적으로는 독립적인 주권을 가지고 있다. 따라서 국제사회에서 다른 나라의 간섭을 받지 않고 독자적으로 자신의 국내문제를 처리할 수 있다. 이것은 주권에 기인한 국제적인 관습법으로서 불간섭의 원칙이라고 하고, 이는 주권평등의 원칙과 더불어 1648년 웨스트팔리아(Westphalia) 체제에서 형성됐다.

어떤 문제가 순수한 국내문제에 해당하는지는 그 국가의 영토에 대해서 미치는 영토고권과 반드시 일치하는 것은 아니다. 국가면제, 외교면제와 같은 영역은 자국의 영토 내에서 일어난 일이더라도 국제법의 규율대상이 되어서 국제법이 우선 적용되는 반면, 한 국가의 국민이 다른 나라에서 자녀를 출산하더라도 그 국민의 자녀는 그 국가의 속인주의적 국적법에 의해서 그 국가의 국민이 될 수도 있다.

한 국가의 영토범위 내에 있다고 해서 적용되는 것도 아니고 밖이라고 해서 적용되지 않는 것도 아니라서 순수한 국내문제의 범위는 그 한계가 불분명하다고 할 수 있다. 특히 국제정세의 변화에 따라서 달라지는 가변적이며 상대적인 것이다. 이를테면 한 나라에서의 형벌체제로서 존재하는 태형이 시간이 지나고 국제적인 인식의 변화에 따라서 국내문제가 아닌 국제적인 문제로 편입될 수 있다.

불간섭 원칙이 웨스트팔리아 체제 이후에 지속적인 관행을 형성하여 다음과 같은 3가지가 관습법으로 구체화되었다. 첫째로 한 국가가 다른 국가를 압박하기 위해 그 나라 국가기관의 권한에 간섭해서는 안 되고, 둘째로 한 국가는 다른 나라에 대하여 적대적인 단체를 조직하거나 지원하지 말아야 하며, 셋째로 한 국가가 내란에 휩싸인 경우에 그 국가의 내란에 가담하고 있는 단체를 지원하지 말아야 한다는 것이다.

이 국제관습법의 실효성을 위해서 여러 국제조약이 수립되었는데 1919년 국제연맹규약(Covenant of the League of Nations)과 1928년 부전(不戰)조약(Treaty for the Renunciation of War)에서 간섭의 유형에서 전쟁을 제외시켰고, 1970년 우호관계선언(Declaration on Friendly Relations) 제3원칙이나 1974년 국가의 경제적 권리·의무헌장(Charter of Economic Rights and Duties of States)에서는 무력 외에 정치적·경제적 간섭과 같은 조치도 하지 못하도록 하고 있다.

이상 불간섭 원칙의 범위나 간섭조치에 대하여 대략 살펴보았는데

한 국가의 내부문제인지 아닌지는 국제사회에서의 각국의 인식에 따라서 유동적이라고 볼 수 있다. 그렇다면 인권문제에 대한 국제사회 내지 다른 국가들의 간섭의 문제는 과연 국내문제인가 아니면 국제적인 것인가? 만약 국제적인 것이라면 다른 국가들이 인권을 이유로 특정 국가의 행위를 국제인권의 수준에 맞추기를 요구할 수 있는가? 이를 위해서 어떤 조치를 취할 수 있겠는가? 그 조치는 위에서 살펴본 전쟁이나 무력의 사용에 이르는 정도라도 상관없는가?

이에 대한 답을 하려면 현대의 국제사회가 생각하는 인권은 어떤 것이 있으며, 그것의 보호수준은 어떠해야 하는지를 알아보는 것이 필요하다. 인권에도 그 종류가 다양할 수 있고, 그것이 어느 정도의 보호를 받아야 하는지에 대해서는 국내에서의 합의와는 달리 국제사회의 성원인 다양한 국가나 민족의 가치관과 연관되어 있기 때문에 한 국가의 인권에 대한 관념이나 가치관으로 좌우될 수 있는 것이 아니다. 그리고 합의를 통하여 인권으로 보호가 된다고 하더라도 그것을 침해한 국가에 대하여 어떠한 제재를 가할 것인지는 국가주권과 개별적인 인권의 중요성과 관련하여 그 수준을 조절하는 것이 필요하다.

국제법에서는 이를 국제인권의 차원에서 다루고 있다. 한 나라가 다른 나라를 식민지로 만들기 위해서 또는 한 나라 안에서 여러 민족이 존재하는 경우 한 민족이 다른 민족을 학살하는 인종청소를 하는 경우 그리고 한 나라 안에서 그 국민에게 다른 나라에서는 적용되지 않는 가혹행위를 통해서 개인의 의사를 표현하는 것을 막거나 신체를 손상시키는 형벌을 가하는 경우 등이 주로 다루어지고 있다.

국제법의 영역에서는 전통적으로 개인은 단지 한 국가의 국민으로 파악하여 그 개인을 보호하는 것은 그 국민의 국가가 외교적인 보호를 해주는 것을 통해서 간접적으로 이뤄지는 것이 원칙이다. 국민은 국가의 처분에 따르면 되는 것이지 국제법에서 또 다른 법적인 인격으로 다룰 필요가 없다고 보았으나, 제2차 세계대전 이후 국제사회에서 인권존중의 원칙이 도입되었고, 이로 인해 국가주권과의 충돌을 일으키게 된다. 그 이전에도 노예무역을 금지하는 시도가 있었지만 이는 인도주의적인 차원이라기보다 각 협약체결국의 이익을 위한 것이었고, 제1차 세계대전이 끝난 뒤에도 소수민족을 보호하는 조약 등이 체결됐지만 이 역시 정치적 고려에서 이뤄진 것이다. 제2차 세계대전의 경우 이와는 달리 인간의 존엄성과 생명존중의 가치가 최악의 상황에 처했던 데 대한 광범위한 경계와 반성을 불러일으키는 계기가 됐다. 여기서 중대한 반인권적 행위에 앞장섰던 독일과 일본의 전범자를 처벌할 것과, UN이 일정한 행동기준으로 인권에 대한 일반적인 원칙을 규정해야 한다는 목소리가 대두하면서 인권이 한 국가의 개인이나 다른 민족에 대한 행위에 국제적인 관점에서 개입하게 되는 시초가 마련됐다.

제2차 대전의 전범자 처벌을 위한 국제형법의 제정은 국제적인 관점에서 인권을 법적으로 보호하는 것이다. 뉘른베르크에서는 독일 나치가 정치적·인종적 이유로 유태인과 집시들, 그리고 점령지의 민간인들을 박해·학살한 비인간적 행위에 대한 전범재판이 있었는데, 여기서 재판부는 피고인인 독일 수뇌부들의 공적 지위가 어떠하든지 자신들이 한 행위에 대한 책임이 국가의 명령에 의한 것이란 이유로 면제될 수는 없음을 분명히 했다. 그후 1946년 UN에서는 집단학살의 방지와 처벌에 관한 협약을 채택, 전시는 물론 평시에도 이를 금지하고 1949년 제네바협약으로 전쟁희생자에 대한 규정을 마련하여 개인이나 민족의 생명권을 보호하게 했다. 이런 협약이 적용되어 UN 안전보장이사회에 의해 구 유고 내전 시 자행됐던 집단학살, 강간과 이와 같은 방법에 의한 인종청소에 대해 구 유고 국제형사재판소가 설치됐다. 르완다 내전의 경우에도 이와 유사한 인권침해가 있었는데, 이에 대해서도 르완다 국제형사재판소가 설치됐다. 그리고 국제사회는 인권에 대한 중대한 침해 외에도 인간들의 일정한 악의적인 행동을 규제하기 위해 테러방지와 처벌에 대한 규정 등을 포함한 형법전을 제정하고 상설재판소의 설치를 논의한 결과, UN 총회는 1998년 국제형사재판소 (International Criminal Court)의 설립을 내용으로 하는 로마협정을 채택하여 2002년 재판소의 설립으로 이어졌다.

인권에 대해서는 형법상 그 침해자를 처벌하는 법을 만들어서 인권을 간접적으로 보호하는 것 외에, 인권을 직접 규정해 보호하는 형태도 존재한다.

UN 세계인권선언은 UN 회원국들이 수용할 수 있는 최소한의 인권을 선언한 것으로 국제적으로 인정될 수 있는 인권의 종류에 대한 공통분모를 찾아내는 시도를 했다는 점에서 역사적 의미가 크다. 이 선언은 법적 강제력이 없이 권고적 효력을 가진 문서에 불과했고, 내용도 서구국가들의 강한 영향력으로 경제적·사회적·문화적 권리보다는 시민적·정치적 권리에 치중하게 되었다. 또한 국가 간의 경제적 불평등으로 인해 생기는 일할 권리, 교육받을 권리, 주거의 권리 등에 대해 규정하고 있지 않았다.

이런 취약점을 시정하려는 노력이 UN 인권위원회의 주도 아래 전개되었고 마침내 1966년 UN 총회에서 경제적·사회적·문화적 권리에 관한 국제규약(A규약)과 시민적·정치적 권리에 관한 규약(B규약, 속칭 '자유권규약')이 채택되었다. A규약에는 노동의 권리, 사회보장을 받을 권리, 가정이나 임산부와 아동의 보호받을 권리, 문화적 생활에 참가할 권리 등을 규정하고 있다. B규약에는 생명권의 보장과 사형의 원칙적 금지, 고문과 잔혹한 형벌의 금지, 신체의 자유, 거주이전권, 공정한 재판을 받을 권리, 양심·사상·종교의 자유, 인격권, 사생활의 자유, 표현의 자유, 참정권 등을 규정하고 있으며 A·B규약 모두 차별금지, 남녀평등과 민족자결권을 규정하고 있다.

국제인권규약에 규정된 인권을 침해한 경우에는 그 국가내의 문제로만 볼 수 없다. 따라서 국가주권에 근거한 불간섭의 원칙을 주장할 수 없게 되었고, 인권선언과는 달리 법적 강제력을 보유하므로 국제연합의 간섭이 가능하게 되었다. 하지만 A규약의 경우는 B규약과 달리 가입과 동시에 즉시 실행이 목표가 아니고 점진적인 성취를 목적으로 하고 있다. 개발도상국의 경우에는 외국인에 대해 경제적 권리상의 차별이 가능하며 조약의 이행을 위한 감시 장치에서 국가 간의 고발제도와 개인의 국가고발제도를 두고 있지 않다.

B규약의 경우에도 규약의 적용을 받을 것인지 여부는 회원국의 의사에 따른 것이지 규약이 제정됨과 동시에 자동적으로 적용되는 것이 아니다. 그러므로 이 역시 국가주권을 고려한 것으로 실효성이 감소된다고 하겠다. 그리고 규약에 가입하여도 위와 같은 즉시 실효를 거둘 수 있는 것은 아니다. 분쟁이 발생한 인권에 대하여 국제형사재판소의 관할이 설정될 것인지 여부도 해당국가의 명시적인 동의가 없는 한 어렵기 때문이다. 또한 위의 고발제도는 인권을 침해했다고 여겨지는 국가가 강대국인 경우에 그와 이해관계 있는 국가들이 자국의 이익을 위해서 고발제도를 활용하지 않을 가능성이 높아 실효성을 감소시키게 된다.

위에서 보았던 생명권을 위시한 인권에 대한 사항 외에도 UN은 1965년 모든 형태의 인종차별 철폐에 관한 협약을 채택, 현재 100여 개의 국가가 이에 가입하고 있다. 또한 1973년 여성에 대한 모든 형태의 차별철폐에 관한 협약, 1984년 고문방지협약 등을 작성하고 채택하였다. 특히 1989년 사형폐지를 목표로 한 국제인권 B규약의 제2선택의정서가 채택되었다. 그리고 현대 과학기술의 발전과 더불어 문제가 되고 있는 인간게놈에 대하여 1997년 UNESCO 총회에서는 인간게놈과 인권에 관한 세계선언에 상징적 의미에서의 인류의 유산으로서의 인간게놈과 관련하여 누구도 유전적 특성으로 인해 인권, 자유 및 인간존엄성을 침해할 의도나 그런 결과를 초래하는 차별대우를 받지 않는다고 규정하고 있다.

국제인권 영역의 또 다른 문제는 난민의 지위에 관한 것이다. 특정 국가는 조약에 특별한 규정이 없는 한 외국인의 입국을 허용하거나 체류를 허가할 의무가 없다. 이것은 국가주권에 따른 당연한 결과이다. 따라서 난민의 입국을 거부하거나 추방할 수 있고 이에 대해 법적으로 금지를 할 수는 없는 것이다. 그렇다면 국제사회가 어떻게 난민을 보호할 수 있는가? 제1차 세계대전과 함께 인종·종교·국적·정치적 의견 등을 이유로 불합리한 차별이나 박해를 받게 되는 사람들이 늘어났고 종전 후에 이들을 다시 박해가 예상되는 조국으로 돌려보낼 수는 없었다. 이런 배경 아래 이들의 인권을 보호하기 위한 국제적 노력이 일어났다. 1921년 국제연맹에서는 난민고등판무관사무소를 설치하여 구호활동을 개시하였고, 제2차 세계대전 후인 1946년 UN 총회는 경제사회이사회의 한 위원회로 국제난민기구를 설치하기에 이르렀다. 또한 1951년 UN 인권위원회에서는 난민의 지위에 관한 협약(제네바협약)을 채택하였다. 이 협약에서는 난민의 입국을 거부할 수는 있지만 합법적으로 체약국 영토에 있는 난민은 국가안보나 공공질서를 해하는 경우를 제외하고는 추방할 수 없다고 규정하고 있다. 또한 추방의 경우에도 적법절차에 따를 것을 규정하고 있다. 또한 난민의 생명과 자유가 위협될 우려가 있는 국가로 추방하거나 송환하는 것을 금지하고 있다. 한편 1948년의 세계인권선언에서는 모든 사람은 박해를 피해서 타국에서 비호(庇護)를 구하고 이를 향유할 권리를 갖는다고 규정하고 있다. 그러나 선언의 규정은 강제력이 없고 '비호를 향유할 권리'란 적극적으로 비호를 요구할 수 있는 권리가 아니라고 해석하고 있다. 그만큼 실효성이 약하다.

1980년대 말, 세계 정치사의 판도에 근본적인 변화가 일어났다. 베를린 장벽의 자연적 붕괴는 2차 대전 후 지속되어 오던 동서 냉전 체제의 종식을 의미한다. 구소련의 해체와 연이은 동구권의 체제전환은 자유권과 사회권으로 나뉘어져 있던 세계 인권지도를 하나로 통합하는 근본적인 변화다. 이제 새로운 대세는 자유주의와 시장경제 체제를 지향하는 서방 세계의 인권 관념이 보편적인 기준으로 수용되고 종전에 사회주의 국가가 비중을 두던 평등의 이념은 자유주의 체제 내에서 복지를 통한 사회권의 실현 문제로 포섭되는 결과가 되었다.

1993년 6월, 171개국의 정부·시민단체·전문가들이 참여한 가운데 비엔나에서 열린 비엔나 인권회의(Vienna Conference on Human Rights)는 인권을 국제사회에서 가장 중요한 삼아야 한다는 세계인권선언의 정신을 재확인하고 인권증진을 위한 구체적인 행동계획(Vienna Declaration and Programme of Action)을 선포했으며, 유엔은 총회의 결의로 이를 채택했다. 채택된 결의안의 내용 중에 회원국으로 하여금 국가인권기구(National Human Rights Institute)를 설립할 것을 권고하는 권고안과 설립 시 준수해야 할 요건을 규정한 '파리원칙'(Paris Principles)이 포함되어 있다.

유엔의 인권 기구에도 중대한 변화가 생겼다. 창설 이래 경제사회이사회에 소속되어 있던 인권위원회(Human Rights Commission)는 다분히 장식적인 기구일 뿐 사실상 무력했다는 비판이 2006년, 인권위원회를 폐지하고 인권이사회(Human Rights Council)를 창설하는 유엔총회의 결의로 이어졌다. 47개 이사국으로 구성된 인권이사회는 국가별 정례검토제(Universal Periodic Review), 특별절차 및 인권특별보고관(Special Rappateur) 제도 등을 통해 유엔회원국의 인권 상황에 대한 적극적인 상호감시체제를 상시 가동한다. 또한 제네바에 인권최고대표실(Office of High Commissioner for Human Rights)을 창설하여 인권사무국 역할을 수행하게 하고 있다.

이상에서 살펴본 국제적 차원의 인권보장을 개괄적으로 요약해 보자. 인권에 대한 반복적이고 조직적인 위반을 금지하는 인권존중의 원칙, 집단학살과 인종차별을 금지하는 규정, 민족자결권의 보장, 고문금지의 규정 등이 중요한 국제관습법으로 확립되어 이들 문제에 대하여는 비준여부에 상관없이 모든 국가에 대하여 구속력을 가지게 되었다. UN은 한 국가와 그 나라의 국민은 더 이상 국내문제로서 국가주권의 문제가 아니라 그 개인의 인권이 문제가 되는 경우에 국제사회가 이에 개입할 수 있다는 것을 보여주고 있다. 하지만 국제인권규약에서 살핀 것과 같은 강제력에 대한 문제점과 그 위반에 대한 이행방법에는 여전히 국가주권에 의한 한계를 가지고 있다. 특히 강대국과의 이해관계에 따라서 인권침해의 시정을 방치할 가능성이 항상 존재하고 있다. 이런 상황을 고려해 본다면 각 국가들이 행하는 인권침해행위를 중단시키는 수단은 법적 구속력이 약한 기존의 국제적 감시 장치 못지않게 국가의 도덕성을 강조하고 심리적인 압박을 가하는 방법을 사용하는 것이 더욱 효율적일 수 있다. 즉, 정치적인 압력을 가하거나 국제여론을 인권침해국에 불리하게 조성하는 방법을 동원할 수 있을 것이다.


## 6. 법과 정치의 궁극적 목적으로서의 인권의 보장


국가가 국민의 인권을 보장해야 하는 이유는 인권의 핵심적 내용인 행복한 삶을 자유롭게 추구할 수 있는 정치체제를 구축할 의무가 있기 때문이다. 동서고금을 막론하고 인간의 삶은 행복을 추구해 왔다. 따라서 행복은 인권은 보편적이고도 핵심적 가치다. 자유롭고도 행복한 삶을 추구할 수 있는 국가조직을 만들기 위해서 로크나 몽테스키외는 권력분립을 논하였고, 루소는 국민이 직접 국가의 의사결정에 참여하는 직접민주주의를 구상했던 것이다. 세계 인류 모두의 행복한 삶이 이루어지는 날을 앞당기기 위해 인권에 대한 더욱 많은 관심과 연구와 실천이 따라야 할 것이다. 그리고 인권의 권리성을 지나치게 앞세운 나머지 권리에 따르는 의무를 소홀히 한다면 진정한 공동체의 행복이 이루어질 수 없다. 권리와 의무는 가위의 양날과 같아 함께 작용하지 않으면 안 된다는 것을 기억해야 할 것이다.

결국 우리가 법과 정치의 실질을 추구하면서 얻게 되는 결론은, 이 모든 노력이 궁극적으로 공동체 속에서 행복한 우리의 삶을 영위할 전제조건을 만들기 위한 것이라는 사실이다. 그러나 이런 결론이 현실생활 속에서 질서 있게 구현되기 위해서는 여러 가지 복합적 전제조건들이 충족되어야 한다. 바로 그런 복합성 때문에 우리의 삶은 항상 갈등의 양상을 띠게 된다. 법과 정치의 궁극적 목적이 인권의 보장이라는 당위는, 어쩌면 우리에게 구체적인 해답을 제시해주는 명제라기보다는 우리 모두가 그 당위를 안고 더불어 살아야 한다는 공동운명체에 대한 자각을 환기하는 각성제일지 모른다. 법과 정치의 궁극적 목적이 인권의 보장이지만 인권의 내용과 범위는 정치의 결과가 법에 의해 안정성을 확보하게 되는 체제에 의해 결정되기 때문이다.

# "청소년과의 대화 : 우리사회 바로 알기"를 펴내며

민주시민은 태어나는 것이 아니라 만들어지는 것이다. 부당한 압제에 항거하고, 당당하게 싸워서 자신의 권리를 찾으면서도 공동체에 대한 성실한 의무를 소홀히 하지 않는 것, 이 모든 민주시민의 덕목은 저절로 주어지지 않는다. 끊임없는 교육과 훈련을 통해서 비로소 배양되는 것이다. 앞서 배우고 경험한 세대의 책무는 완성된 지식의 체계를 후세에 전수해 주는 데 있지 않다. 그것은 개념적으로 불가능한 일이다. 역사는 끊임없는 발전의 과정이고 역사의 발전을 이끄는 주체는 시기에 따라 다르다. 그러므로 기성세대의 역사적 소명은 자신들이 믿는 바를 후세인의 판단의 자료로 제공하는 것으로 족하다.

지난 수십 년 동안 우리 사회는 실로 엄청난 변화를 겪었다. 무엇보다도 40년 동안 연평균 7.7%, 세계사에 유례가 드문 눈부신 경제성장을 이룩하여 선진국의 문턱에 진입하였다. 치욕적인 이민족의 지배를 벗어난 후 민족 분단과 독재를 겪은 아픔 속에서 이룬 성과이기에 더욱 의미가 깊다. 그러나 이러한 초고속 성장에 함께 묻어온 어두운 그림자가 우리를 불안하게 만든다. 무엇보다도 건전한 공동체의 건설과 유지에 근간이 되는 덕목이 사라져 가고 있다.

편협한 세계관에 기초한 과도한 자부심에 균형감을 상실하거나 방만한 개인의 자유를 구가하는 젊은 구성원이 급증하는 반면, 솔선수범하여 공동체의 질서를 유념하는 진정한 민주시민이 격감하고 있다. 뿐만 아니라 세기의 바뀜과 문명사 조류의 변환에 따라 날로 첨예해지는 국제사회의 이해 경쟁은 21세기 우리사회의 미래에 짙은 그늘을 던져주고 있다.

"청소년과의 대화 : 우리사회 바로 알기" 시리즈는 이러한 시대적 상황을 우려하는 사람들의 나라살리기 제안이다. 청·장년 시절을 나라의 근대화, 선진화의 여정에 동승한 세대의 절박한 위기의식의 발로이기도 하다. 주로 대학에 재직하면서 세상에 대한 관심을 표시해 온 필자들이 "절실한 고민 없이 사는 것처럼 보이는" 후세대에게 꼭 전해주고 싶은 이야기를 약간의 지적 체계에 담아 펴낸다. 해마다 새로운 학생들을 만나면서 날로 도를 더해가는 그들의 싱싱하고 재기발랄한 역동성에 찬사와 기대를 걸게 되었다. 그러나 또 한편으로는 이들 젊은이들은 공동체에 대한 애정과 본질적 성찰이 부족한 듯한 아쉬움을 느꼈고, 그 아쉬움이 도를 더하여 때때로 무거운 위기의식에 몰리기도 했다.

역사는 언제나 이상주의자의 좌절 속에 발전한다는 말이 있듯이 지식인은 언제나 이룬 것, 가진 것에 만족하기보다는 이루지 못한 것, 가지지 못한 것을 더욱 아쉬워하는 법이다. 우리가 믿고 사랑하는 청소년들이 바로 자라서 이 땅에 건전하고도 성숙한 시민사회를 정착시키고 세계사의 주역이 되기를 바라는 간절한 소망과 노파심이 이 저작물 시리즈를 탄생시켰다.

여러 차례의 토론을 거쳐 기획자들은 오늘날 우리사회가 당면한 문제를 철학, 사회, 역사, 국제, 경제, 정치·법의 여섯 분과로 나누어 각각 단행본의 형식으로 다루기로 합의하였고, 이 중 일부 주제를 선별하여 청소년 청중을 상대로 직접 강연에 나서기로 했다. 2004년 신년 벽두부터 매주 토요일 3시간에 걸쳐 열린 청소년과의 공개대화의 장은 횟수를 거듭할수록 광범한 계층의 호응 속에 열기를 더해갔다. "신 아크로폴리스"라는 공개강좌의 제목이 웅변하듯이 장차 나라를 이끌 민주시민을 배양한다는 강좌의 개설취지에 공감한 동아일보사가 한 해 동안 귀중한 지면을 할애하여 보다 넓은 독자층에게 전달해 주었다.

여섯 개 분야 중 논리적으로 가장 선행하는 철학분과는 《나의 삶, 우리의 현실》을 제목으로 삼았다. 내 삶의 주체는 '나'이고, 내 삶의 토대가 되는 외적 조건은 '우리'의 것이라는 명제에서 출발하여 '나'와 '우리'의 균형과 조화를 이루어내는 지혜를 제시하였다. 사회분과는 현대한국사회의 일견 무질서한 역동성으로 보이는 젊은 세대가 겪고 있는 한국사회의 정치적, 사회적 쟁점을 사회학적 관점에서 조명한다. 다른 분과에 비해 비교적 젊은 필진의 예기가 빛난다. '진실과 해석'으로 부제를 단 한국현대사 분과의 논의에서는 특히 이성적인 지적 균형을 유지하기 위해 노력하였다. 《변화하는 세계 바로보기》의 국제정치 분과에서는 21세기 한반도의 젊은이들이 반드시 직면하게 될 10개 과제를 중심으로 세계질서 속의 한국의 좌표를 모색하는 성실한 시도를 보인다. 경제 분야에서는 이 땅에 진정한 자유주의와 시장경제질서를 어떻게 구현할 것인가를 글로벌경제의 흐름이란 관점에서 논의하고 이를 위한 정책대안을 제시했다. 시장경제와 자본주의, 자유무역, FTA, 기업의 본질, 노사관계, 재벌문제, 성장과 분배, 경제정의, 사회보장 그리고 북한경제 등을 중심으로 조명하고 향후 세계경제 속의 한국경제의 진로모색에 시사하는 바를 담았다. 법·정치 분야는 유난히도 변칙과 굴곡이 심했던 우리의 현대사에서 유린된 법치 원칙의 재정립을 위한 제언을 담았다. '악법도 법인가'라는 법철학적 문제에서 출발하여 시민종교 내지는 일상규범으로서의 헌법의 역할을 조명하고 이어 소수자와 인권의 문제로 논의를 마감한다.

개별 분과와 세부 주제의 특성에도 불구하고 시리즈 저작 전체를 관통하는 일관된 정신은 이 나라의 장래는 어떻게 성숙한 시민사회를 건설하느냐에 달려 있다는 믿음이다. 이를 위해 정부와 민간, 개인과 사회적 기관 사이의 적정한 역할배분에 대한 제안들을 담았고, 무엇보다도 민주시민의 덕목을 강조했다. 저술의 과정에서 개별 집필자의 입장을 최대한으로 존중하였으나 해당분과와 시리즈 전체의 기본적 입장인 지적 균형을 유지하기 위해 약간의 편집을 가미하였다. 집필에 참여한 모든 분들의 노고에 감사드리며 어려운 여건에서도 저술작업을 지원해 준 주식회사 한샘의 조창걸 회장님과 삼성전자주식회사, 그리고 출판을 맡아준 나남출판사의 결정에 경의를 표한다. 아무쪼록 이 기획 저술이 사랑하는 우리의 청소년들로 하여금 우리 사회를 바로 알고 이해하여 모든 국민이 편안한 일상을 영위할 수 있는〔安民〕새로운 시대를 건설하는 데 도움이 되기를 간절하게 기원한다.

2004년 9월<br>
"청소년과의 대화 : 우리사회 바로 알기" 기획인 일동<br>
• ahnmin@thinknet.or.kr